WHAT IS STRATEGICS

军事学是什么

彭光谦　等著

北京大学出版社
PEKING UNIVERSITY PRESS

图书在版编目(CIP)数据

军事学是什么/彭光谦等著. —北京：北京大学出版社，2018.2
（未名·人文社会科学是什么）
ISBN 978-7-301-29053-8

Ⅰ. ①军… Ⅱ. ①彭… Ⅲ. ①军事理论—通俗读物 Ⅳ. ①E0-49

中国版本图书馆 CIP 数据核字(2017)第 314338 号

书　　　名	军事学是什么	
	JUNSHIXUE SHI SHENME	
著作责任者	彭光谦　等著	
策划编辑	杨书澜	
责任编辑	魏冬峰	
标准书号	ISBN 978-7-301-29053-8	
出版发行	北京大学出版社	
地　　　址	北京市海淀区成府路 205 号　　100871	
网　　　址	http://www.pup.cn	
电子邮箱	zpup@pup.cn	
新浪微博	@北京大学出版社	
电　　　话	邮购部 62752015　发行部 62750672　编辑部 62752926	
印　刷　者	北京中科印刷有限公司	
经　销　者	新华书店	
	890 毫米×1240 毫米　A5　11.375 印张　224 千字	
	2018 年 2 月第 1 版　2024 年 7 月第 4 次印刷	
定　　　价	48.00 元	

阅 读 说 明

亲爱的读者朋友：

　　非常感谢您能够阅读我们为您精心策划的"人文社会科学是什么"丛书。这套丛书是为大、中学生及所有人文社会科学爱好者编写的入门读物。

　　这套丛书对您的意义：

　　1. 如果您是中学生，通过阅读这套丛书，可以扩大您的知识面，这有助于提高您的写作能力，无论写人、写事，还是写景都可以从多角度、多方面展开，从而加深文章的思想性，避免空洞无物或内容浅薄的华丽辞藻的堆砌（尤其近年来高考中话题作文的出现对考生的分析问题能力及知识面的要求更高）；另一方面，与自然科学知识可提供给人们生存本领相比，人文社会科学知识显得更为重要，它帮助您确立正确的人生观、价值观，教给您做人的道理。

　　2. 如果您是中学生，通过阅读这套丛书，可以使您对人文社会科学有大致的了解，在高考填报志愿时，可凭借自己的兴趣去选择。因为兴趣是最好的老师，有兴趣才能保证您在这个领域取得成功。

　　3. 如果您是大学生，通过阅读这套丛书，可以帮助您更好地进入自己的专业领域。因为毫无疑问这是一套深入浅出的教学参考书。

4. 如果您是大学生,通过阅读这套丛书,可以加深自己对人生、对社会的认识,对一些经济、社会、政治、宗教等现象做出合理的解释;可以提升自己的人格,开阔自己的视野,培养自己的人文素质。上了大学未必就能保证就业,就业未必就是成功。完善的人格,较高的人文素质是保证您就业以至成功的必要条件。

5. 如果您是人文社会科学爱好者,通过阅读这套丛书,可以让您轻松步入人文社会科学的殿堂,领略人文社会科学的无限风光。当有人问您什么书可以使阅读成为享受?我们相信,您会回答:"人文社会科学是什么"丛书。

您如何阅读这套丛书:

1. 翻开书您会看到每章有些语词是黑体字,那是您必须弄清楚的重要概念。对这些关键词或概念的把握是您完整领会一章内容的必要的前提。书中的黑体字所表示的概念一般都有定义。理解了这些定义的内涵和外延,您就理解了这个概念。

2. 书后还附有作者推荐的书目。如您想继续深入学习,可阅读书目中所列的图书。

我们相信,这套书会助您成为人格健康、心态开放、温文尔雅、博学多识的人。

序　一

让人文情怀和科学精神滋润心田

北京大学校长

林建华

一直以来,社会都比较关注知识的实用性,"知识就是力量""科学技术是第一生产力",对于一个物质匮乏、知识贫乏的时代来说,这无疑是非常必要的。过去的几十年,中国经济和社会都发生了深刻变化,常常给人恍如隔世的感觉。互联网＋、跨界、融合、大数据,层出不穷、正以难以想象的速度颠覆传统……。中国正与世界一起,经历着更猛烈的变化过程,我们的社会已经进入到以创新驱动发展的阶段。

中国是唯一一个由古文明发展至今的大国,是人类发展史上的奇迹。在近代史中,我们的国家曾经历了百年的苦难和屈辱,中国人民从未放弃探索伟大民族复兴之路。北京大学作为中国最古老的学府,一百多年来,一直上下求索科学技术、人文学科和社会科学的发展道路。我们深知,进步决不是忽视既有文明的积累,更不可能用一种文明替代另一种文明,发展必须充分吸收人类积累的知识、承载人类多样化的文明。我们不仅应当学习和借鉴西方的科学和人文情怀,还要传承和弘扬中国辉煌的文明和智慧,这些正是中国大学的历史使命,更是每个龙的传人永远的精神基因。

通俗读物不同于专著,既要通俗易懂,还要概念清晰,更要喜闻乐见,让非专业人士能够读、愿意读。移动互联时代,人们的阅读习惯正在改变,越来越多的人喜欢碎片化地去寻找和猎取知识。我们真诚地希望,这套"人文社会科学是什么"丛书能帮助读者重拾系统阅读的乐趣,让理解人文学科和社会科学基本内容的欣喜丰盈滋润心田;我们更期待,这套书能成为一颗让人胸怀博大的文明种子,在读者的心田生根、发芽、开花、结果。无论他们从事什么职业,都能满怀人文情怀和科学精神,都能展现出中华文明和人类智慧。

历史早已证明,最伟大的创造从来都是科学与艺术的完美结合。我们只有把科学技术、人文修养、家国责任连在一起,才能真正懂人之为人、真正懂得中国、真正懂得世界,才能真正守正创新、引领未来。

序　二

北京大学校长

人类已经进入了 21 世纪。

在新的世纪里,我们中华民族的现代化事业既面临着极大的机遇,也同样面临着极大的挑战。如何抓住机遇,迎接挑战,把中国的事情办好,是我们当前的首要任务。要顺利完成这一任务的关键就是如何设法使我们每一个人都获得全面的发展。这就是说,我们不但要学习先进的自然科学知识,而且也得学习、掌握人文科学知识。

江泽民主席说,创新是一个民族的灵魂。而创新人才的培养需要良好的人文氛围,正如有些学者提出的那样,因为人文和艺术的教育能够培养人的感悟能力和形象思维,这对创新人才的培养至关重要。从这个意义上说,人文科学的知识对于我们来说要显得更为重要。我们迄今所能掌握的知识都是人的知识。正因为有了人,所以才使知识的形成有了可能。那些看似与人或人文学科毫无关系的学科,其实都与人休戚相关。比如我们一谈到数学,往往首先想到的是点、线、面及其相互间的数量关系和表达这些关系的公理、定理等。这样的看法不能说是错误的,但却是不准确的。因为它恰恰忘记了数学知识是人类的知识,没有人类的富于创造性的理性活动,我们是不可能形成包括数学知识在内的知识系统的,所以爱因斯坦才说:"比如整数系,显然是人类头脑的一种发明,一种自己创造自己的工具,它使某些感觉经验的整理简单化了。"数学如此,逻辑学知识也这样。谈到逻辑,我们首先想到的是那些枯燥乏味的推导原理或公式。其实逻辑知识的唯一目的在于说明人类的推理能力的原理和作用,以及人类所具有的观念的性质。总之,一切知识都是人的产物,离开了人,知识的形成和发展都将得不到说明。

因此我们要真正地掌握、了解并且能够准确地运用科学知识,就必须首先要知道人或关于人的科学。人文科学就是关于人的科学,她告诉我们,人是什么,人具有什么样的本质。

现在越来越得到重视的管理科学在本质上也是"以人为本"的学科。被管理者是由人组成的群体,管理者也是由人组成的群体。管理者如果不具备人文科学的知识,就绝对不可能成为优秀的管理者。

但恰恰如此重要的人文科学的教育在过去没有得到重视。我们单方面地强调技术教育或职业教育,而在很大的程度上忽视了人文素质的教育。这样的教育使学生能够掌握某一门学科的知识,充其量能够脚踏实地完成某一项工作,但他们却不可能知道人究竟为何物,社会具有什么样的性质。他们既缺乏高远的理想,也没有宽阔的胸怀,既无智者的机智,也乏仁人的儒雅。当然人生的意义或价值也必然在他们的视域之外。这样的人就是我们常说的"问题青年"。

当然我们不是说科学技术教育或职业教育不重要。而是说,在学习和掌握具有实用性的自然科学知识的时候,我们更不应忘记对于人类来说重要得多的学科,即使我们掌握生活的智慧和艺术的科学。自然科学强调的是"是什么"的客观陈述,而人文学科则注重"应当是什么"的价值内涵。这些学科包括哲学、历史学、文学、美学、伦理学、逻辑学、宗教学、人类学、社会学、政治学、心理学、教育学、法律学、经济学等。只有这样的学科才能使我们真正地懂得什么是真正的自由、什么是生活的智慧。也只有这样的学科才能引导我们思考人生的目的、意义、价值,从而设立一种理想的人格、目标,并愿意为之奋斗终身。人文学科的教育目标是发展人性、完善人格,提供正确的价值观或意义理论,为社会确立正确的人文价值观的导向。

国外很多著名的理工科大学早已重视对学生进行人文科学的教育。他们的理念是,不学习人文学科就不懂得什么是真正意义的人,就不会成为一个有价值、有理想的人。国内不少大学也正在开始这么做,比如北京大学的理科的学生就必须选修一定量的文科课程,并在校内开展多种讲座,使文科的学生增加现代科学技术的知识,也使理科的学生有较好的人文底蕴。

我们中国历来就是人文大国,有着悠久的人文教育传统。古人云:"文明以止,人文也。观乎天文,以察时变,观乎人文,以化成天下。"这一传统绵延了几千年,从未中断。现在我们更应该重视人文学科的教育,高扬人文价值。北京大学出版社为了普及、推广人文科学知识,提升人文价值,塑造文明、开放、民主、科学、进步的民族精神,推出了"人文社会科学是什么"丛书,为大中学生提供了一套高质量的人文素质教育教材,是一件大好事。

2001 年 8 月

目 录
CONTENTS

▌第三章▌ 战争实施与战争指导规律

▌第六章▐ 军队建设与管理规律

第一章

军事学是研究战争
相关规律的学问

兵者,国之大事,死生之地,
存亡之道,不可不察也。

——孙子:《孙子兵法·计篇》

孙子，春秋时代(前 770—前 476)后期，齐国人

一、军事领域大有学问

一提起"军事",人们可能首先想到的就是刀光剑影、沙场征战、赳赳武夫等,很难把它与"学问"二字联系在一起,认为冲冲杀杀,只要精通武艺和勇敢不怕死就行,没有多少学问可言,更谈不上是一门专门的学问。这种认识无疑是十分肤浅的。

军事不仅是一门学问,而且是一门博大精深、内涵十分丰富、底蕴极其深厚、理论性与实践性极强的学问,就其所涉及的知识范畴而言,上至天文,下至地理,从自然科学到社会科学,几乎无所不包。军事领域几乎应用与汇集了人类发展的各个历史阶段所能积累的全部知识。除了具有一般学科的共同特征外,它与实践的关系比任何学科更密切、更直接、更严格。它来源于实践,应用于实践,接受实践的检验,不能有半点马虎,真所谓差之毫厘、谬以千里。优劣正误，咫尺之间，生死存亡所系，弄不好万千人头就会落地，付出的是血的代价，这是其他学科所不突出或无法相比的。军事学实际上是用血与火写就的一门科学，是直接关系一个国家、民族、政治集团生死存亡的科学。它是人类知识体系中极其生动、极其丰富、极其活跃的知识门类。我国著名科学家、思想家、中国系统科学的奠基人钱学森，在论述现代科学体系时指出，在马克思主义哲学、辩证唯物主义的指导下，现代知识体系由军事科学和自然科学、社会科学、数学科学、系统科学、思维科学、人体科学、行为科学、地理科学、建筑科学、文艺理论等十一个并列的大部门构成。而军事科学的基础理论就是军事学。在这里钱学森不仅强调军事学是人类知识体系的重要组成部分，而且把军事学放到了与自然科学、社会科学平起平坐的地位。1983 年中华人民共和国国务院学位委员会将军事学与哲学、经济学、法学、教育学、文学、历史学、理学、工学、农学、医学并列为国家 11 个学科门类。军事学作为一门独立的学科为国家正式确认。

《左传》成公三年称："国之大事，在祀与戎。"在古代，一个国家最大的事有两件，一是祭祀，一是战争。在信奉"君权神授"的年代，祭祀就是通过与神的对话，根据神的旨意进行统治，以此维持其统治的正当性与合理性。战争则是以武力排除各种障碍与挑战，建立或巩固自己的统治地位。前者是软实力，后者是硬实力。没有硬实力，软实力也是空的。

在远古时代，在生产力水平十分低下、生产资料和生活资料十

中国春秋战国狩猎攻战图

分缺乏的情况下,军事手段是维持与扩大生存条件最经常性的手段。正如马克思所说的,对于原始公社来说,"战争就是为了占领生存的客观条件"①。进入阶级社会以后,最初形态的战争逐渐退出历史舞台。这时的战争已完全"蜕变为在陆上和海上为攫夺家畜、奴隶和财宝而不断进行的抢劫,变为一种正常的营生"②。进入阶级社会,战争逐步失去与生产过程的直接联系,它们争夺的不仅是天然资源,而且是人们创造的物质财富,乃至劳动力本身。战争成为解决国家与国家、民族与民族、政治集团与政治集团之间的矛盾的一种最高斗争形式。

人类早期的战争,作战持续时间短暂,作战方法简单,作战手段主要是原始的生产与生活工具,双方交战主要是集群正面冲杀,角力斗勇,战争胜负在很大程度上取决于交战人员的数量、体力和勇气,还谈不上对战争的自觉谋划和作战方式、方法的灵活运用。随着战争实践的发展和长期实战经验的积累,人们逐渐领悟出各种要素对战争的影响,领悟出战争的胜负规律,逐渐懂得了在战争中运用计谋,摸索出不同的作战方法和战争指导方法,并依据不同的作战条件和作战需要进行战争准备与战争实施。战争实践经验的积累逐渐孕育了早期的军事知识体系,并由此诞生了早期的军事学。

在世界历史上,早期的军事学知识大多存在于军事历史的著述

① 《马克思恩格斯全集》第46卷,上册,人民出版社1964年版,第475页。
② 《马克思恩格斯军事文集》第2卷,战士出版社1982年版,第413页。

希波战争

之中。如，有"历史之父"之称的古希腊历史学家希罗多德(约公元前 484 年—前 425 年)潜心撰写的九卷本《历史》(即《希腊波斯战争史》)；伯罗奔尼撒战争的参加者、曾为"雅典十将军"之一的古希腊历史学家修昔底德(约公元前 460 年—前 400 年)耗费 30 年心血写成的军事历史名著《伯罗奔尼撒战争史》；古希腊历史学家、苏格拉底的弟子色诺芬(约前 430—前 354 年)著述的《远征记》，古希腊历史学家、曾任雅典执政官的阿里安(约公元 96—180 年)记述亚历山大远征波斯、埃及、印度，建立马其顿帝国全过程的《亚历山大远征记》等都蕴含了丰富的军事学知识。例如《伯罗奔尼撒战争史》就首次揭示了经济对战争的决定作用。色诺芬在他的著作中对军队组织结构、武器装备、军队教育训练、战术原理进行了广泛的探讨，成为古希腊军事思想的杰出代表。

公元 1 至 4 世纪，古罗马就出现了专门的军事学著作。例如古罗马政治家和军事理论家弗龙蒂努斯的《谋略》一书，通过战例的分类剖析，对作战规律进行了系统阐述，特别是详细分析了各种谋略思想的具体运用之道。古罗马帝国后期的军事家韦格蒂乌斯(约公元 4 世纪下半叶至 5 世纪初)所著的《兵法简述》共 5 卷，分别论述了士兵训练、军队编组、战略战术、筑城地区的进攻与防御等建军与作战规律，被认为是文艺复兴以前专门讨论军事问题的古典兵法杰作，作者韦格蒂乌斯也被誉为"古典世界最伟大的军事理论家"。

中世纪虽然战争频繁，但正如恩格斯所说，"整个中世纪在战术

伯罗奔尼撒战争

发展方面,也像其他科学方面一样,是一个毫无收获的时代"①。中世纪政治上、经济上、思想上的封闭与禁锢,几乎阻碍了军事思想的任何创新与进步。一直到 17 世纪,随着新的武器装备和新的常备军的出现,军事学才获得一线生机。

封建社会的解体和资本主义生产方式登上历史舞台给军事学带来突破性的进展。在首先爆发资产阶级革命的英国,在资产阶级革命战争和对外扩张战争中,英国资产阶级以当时新的社会、经济、政治和军事条件为依托,革新军制,组建新军,创造新的作战力量,开创了军事学的新局面。尤其是"封建制度的瓦解使雇佣兵获得了谁出钱,就为谁服务的自由"②,工业革命又为这样一支农民和手工业者组成的新型的资产阶级军队提供了新的作战手段。正因为如此,英国不仅是资本主义生产方式的诞生地,而且也是资产阶级军事学的诞生地。资产阶级军事学的第一个最著名的代表人物亨利·劳埃德诞生在英国不是偶然的。作为资产阶级新型军队的将领劳埃德不仅确认军事科学的存在,而且认为"世界上没有比军事科学更难的科学",他力图揭示战争的规律性,力图揭示影响战争的客观因素和主观因素,把欧洲封建社会的军事理论向前推进了一大步。18 世纪末 19 世纪初的法国革命和拿破仑战争在资产阶级军事学说的发展史上,具有重要的里程碑意义。广大"下层民众"作为

---

① 《马克思恩格斯全集》第 14 卷,第 26 页。
② 同上书,第 29 页。

革命战争的主体,以及正义的、崇高的革命目的,对战争和军队都产生了影响,军队的性质发生了变化,作战方法和军事理论出现了革命性的变革。正如列宁所指出的"革命的人民当时在军事上表现出了巨大的革命创造精神,他们改造了全部战略体系,废除了战争方面的一切陈旧规章,创立了新的作战方法,废除了旧军队,建立了新的、革命的、人民的军队"①。恩格斯评价说:"拿破仑的不朽功绩就在于:他发现了在战术和战略上唯一正确使用广大的武装群众的方法,而这样广大的武装群众的出现只是由于革命才成为可能。"②

法国大革命和拿破仑战争为西方资产阶级军事理论体系的最终形成奠定了坚实的基础。在它的影响下,德国产生了著名军事理论家海因里希·迪特里希·比洛及其军事名著《最新战法要旨》,奥地利则诞生了杰出的军事统帅和理论家卡尔大公及其巨著《从德国1796年的战局论战略原理》,俄国则出现了苏沃洛夫、库图佐夫这样一些功绩卓著的统帅。他们的军事实践和理论创造进一步丰富了资产阶级军事学的内涵。

然而,把资产阶级军事学推向高峰的典型代表则是吸收法国资产阶级革命军事实践的丰富营养而成长的两位杰出的军事理论家普鲁士人卡尔·冯·克劳塞维茨和瑞士人 A. H. 若米尼。克劳塞维茨和若米尼全面总结了法国资产阶级革命的军事实践经验,系统

---

① 《列宁选集》第 3 卷,人民出版社 1960 年版,第 72 页。
② 《马克思恩格斯军事文集》,第 1 卷,战士出版社 1982 年版,第 187 页。

地揭示了战争及其指导规律。成为法国革命和拿破仑战争经验最忠实的记录者与总结者。若米尼集其毕生心血,历时53年而成书的《兵法概论》,全面批判了在封建君主制基础上建立的旧的军事思想及作战原则,系统阐述了法国革命群众和军队所创造的新的军事体系,被恩格斯称为描写拿破仑战争的"最好的作家"。克劳塞维茨在其巨著《战争论》中第一次明确而深刻地阐明了战争的本质、战争与政治的关系。克劳塞维茨关于"战争是政治通过另一种手段的继续"的著名论断得到列宁、毛泽东等历史巨匠的一致的高度评价。《战争论》至今仍是各国军事家、高级将领、普通军官和军校学员的必读书。在资产阶级军事理论界至今还没有第二部著作在清晰完整地阐述一般战争原理和战争哲学方面能与《战争论》相媲美。克劳塞维茨的《战争论》和若米尼的《兵法概论》不仅对其后整整一个时代的资产阶级军事理论与实践产生过重要影响,而且至今仍被奉为资产阶级军事学的"圣经",在西方享有至高的学术地位与荣誉。

从19世纪到第二次世界大战,资本主义高速发展并进入帝国主义阶段。在垄断利润的驱使与工业化浪潮的席卷下,军事科学技术迅速发展,战争领域不断扩大,现代武器诸如飞机、军舰、坦克以至导弹、核武器纷纷投入战场,大大改变了战争的面貌,也使西方军事理论呈现空前活跃的局面。美国海军少将艾尔弗雷德·塞耶·马汉和英国海军中将菲利普·科洛姆相继提出"海权论",认为"制海权,特别是在与国家利益和贸易有关的主要交通线上的制海权,是民族强盛和繁荣的纯物质因素中的主要因素"①。这一理论对美英等国的海军建设和海洋战略产生重大影响。意大利陆军部少将朱利奥·杜黑首创"空权论",认为飞机作为一种空中武器用于战争是战争发展史上的转折点,"为了保证国防,一个国家所做的一切都应为着一个目标,即在一旦发生战争时掌握最有效的手段夺取制空权"②。德国元帅阿·冯·施利芬提出"速决和歼灭战理论",认为"战争自春天开始,到秋天落叶时就应以全胜敌人而告结束"。英国富勒少将(1878—1966)提出"机械化战争论",认为坦克问世后,战争将是一种纯粹的机械化活动,战争胜负"百分之九十九在于武器",其他因素"充其量也只能构成百分之一的胜利"。同一时期,与富勒的"机械化战争论"相拥而立的还有法国戴高乐将军的"职业军队论"、德国泽克特将军的"小型军队论"和第一次世界大战期间德军将领、德军最高统帅部副总参谋长鲁登道夫(1865—1937)的"总体战"理论。泽克特"小型军队"论和戴高乐的"职业军队"论,主张用少量精锐的职业军队,依靠大量坦克、飞机等新式武器来取得战争的胜利。鲁登道夫的"总体战"则主张进行国土、国民和军队的总动员,全面实行国民经济军事化,对敌突然袭击,不宣而战,进行闪电式打击,以速决速胜。这一理论迎合了帝国主义重新瓜分世界,谋求世界霸权的战略需要,并为德国法西斯"闪击战"理论奠定了

---

① 〔美〕马汉:《海权论》,安常容等译,解放军出版社1998年版。
② 〔意〕杜黑:《制空权》,曹毅风、华人杰译,解放军出版社1991年版,第22页。

基础。

第二次世界大战后,核技术、空间技术和信息技术迅猛发展,给军事领域带来人类历史上前所未有的划时代的军事变革,深刻地改变着传统的战争面貌、战争方式、战争形态和战争规律,极大地拓展了现代军事学的理论范畴和战略空间。与上述新的军事技术基因相对应,"核威慑"理论、"高边疆"理论和"信息化战争"理论等为代表的一系列新的军事理论应运而生,军事学出现了空前繁荣局面。没有任何人能够怀疑军事学作为一个内涵丰富,体系宏大,结构完备的现代学科已成为当代社会科学不可或缺的重要组成部分。

作为世界军事百花园中一道亮丽的风景,军事学在中国大地上更是源远流长,蔚为大观。中国上下五千年,战争实践极为丰富。据不完全统计,从公元前 26 世纪神农氏伐斧燧部落之战算起,至清代结束,四千五百多年间共发生六千多场战争。在长期战争实践中,中国古代战争的参加者、指挥者和谋划者不仅积累了丰富的实践经验,而且还把这种经验上升为理性认识,形成完整的作战指导理论。相传早在上古时代,神农氏就有兵法一篇,黄帝轩辕氏有兵法 16 篇,蚩尤氏有兵法二篇,商周时期出现《军政》《军志》等军事理论专著。据有关学者不完全统计,我国迄今见诸目录的兵书多达3380 余部,23503 卷。其中存世兵书达 2308 部,18567 卷。[1] 两千四百多年前春秋末期大军事家孙武所撰《孙子兵法》就是其中杰出

---

[1] 许保林:《中国兵书知见录》,解放军出版社 1988 年版。

〔美〕马汉(1840—1914)

代表,这是世界上现存最早、最有影响的古典军事学第一名著,是中国古典军事思想成熟与大发展的重要标志,至今仍被称颂为"东方兵学鼻祖",世界"兵学圣典"。美国军事学者、曾任美国国防大学战略研究所所长的约翰·柯林斯在其 1973 年所著的《大战略》一书中称,孙子是世界"公认的战略创新者","孙子十三篇可与历代名著包括 2200 年后的克劳塞维茨的著作媲美。今天没有一个人对战略的相互关系、应考虑的问题和所受到的限制比他有更深刻的认识。他的大部分观点在我们的当前环境中仍然具有和当时同样重大的意义"①。中国古代,在经、史、子、集四大学科门类之一的"子"部中,兵

---

① 〔美〕约翰·柯林斯:《大战略》,中国人民解放军军事科学院译,战士出版社 1978 年版,第 8 页。

学占有重要地位，而且早在西汉时期就已将兵家细化为兵权谋家、兵形势家、兵阴阳家和兵技巧家四大类。这可以说是世界历史上最早对军事学的分类。以《孙子兵法》为代表的中国历代兵学要籍异彩纷呈，春秋战国时期，中国古代的军事思想达到成熟阶段，涌现出大量的著名兵书，除《孙子兵法》外，还有《吴子》《孙膑兵法》《司马法》《六韬》《尉缭子》等等，以及《老子》《墨子》《管子》《商君书》《韩非子》《荀子》《鬼谷子》等谈兵之作。汉唐时期，出现了《三略》《新书》《潜夫论》《淮南子·兵略训》《将苑》《便宜十六策》《李卫公问对》《李靖兵书》《太白阴经》《道德经论兵要义述》《长短经》等兵书。宋代则把古代兵学推到"武经"的高度，开创了我国历史上最早的国家正规军事教育体制。明代涌现的兵书达到了数量上的高峰。宋明以来的军事著作，著名的有《武经总要》《武经七书》《虎钤经》《百战奇法》《何博士备论》《权书》《素书》《十家注孙子遗说并序》《翠微先生北征录》《美芹十论》《守城录》《历代兵制》《三十六计》《纪效新书》《草庐经略》《阵纪》《筹海图编》《投笔肤谈》《兵机要诀》《兵壘》《车营叩答合编》《武备志》《城守筹略》《乾坤大略》《戊笈谈兵》《兵经百篇》《灰画集》。近代，著名的有《海国图志》《洋防说略》《兵学新书》《曾胡治兵语录》《国防论》等。这些无不是中国历代战争经验的结晶，无不闪耀着中国历代军事家与先哲智慧的光芒。他们丰富与完善了中国军事学思想宝库，建构与支撑起世界"兵学王国"的理论大厦。

毛泽东转战陕北

尤其值得指出的是,以毛泽东为代表的共产党人在中国长期革命战争和民族解放战争的伟大实践中,以及新中国成立后自卫反击作战的丰富实践中,形成和发展起来的军事学说是中国乃至世界军事学中最辉煌的篇章。毛泽东是世界历史上少有的集军事统帅与军事思想家于一身的战略巨匠。他深深植根于中国传统战略文化的沃土之中,广泛汲取中国古代优秀文化的思想精华,将马克思主义军事原理应用于中国革命战争与卫国战争的具体实践之中,科学地回答了中国革命战争与卫国战争的基本理论问题,形成了相信人民、依靠人民、武装人民、为了人民、以劣胜优、以弱胜强,有中国特色的人民战争、人民军队以及人民战争的战略战术的系统理论,不仅成为当之无愧的人民战争和游击战争理论之父,而且使军事学的发展走向一个全新的境界。

二、战争万花筒有规律可循吗?

战争是敌对双方生死对抗的过程,是敌对双方以一定的物质力量为基础,在战场内外无情搏杀,斗智斗勇,交互作用,双向运动的过程,涉及千军万马,关系错综复杂,形势瞬息万变,结局胜负殊难预料。现代一次大的战争行动往往投入几十个军兵种,动用几百种武器装备,涉及上千种军事专业技术,展开在陆地、海洋、海底、天空、外层空间以至电磁空间广阔的多维战场上,达到数千千米的正面与纵深,上及数百千米的太空,下及数千米的深海,同时交替运用多种作战样式,涉及变量之多,战况之险恶,变化之急剧,是其他领域少有可比的。表面上看,的确让人摸不着头脑。然而,透过表象,我们仍然可以发现战争也遵循着一定的规律和轨迹。

1936年12月,毛泽东在他的著名军事著作《中国革命战争的战略问题》中曾经指出,任何战争都有它的规律,一般战争有一般战争的规律,革命战争有革命战争的规律,中国革命战争有中国革命战争的规律。毛泽东特别强调:"战争情况的不同,决定着不同的战争指导规律,有时间、地域和性质的差别。从时间的条件说,战争和战争指导规律都是发展的,各个历史阶段有各个历史阶段的特点,因而战争规律也各有其特点,不能呆板地用于不同的阶段。从战争的性质看,革命战争和反革命战争,各有其不同的特点,因而战争规律也各有其特点,不能呆板地互相移用。从地域的条件看,各个国家各个民族特别是大国家大民族均有其特点,因而战争规律也各有其特点,同样不能呆板地移用。我们研究各个不同历史阶段,各个不同性质,不同地域和民族的战争的指导规律,应该着眼其特点和着眼其发展,反对战争问题上的机械论。"[①]

战争虽然千头万绪,千变万化,不确定因素很多,令人眼花缭乱,但任何一场战争总是以一定的客观物质条件为基础,受一定的社会生产力,一定的生产方式和一定的社会历史条件的严格制约

---

① 《毛泽东选集》第1卷,人民出版社1991年版,第173页。

的。战争的客观物质条件决定战争的进行方式，也决定战争的轨迹。因此，认识战争的规律，关键是认识和把握影响战争的客观要素，认识和把握住了这些客观要素，就能揭示战争的运行轨迹与客观规律。那么，影响和决定战争的客观要素有哪些呢？

（一）国家利益

国家利益是一个国家赖以生存与发展的客观物质需求与精神需求的总和。从其重要性来讲，有国家核心利益和非核心利益，从其表现形态上来看，核心利益又可分为国家生存利益与国家发展利益。国家生存利益通常表现为国家领土主权完整不受侵犯，核心价值观和社会制度不受外力强制而改变，人民的和平劳动得到可靠的保障。国家发展利益通常表现为国家战略全局的稳定和平等互利的对外交往不受干扰，国家战略资源不受掠夺，作为主权国家在国际社会的合法地位、发展空间和民族尊严得到应有的尊重。

国家利益是决定战争发生与发展的根本动因。马克思指出，人们奋斗所争取的一切都与他们的利益有关。19世纪英国首相本杰明·狄斯雷利也说过："国家之间没有永恒的朋友，没有永恒的敌人，只有永恒的利益。"战争是实现国家利益的暴力手段。当国家与国家、民族与民族、政治集团与政治集团之间的利益矛盾达到不可调和的地步，战争就爆发了，战争是调节利益关系的最后和最高的手段。国家利益是我们观察和认识战争，把握战争规律的首要因素。它不仅决定着战争的发生，而且制约着战争发展的全过程。战争规模大小、战争强度高低、战争持续时间长短、战争打击与防御方向的确定、战争样式与战场的选择，无不以国家利益的考量为转移。国家利益原则是决定战争的一条根本原则。

（二）政治因素

政治因素决定战争的性质。克劳塞维茨指出："政治是孕育战争的母体，战争的轮廓在政治中就已经隐隐形成，就好像生物的属性在胚胎中就已形成一样。"①克劳塞维茨关于"战争是政治的继续"的著名论断得到列宁、毛泽东的充分肯定，并多次引用。无论军事技术如何发展，即使在核条件下，战争也不可能改变它的政治属性。"战争是由政治诱导的，政治是头脑，战争只不过是工具，不可能是相反的。"②

相关链接：经典作家论战争与政治

战争无非是政治通过另一种手段的继续。由此可见，战争不仅是一种政治行为，而且是一种真正的政治工具，是政治交往的继续，是政治交往通过另一种手段的实现。

——克劳塞维茨：《战争论》第 1 卷，第 43 页

---

① 〔德〕克劳塞维茨：《战争论》，中国人民解放军军事科学院译，商务印书馆 1964 年版，第 179 页。

② 同上书，第 221 页。

战争是政策的另一种手段的继续。任何战争都是同产生它的政治制度分不开的。某个国家或某个阶级在战时所实行的政策,必然是它们在战前长时期内所实行的政策的继续,只不过在行动方式上有所不同罢了。

——列宁:《列宁选集》第 24 卷,第 369 页

战争是和平时期政治的继续,和平是战争时期政治的继续。

——列宁:《列宁选集》第 2 卷,第 922 页

政治是不流血的战争,战争是流血的政治。

——毛泽东:《毛泽东选集》,第 469 页

战争是政治的继续,在这点上说,战争就是政治,战争本身就是政治性质的行动,从古以来,没有不带政治的战争。战争一刻也离不了政治。

——毛泽东:《毛泽东选集》,第 468—469 页

国家作为战争行为的主体,其政治性质主要包括社会政治制度、占主导地位的政治力量、利益集团及其意识形态。这是国家政治性质的本质与核心。战争的目的的设定、战略方向与作战方式的选择,敌友的判断,无不受占主导地位的政治力量与利益集团利益判断之影响与制约,无不取决于占主导地位的意识形态的根本性质。战争首先是对立的政治力量的较量。世界上不存在超越政治的战争。

(三) 战争实力与潜力

战争实力是能够立即用于战争的各种物质力量与精神力量的总和。**战争潜力**则是上述诸要素中平时处于潜在状态而在战争前夕或战时通过动员可以用于战争的能力。只有战争潜力，而无战争实力，难以应对突然的事变；仅有战争实力，而无战争潜力，例如一些资源贫乏的小国，则难以支撑一场持久的战争。战争实力与战争潜力共同构成整体的战争力量，缺一不可，对战争的影响是基础性的、全过程的和决定性的，是实施战争行动，达成战争目的的物质基础和根本依据。毛泽东曾反复指出："战争就是两军指挥员以军力财力等物质基础作地盘，互争优势和主动的主观能力的竞赛。"[①]"军事家不能超过物质条件许可的范围外企图战争的胜利，然而军事家可以而且必须在物质条件许可的范围内争取战争的胜利。"[②]离开了战争实力与潜力，就成了无米之炊。古今中外，一切失败的战争，大多与他们的战争目的超过了他们所拥有的战争实力与战争潜力有关。

战争实力与潜力最主要包括军事力量、经济力量、科技力量等硬实力和国家意志、民族凝聚力、战略决策力等软实力。**军事力量**主要是军队规模结构、武器装备数量与质量、军队扩编能力、快速反

---

①　《毛泽东选集》合订本，人民出版社 1964 年版，第 458 页。
②　《毛泽东军事文集》第 1 卷，军事科学出版社 1993 年版，第 702 页。

应能力、指挥控制能力、兵力投送能力、机动作战能力、综合保障能力、兵源储备数量与质量等。一支以广大人民群众为后盾的高度现代化、正规化的常备军和强大的后备力量是战争实力与潜力的骨干力量。经济因素是军事活动最深刻的根源和一切军事活动赖以进行的物质基础。科学技术的进步程度,决定对各种战略资源的开发利用程度,从而决定可供动员的物力资源、财力资源的大小。这是决定战争潜力与战争能力大小的重要基础。特别是国防科技工业水平直接影响与决定武器装备的数量与质量,直接影响军队的战斗力。随着世界军事技术革命的深入发展,一系列高新技术群的崛起及其广泛应用于军事领域,现代战争的科技含量越来越大,科学技术在构成战斗力的诸因素中所占比例越来越高。国家意志力、民族凝聚力和战略决策力等软实力的大小不仅是战争能力的重要组成部分,而且是硬实力能否发挥的倍增器或倍减器。早在伟大的中国人民抗日民族解放战争中,毛泽东就曾指出,中国人民之所以是不可征服的,不仅仅是因为中国是一个人口众多的大国,而且在于"我们中华民族有同自己的敌人血战到底的气概,有在自力更生的基础上光复旧物的决心,有自立于世界民族之林的能力"。这种自强不息,不畏强权的民族精神,可以在一定程度上弥补物质力量的不足,可以发挥上层建筑对经济基础、精神对物质的积极推动作用,并最终转化为强大的物质力量。

（四）地缘战略因素

地缘战略因素是以自然地理环境为依托而形成的战略性因素。

任何战争都是在一定的地理空间中进行的，不能不受战略地理要素的影响与制约。一个国家的地理位置、国土大小、国土形状、边疆与接壤状况、自然资源、人力资源构成及分布、民族宗教和社会力量结构等自然地理和人文地理因素都是构成地缘战略因素的重要内容。国家地理位置的自然分布对地缘战略关系的形成具有最基本的影响。一般来说内陆国家，地缘战略选择相对简单；大陆濒海国家，要同时在陆地与海洋方向处理国家安全问题，地缘战略关系相对复杂，如法国长期以来一直面临优先发展"陆权"还是优先发展"海权"的两难选择。岛国和群岛国家，虽然具有海上交通之便，但难以形成地理上的整体性，易受海洋大国的分割。国土辽阔的大国，如俄罗斯、加拿大、中国、美国、巴西、澳大利亚，一般来说战略回旋余地大，对周围辐射力较强。而一些国土过于狭小的国家特别是在大国夹缝中生存的一些小国，战略目标选择受限，难以独立地发挥战略性作用。而散落在大洋上的一些弱小岛国，有时甚至会成为海洋大国战略扩张的"垫脚石"。与邻国的接壤情况，也是一国战略选择的重要因素。美国地处西半球，东西有两洋，南北无强邻，周边环境对美国相对有利。有些国家周边接壤的国家较多，历史遗留问题如领土与宗教纠纷长期得不到妥善解决。其安全环境显然复杂得多。

地缘战略因素是评估安全环境,确立相互关系性质,判断战略威胁方向,明确战略防御重心,合理建构与部署战略力量的重要依据。第二次世界大战中,由于德日意法西斯国家组成的轴心国战略联盟对英美法等国家和苏联、中国形成了共同的安全威胁,从而促成了美、苏、中、英、法等反法西斯战争的战略力量体系的形成。二战后,北约与华约两大军事政治集团,以意识形态斗争为号召,以地缘战略关系为基础,组成两大阵营,在以欧亚大陆为中心的广阔地域,对峙与对抗持续了近半个世纪。

不同的战略地理特征,其战略力量的发展方向是不同的。俄罗斯虽然濒临诸多边缘海,但均无法直接面向三大洋,为打破这种地缘限制,历史上,俄罗斯曾长期致力于解决出海口的问题。寻找出海口特别是寻找暖水港,曾是俄罗斯走向世界海洋的重要地缘意识和战略选择。美国作为世界上唯一超级军事强国,其全球战略始终以欧亚大陆为重心,力求首先控制欧亚大陆两大边缘地带,实施全球军事干预,通过掌握外层空间的控制权和世界主要海上战略枢纽和战略线,实现对世界战略空间的全面控制。

不同的战略地理特征,也往往形成其战略力量建设的不同重点。如内陆国家战略力量一般以陆军为主,主要用于防卫国家中心枢纽和边界。海上列岛大国,国家安全与发展很大程度上依赖于海洋和海上交通线,因而必然重视海空力量建设。大陆濒海国家,既有陆海两利,也有陆海两个方向的防卫任务,通常陆海空均衡发展。

（五）战略文化传统

战略文化传统是一个国家战略行为中所蕴含的持久稳定的文化特征。它是一个民族与文明的历史经验、民族特性、价值追求以及文化心理在战略层次上的集中反映。一个国家的战争行为固然是此时此地现实利益的反映，但同时深深地植根于历史的、此前形成的战略文化传统之中。

战略文化传统具有历史的延续性、文明的关联性和价值观念的主导性等基本特征。对一个民族与一种文明的战略文化传统的把握，必须建立在对其历史经验的长时段考察的基础上，把握其延续性的、屡经历史变动而依然保持着相对稳定的特征。历史上偶发的或稍纵即逝的文化现象并不必然参与传统的构成。例如，西方的分裂与扩张传统至少源于希腊罗马时代，中国的大一统的传统以及由此形成的更为关注国内秩序的传统，在秦汉时代便已基本定型。所谓文明的关联性就是，任何一种文明形态的战略文化都是其文明特性的反映。游牧文明与航海文明往往表现为扩张、进取、尚武的战略文化倾向，农耕文明往往表现出内向、和平的战略文化传统，这是因为游牧民族经济结构上的脆弱性与不稳定性，是其频频发动对外战争的内在动力，而航海文明本身就是一种外向型的文明，海外扩张是其获取财富的主要途径。不断开拓海外市场与殖民地，成为航海文明的天然使命，而战争则是开拓和维护殖民地，争夺贸易霸权的基本手段。对于农耕文明来说，一切正好相反，财富的创造主要是通过人与土地结合来实现的,战争只能导致生产力的破坏和文明重心的失衡。因此,农耕文明更多地表现出求稳定、求和平、内向而非外向的战略文化传统。所谓价值观念的主导性,即战略文化传统的基本性格受所处文化传统的主导性价值观念的渗透与影响。文化的核心是价值观念。中国战略文化传统的一个重要特征就是重视道义的力量,具有强烈的是非观念。表现在战争观上就是强调"义兵""义战",强调"以德服人",这是与中国文化中以道德为中心的价值体系的影响分不开的,这与西方以功利主义为特征的价值观是不同的。

战略文化传统决定一个国家、一个民族在战争问题上的思维方式,也影响战略环境的判断,战略目标的制定与战争手段、战争方式的选择。中国战略文化更多地表现出追求"天人合一""顺天应人""睦邻亲仁"的同一性思维特征,而西方文化则更多地崇尚"生存竞争""弱肉强食"的社会达尔文主义。在战略目标的确定上,西方的基本战略理念是只要存在资源和机会,国家就必然扩张他们的力量,利益的扩张与霸权的获取是其最高目标;而中国的战略目标历来是卫国土、保和平、求统一、制侵凌,没有海外掠夺扩张的内在动力。在战略手段的选择上,中国战略文化历来强调"慎战"与"不战而屈人之兵",强调"后发制人""不得已而为之",主张"上兵伐谋,其次伐交,其次伐兵,其下攻城",这与西方战略文化中的绝对优势、绝对安全、绝对征服的极端思维与零和思维也是截然不同的。一个国家、一个民族的战争行为必然打上战略文化传统的深深烙印,是战略文化传统的必然延伸。

三、军事学宏大的学科体系

军事学不是静止的封闭的学科,而是随着战争实践的发展而不断丰富完善的知识体系。在军事学的发展过程中,随着战争手段的发展,战争空间的延伸,社会形态的演变,军事学的研究领域也不断拓宽,不断向深度和广度推进,学科呈现高度分化又高度综合的发展趋势。特别是在与其他学科的交流中不断涌现出许多新兴学科、交叉学科、边缘学科。当代军事学已发展成为一个规模宏大、结构完整、多层次、宽领域的理论体系。

依据当代军事学的发展状况,**当代军事学学科体系**大体可以概述为以下五大类,即:战争相关因素构成的基础学科,军事哲学与军事思维领域的基础学科,战争指导领域的骨干学科,军队建设领域的骨干学科,以及军事历史领域诸学科。

第一个门类:研究战争相关因素的基础学科

地缘战略学,是以地理要素为基础透视国际地缘战略、国际经济、国际军事关系,研究地理空间对国家安全与发展的影响及进行相应的战略谋划的学科。

国际军事学,是研究国际军事战略格局,国际军事形势,各国军事力量对比,各国军事理论与军事走向的特点与变化规律的新兴学科。

军事经济学,是研究军事经济资源配置的特点与规律的学科。

军事外交学,是研究主权国家在军事领域对外交往的特点与规律,包括军事外交政策的制定与军事外交行为的特点与规律的学科。

战争法学,是研究战争法的制定与实施规律的学科。

第二个门类:研究军事思维规律的基础学科

军事哲学,是研究军事共同本质与普遍规律的学科,是关于战争观、军事认识论和军事方法论的科学。它是军事理论思维的最高层次,是军事学各门类学科共同的理论基础。

军事思维学,是研究军事活动主体思维机制与思维规律的学科。它重在探讨军事思维与军事实践的联系,军事思维的形式、方法以及作为二者统一的军事思维方式。

战略文化学,是研究战略文化的形成与发展及其对战略决策与战略行为的影响的学科。

第三个门类:研究战争指导规律的骨干学科

战略学,是研究战争全局指导规律的学科。军事理论界通常将战略学与战役学、战术学作为军事学术的主体,而战略学是军事学术的最高领域,是起主导作用的骨干学科。"战争全局"是战略学区别于战役学与战术学的根本标志。

　　近年有的学者以现在是"和平时期"，"非战争行动"日益突出为由，提出将战略学的定义由"战争全局"的指导，改为"军事斗争全局"的指导。这不仅阉割了战略学的战争本质，也混淆了军事战略与其他战略的界限，扰乱了军事学学科体系。事实上所谓"和平时期"只不过是两次战争之间的间歇期，"非战争行动"也是战争行动的延伸和补充。以"战争全局"为指导的战略学从一开始就覆盖了战争时期与相对和平时期，既适用于指导战争行动，也适用于指导"非战争行动"，不存在战略指导的空白点。什么时候战争消亡了，以"战争全局"为研究对象的战略学才可以走入历史。至少现在还不具备这个条件。在战争根源仍然存在的今天，在强权政治日益膨胀的当代世界，用"和平学"冲淡"战略学"，在理论上是站不住脚的，在实践上更是十分有害的。

　　战役学，是研究战役及其指导规律的学科。或者说，它是研究战争局部指导规律的学科。它在军事学术中处于战略学与战术学之间的地位。它与战略学是局部与全局的关系，一方面它从属于战略学，另一方面又对战术学起着指导作用。

　　战术学，是研究战斗及其指导规律的学科。战术学从属于战略学和战役学，是军事学术的主体学科之一。战术学的研究内容主要是战斗的本质、类型、特点、基本原则和组织实施方法等。

　　军事决策学，是研究军事领域决策规律的学科。所谓决策就是借助一定的科学手段和方法，在多种行为方案中，选择最优方案并付诸实施的过程。

军事运筹学，是研究运用数学和现代计算机技术对军事问题进行定量分析与决策优化的规律的新兴学科。

军事谋略学，研究军事对抗中运用计谋策略，最大限度地获取军事效益，达成军事目的的规律的学科。它是军事领域的对抗智慧学、制胜思维学，是战争与军事活动中人的主观能动性最生动的体现。

军队指挥学，是研究军队组织指挥的理论原则、实施方法与发展规律的学科。它着重探讨军队作战指挥要素、指挥原则、指挥艺术，建立军队作战指挥系统，以及包括掌握情况，定下决心、计划组织、作战控制等在内的军队作战指挥活动的基本内容、原则与方法，军队作战指挥方式与效能评估，现代条件下军队指挥的特点与发展趋势等。

军事威慑学，是研究军事领域实施威慑行动，以达成军事目的的活动特点与规律的学科。所谓军事威慑是指通过显示武力或表示准备使用武力的决心，迫使对手屈服于自己的意志，不敢采取敌对行动或使行动升级的军事行为。军事威慑要发挥作用，取决于三个基本条件：一是有足够的实力；二是要有使用这种实力的决心与意志；三是要让对手了解并相信上述两点。

战争控制学，是研究战争控制规律与控制方法的新兴学科。

所谓战争控制是战争指导者对战争的发生、发展、规模、强度及其后果等有意识地加以限制和约束的行为。战争控制目的在于防止战争的发生，一旦战争不可避免，则控制其横向与纵向升级，力求减少战争后果，或力求以小的代价实现战争目的。

战争动员学，是研究国家或政治集团，采取紧急措施，由平时状态转入战时状态，统一调动人力、物力、财力及精神力量以适应战争需要的理论、方法和规律的学科。

战争动员的核心是迅速实现平战转换，有效地将战争潜力转换为战争实力，以满足战争需要。

军事情报学是研究军事情报的搜集、分析、管理、处理的特点与规律的学科。

第四个门类：研究军队建设规律的骨干学科

军制学，是研究国家或政治集团组织、构建、管理、维持、储备与发展军事力量的基本制度及其发展规律的学科。其基本任务是揭示军事制度的发展规律，阐明军事制度的基本原理、原则，为建设一支结构合理、制度完备、功能齐全、效率高、战斗力强的军队提供理论依据。军制学也可以说是军事力量的建设学，是为"用兵"提供物质基础的"养兵学"。

军队组织编制学，是研究军队组织结构、体制编制及其发展规律的学科。

军队组织结构及体制编制是实现军事人力资源与物力资源的最佳配置、人与武器装备等物质要素优化组合的纽带，是军队作战效能的组织与制度化保障，是军队战斗力构成的基本要素，在军队建设中处于重要地位。

武器装备学,是研究武器装备发展与武器装备管理的特点与规律的学科。它旨在以武器装备总体和武器装备发展与使用的全过程为对象,把军事科学与军事技术有机地结合起来,从宏观的角度与系统的角度,揭示武器装备发展与管理的内在矛盾、主要特点与客观规律,为武器装备的发展与管理提供理论依据。

军队管理学,是研究军队管理活动,揭示军队管理客观规律的学科,是治军的学问,是管理学在军事领域的应用与发展。

军事训练学,是研究军事训练规律和指导规律的学科。

主要任务就是以军事训练原则、军事训练体制、军事训练内容、军事训练方法、军事训练管理、军事训练保障等各个领域、各个环节为研究对象,努力形成对军事训练的系统化的理性认识,推动军事训练指导由经验指导向科学指导的转变。

军事心理学,是研究军事活动主体的心理发生、发展规律的学科。它旨在认识军人的心理现象,预测军人的心理变化,调控军人的心理活动,保持己方积极健康的心理状态,瓦解敌方心理防线,利用敌方心理弱点,为夺取战争与军事斗争的胜利服务。

军队政治工作学,是研究军队思想工作和组织工作的规律与指导规律的学科。它是最富我军特色的军事学学科之一。我军政治工作是实现党对军队的绝对领导的根本保证,是我军的生命线和战斗力构成的重要因素。

军事后勤学,是研究军事后方勤务活动的理论与实践及其规律的学科。它主要涉及军队后勤建设及后方勤务组织指挥，包括财务、军械、军需、车辆、油料、营房、卫生、军事交通等后勤保障能力的生成和运用的基本理论、指导原则和组织实施方法。

第五个门类：研究军事历史的诸学科

军事历史诸学科是研究以往战争及相关活动的发生、发展过程及其规律的学科。

学习历史是政治智慧的起点。由于战争的不可重复性与不可实战试验性，因此研究军事历史，从历史上的战争学习战争，就成为鉴古知今、指导未来的重要途径。不仅如此，军事历史学学科还具有重要的社会教育功能、认识功能、规范功能和服务功能等，是为社会提供精神动力，展示优良传统和优良文明成果的重要学科。

四、军事学的研究方法有何特色？

军事学研究方法是正确认识军事问题的科学方法。军事学研究方法是探寻战争理论发展规律和战争指导规律的思维方法。它具有导向作用、加工作用和检验作用。它可以引导主观认识向符合客观实际，反映事物本质的方向发展，可以对丰富的感觉材料进行加工整理，去粗取精、去伪存真、由此及彼、由表及里，造成概念和理论的系统，以跃进到理性认识，可以在实践过程中对已有的认识进行反思和再认识,以检验认识的正确性。**军事学研究方法**作为探讨战争指导规律的认识工具,是一个多层次的认识方法体系。它大体由马克思主义哲学方法、科学研究的一般方法和军事学学科的具体研究方法三个部分或三个层次组成。马克思主义哲学方法即辩证唯物主义和历史唯物主义的方法,是最高层次、具有普遍意义的方法,在认识活动中具有指导地位。科学研究的一般方法是适用于科学研究各个领域,反映科研共同规律的方法,是马克思主义方法在科学研究活动中的具体应用。军事学学科的具体研究方法是带有学科特点、为军事研究所特有的方法,它以马克思主义哲学方法和科学研究一般方法为基础,反映军事领域的特殊认识规律和军事认

共产党宣言

识论、方法论上的个性。所有这些方法都是进行军事研究,通向真理性认识必不可少的桥梁。

(一) 坚持以马克思主义哲学为指南

马克思主义哲学是关于自然和社会一般规律的科学总结,它是在现代自然科学发展的坚实基础上,批判地继承人类历史上全部优秀思想成果,把唯物主义与辩证法有机地结合起来,彻底地贯彻到历史领域,而创立的科学的世界观和方法论。马克思主义哲学是我们"时代精神的精华",是科学性与革命性的统一,理论与实践的统一,也是马克思主义立场、观点和方法的统一,是革命的、科学的、实践的哲学,它对正确认识世界和改造世界具有普遍的指导意义,无疑也是军事研究必须遵循的科学指南。

一个认识领域对哲学方法的需要程度,与认识对象的复杂性成正比。军事实践活动所具有的高度的政治性、巨大的风险性、尖锐的对抗性、战略环境的多变性和不确定性而构成的特殊复杂性,使军事认识领域充满了"迷雾"。而要透过军事迷雾,获得真理性的认识,我们平常的眼力是不够的。必须借助于"望远镜"与"显微镜"。"马克思主义的方法就是政治上军事上的望远镜和显微镜。"[①]马克思主义哲学作为普遍的科学认识原理和科学思维的根本方法从最高理论层次上为军事研究提供了最锐利的思想武器,指明了廓清迷

---

① 《毛泽东选集》第 1 卷,人民出版社 1991 版,第 212 页。

雾,排除干扰,使认识最深刻地触及战争问题的本质的正确途径。"遵循着马克思的理论的道路前进,我们将愈来愈接近客观真理,而遵循着任何其他的道路前进,除了混乱和谬误之外,我们什么也得不到。"①

坚持以马克思主义哲学指导战略研究,要求坚持马克思主义辩证唯物主义与历史唯物主义最基本的立场、观点、方法。马克思主义哲学关于实践第一的基本观点,关于对立统一的基本规律,关于人民群众创造历史的根本原理,关于军队在国家机器中的地位与作用的理论阐述,以及以军事辩证法为核心的马克思主义军事哲学所揭示的战争与和平、进攻与防御、优势与劣势、主动与被动、全局与局部、内线与外线、持久与速决、集中与分散、虚与实、奇与正等一系列矛盾及其对立统一、相互依存、相互转化、相生相克的运动规律,为我们全面地、辩证地、客观地、系统地、发展地、具体地、联系地分析问题,打开战争之门提供了一把金钥匙,"是革命政党正确地决定其政治上和军事上的战略战术方针的重要方法之一"②。

坚持以马克思主义哲学指导军事学研究,要求始终不渝地坚持马克思主义的战争观。战争观是人们对战争问题总的看法和基本观点,是研究战争与战略问题的起点。马克思主义的战争观与其他所有战争观相比最科学、最正确、最深刻地回答了战争的根源、战争

---

① 《列宁选集》第 2 卷,人民出版社 1960 年版,第 143 页。
② 《毛泽东选集》第 1 卷,第 326 页。

的本质、战争的发展与消亡以及对待战争的态度等一系列根本问题，是马克思主义哲学的精髓之一。马克思主义战争观认为，一、一切历史冲突都根源于生产力和交往形式之间的矛盾。战争不是从来就有的，也不是永恒存在的，战争起源于经济利益的冲突，终结于阶级社会的消亡。战争将随着私有制和阶级的消亡而最终退出历史舞台。但在此之前，只要战争根源存在，战争危险存在，就不应有任何"天下太平"的和平幻想。二、战争是一种暴力行为，是政治通过暴力手段的继续。政治影响与支配战争的一切方面，战争始终服务于政治。现代战争手段无论怎么发展，包括核武器和信息武器的出现，没有也不可能改变战争的政治属性和暴力本质。所谓"战争慈化论""核战争已不再是政治的继续"等理论观点都是站不住脚的。三、战争有正义与非正义之分。战争的性质取决于它对社会发展所产生的影响。凡促进社会进步，促进生产力进一步解放的、人民的、革命的、反侵略的战争是正义的战争；凡是阻碍社会进步，扼杀新的生产力，侵略的、扩张的、掠夺的战争是非正义战争。我们不是笼统地支持或反对一切战争，而是支持正义战争，反对非正义战争。四、决定战争命运的是参加战争的广大人民群众。人民群众自觉奋起参与的为人民的根本利益而展开的人民战争是真正的革命战争。人民战争是战胜外敌入侵和一切反动势力的法宝。

（二）综合运用科学研究的一般方法

科学研究工作是科学领域中的探索与应用。科学研究的一般方法是人类在认识世界和改造世界的长期实践中逐步形成和积累并被实践证明行之有效的认识方法体系,是科学研究活动中带有共性的认识工具。在马克思主义哲学出现以前,科学研究方法局限于以亚里士多德为代表的自然哲学方法论和经典力学派为代表的分析方法论;随着自然科学的重大进展和理论综合,以及马克思主义哲学的产生与传播,科学研究方法进入了以综合思维为特征的方法论时代。科学研究的一般方法是马克思主义哲学方法在科学研究领域的具体应用,具有普遍的适用性,对开展军事研究具有重要的实用价值。

科学研究的一般方法是一个方法群,在军事研究中最经常采用的主要有归纳法(即从个别经过分析、比较上升到一般的推理方法),演绎法(即从一般到个别、从整体走向部分的认识手段),类比法(即依据两个事物相同或相似的方面推断出在其他方面也有相同性或相似性的推理形式)和数学法(即从事物量的规定性来判断事物可能发展的方法)等。此外在现代军事研究领域还越来越多地运用以下几种具体方法:

1. 系统分析法:系统是由相互联系、相互作用和相互依存的若干要素、子系统组成的,具有特定功能的处于一定环境之中的有机整体。系统分析就是对一个系统内的基本问题用系统观点进行系统思维,通过系统模型化、最优化分析和系统综合评价等作业,对可能采取的方案进行优选,为决策者提供可靠的依据。现代战争和军事斗争是一个大系统,是对立双方系统对系统的较量。用系统分析方法,就是要把战争全局作为一个有机整体,全面把握系统内各个要素之间以及系统内部与外部环境之间的相互联系、相互影响和相互制约,以发展的观点、系统的观点,进行动态分析,充分考察影响战争的各种因素之间的内在联系和转化,透过纷繁复杂的军事现象看到军事问题的本质与军事运动规律,在诸矛盾中找出决定问题性质的主要矛盾,在各种可行方案中,找出最佳方案,从而做出最优化的决策。

2. 统计分析法:统计分析法是通过调查收集数据资料,按照质的规定性进行归类计算,得出数量概念,并以数字形式表达出来,从中找出事物内在联系及其发展规律的科学研究方法。我国古代就有运用统计技术的丰富实践。如《周易》记载"上古结绳而治"即强调统计方法是政治统治的重要工具,《殷墟书契》记载"登人三千,呼哉"就是商代对临时兵员征集的政府统计。列宁指出,统计是认识社会的最有力的武器之一,当然,它也是认识战争规律和战争指导规律的有力武器之一。美国军事学者杜普伊,分析了历史上六百多个战役战斗的情况,每个战役战斗记录了 90 项数据,建立了相当规模的陆战数据库,根据对这些数据的分析,他得出了计算部队实际战斗力的经验公式,虽不尽完善,但不无参考价值。中国解放战争中,毛泽东正是通过对辽沈战役后敌我力量变化的新形势的统计分析,从敌人总兵力已由战争第一年的 430 万减至 290 万,而我军由 120 万发展到 300 万的变化中,得出人民解放军不但在质量上占优势而且在数量上已占住优势的结论,进而修改原来五年打败国民党的战略目标,做出一年推翻国民党统治的战略决策,这是运用统计方法辅助决策的著名例证。统计方法从结构上大体可分为描述性统计和推断性统计,前者目的在于描述和表现一组数据,是报告性的,后者是前者的高级阶段,它力图阐明某些活动与现象的发展趋势。军事研究更多的是应用后一种方法。统计的表达方式不拘一格,有统计图(包括统计比较图、统计曲线图、统计地图)和统计模型(计量模型、数学模型)等,在研究中可根据具体情况选择使用或综合使用。

3. 比较研究法:比较是对某一类事物进行对比分析,以确定事物之间差异点或共同点的一种逻辑思维方法。事物之间的差异性和同一性是比较方法的客观基础。有比较才有鉴别。比较可以在表面差异极大的事物之间,找出他们本质上的共同点,也可以在表面极为相似的事物之间找出他们本质上的差异点。因此,比较思维既包括求同思维,也包括求异思维。比较已广泛应用于现代科学研究的各个领域,也正向军事领域加速渗透,形成了比较军事哲学、比较军事史学、比较军事政策学等专门学科。比较方法可以激化思维,产生新的兴奋点,可以从对比中开阔视野,深化认识,可以从历史的纵览中探寻军事发展的轨迹和未来走向,可以在更广阔的背景上揭示战争规律与战争指导规律。作为比较研究的形式之一,世界军事力量对比已成为当今形势评估的一种惯例,伦敦国际战略问题研究所每年发表的世界军事力量对比报告是现代军事问题研究的一个重要参考指标。此外,战略文化比较研究所具有的深刻的洞察力也引起越来越多的军事家的注意。比较研究的形式是多种多样的,既可以进行横向比较,也可以进行纵向比较,既可以进行定性比较,也可以进行定量比较。横向比较是时间上同时存在的事物之间的比较,如各国战略资源、军事实力、军事政策之间的比较;纵向比较是按同一事物时间序列的纵断面展开的动态性比较,如中国革命战争中各个战略阶段战略方针的比较,它是一种垂直比较或历史比较。定性比较是对不同事物本质属性的比较,旨在通过比较确定事物的性质,如强权政治者推行的积极进攻战略与以自卫为原则的积极防御战略的比较。定量比较是从数量方面对事物进行的比较,以准确判定事物的数量差异。运用比较方法要注意事物的可比性和比较的广泛性,注重本质的比较。尽管"任何比较都不会十全十美"[1],但它无疑是帮助我们认识战争指导规律的一个重要阶梯。

4. 因果分析法:也可以说是一种历史分析法。任何事物的发展都有自身的历史,战争也不例外。历史结果是现实的先声,现实是历史发展的必然。现实总要"消亡"而退入历史,历史不断丰富,现实不断表现出与历史的因果关系。现实的军事斗争大都可以从历史中追寻它的根源。从古罗马帝国后期日耳曼人为主的各"蛮族"的历史大迁徙,以及处于不同发展阶段的农业民族与游牧民族结合的边缘地带中,我们可以找到今日从地中海到西亚一线民族冲突的若干历史信息。昔日犹太王国定都于耶路撒冷,耶稣基督在此

---

① 《列宁全集》第 8 卷,人民出版社 1985 年版,第 423 页。

殉难以及伊斯兰教的先知穆罕默德在此登霄，埋下了日后中东和平进程艰难曲折的种子。历史是现实的教科书。历史本身就是进行因果分析的对象。"从对历史的研究中，可以获取对现实问题的透视力。"①当然这种研究不是简单的、直线的、表面的对号入座和随意性的穿凿附会，不是从主观臆想出发到历史中寻找只鳞片爪，作为现实的注脚，而是以辩证唯物主义和历史唯物主义作指导以极其严肃的态度，进行深层次的分析，寻找历史与现实之间内在的本质联系。

5. 社会调查法：社会调查法是在直接系统地收集有关经验材料的基础上，通过对资料的分析和综合来阐明事物的内在联系和发展规律的一种研究方法。它用事实说话，有较强的说服力和较深的洞察力，调查的触角可以广泛深入社会以至人们的精神空间，了解人们的意愿、要求和意志。社会调查法是社会科学工作者了解活生生的社会一项不可缺少的手段，也是军事冲突研究的一个重要方法。影响军事问题的因素是生动的、变化的和有生命力的，通过广泛深入的社会调查我们可以比较真切地考察各种要素的当前状况，了解各种政治力量的意向及其相互关系，评估形势发展的可能走势，制定比较符合实际的军事政策。社会调查可分普查、抽样调查、典型调查和个案调查等多种方式。对于军事问题研究而言，最常见的是抽样调查和典型调查。典型调查是选择若干具有代表性的单

---

① 李际均：《军事理论与战争实践》，军事科学出版社 1994 年版，第 11 页。

位或个人作为典型,有目的有计划地作周密系统的调查,以取得第一手资料,其理论根据是个性与共性辩证统一原理,重在本质的揭示;抽样调查是用随机抽样或非随机抽样选取一定样本,采取横剖式比较或追踪式纵向考察的方法,开展调查,获取信息,并以样本调查结果推断总体的调查方式,它是按照概率论的原理进行的,重在数量的考察。无论哪种方法在获取资料时,通常可采取座谈法(个人交谈或集体座谈)、观察法、访问法和问卷调查等具体方法实施。作为社会调查法的一个重要应用是 1964 年美国兰德公司开发的"德尔斐法"。(注:德尔斐是古希腊传说中的神谕之地,城市中有阿波罗神殿可以预卜未来)该法以匿名的方式,函询(收发调查表)专家(被调查对象)意见,然后将专家意见做出统计学处理,及时反馈给应邀专家,进一步征求其意见,通过轮询反馈信息,调整专家意见,引导被调查专家意见趋于一致和稳定。经典的德尔斐法往往经过四五个轮次的反馈调整才最后得出结论。这一方法在现代世界军事问题研究中已被普遍采用。此法不失为汇集军事专家意见和智慧的可行办法之一。

在运用上述各种办法的过程中,需要特别注意和把握的是:

1. 定性分析与定量分析相结合。数学是"辩证的辅助工具和表现方式"[①]。确立量化意识对于军事学研究来说是十分重要的。恩格斯说:"一种科学只有成功地应用数学时,才算达到真正完善的

---

① 《马克思恩格斯全集》第 20 卷,第 357 页。

地步。"①毛泽东曾批评有些人不懂得注意事物的数量方面:"不懂得注意事物质量的数量界限,一切都是'胸中无数',结果就不能不犯错误。"②但是我们在注意定量分析的同时,也要注意防止把定量分析强调到不适当的程度。军事斗争是有意识有思维的人有目的的创造活动,进攻与防御、正义与非正义、包围与反包围、侵略与反侵略等等,很多现象是无法用数量来表示的,这就需要定性分析。只有根据对事物的质的定性认识,才能找出解决矛盾的不同办法。军事学对战争规律和战争指导规律的揭示,是以一系列要素的相互运动为主导的,定性研究就是要判断各要素性质的变化及其带来的影响。定量分析主要为定性分析提供依据和材料,定性分析是定量分析的质的飞跃。研究结果最后还是需要以定性分析来表达。因此必须处理好定性分析与定量分析的辩证关系,把二者有机地结合起来,实现定性分析与定量分析的统一,并以定性分析为主。

2. 宏观分析与微观分析相结合。军事研究必须高屋建瓴,通观全局,重在把握总体趋势,综合运用抽象、概括、综合、比较、归纳等具体方法,把复杂的现象、事件、过程凝聚为不同的逻辑体系或理论体系。不拘泥于一时一事,舍弃无关的枝节和片面材料,努力寻找事物的共性和规律性,这就需要宏观思维和宏观分析。但也不能脱离对某些要素的具体的微观考察,如考证、辨伪、计量分析、层次

---

① 《自然辩证法》,转引自《回忆马克思恩格斯》,人民出版社 1957 年版,第 73 页。
② 《毛泽东选集》第 1 卷,第 1332 页。

分析、心理分析等，从具体到抽象，为揭示规律提供可靠依据。没有微观分析，宏观分析就是无本之木，无源之水，但如果没有宏观分析，军事研究将永远处于低层次研究，就不能把握事物的整体和全貌，就无法揭示本质与规律。军事学的特性以及现代军事科学既高度综合又高度分化的趋势要求宏观分析与微观分析紧密结合，并以宏观分析为主。

3. 静态分析与动态分析相结合。静态分析是对某一时空军事问题的现实状况的分析，其特点是承认事物发展的相对稳定性。动态分析则增加了分析问题的时间因素，是把军事问题看作一个不断发展运动的过程，各种因素相互影响相互作用的过程，进行关联性序列性分析，两种方法互为前提，互相补充。战争是对立双方互为对手，不断调整战略策略，不断转换斗争方式，不断改变力量部署，激烈较量的过程。战局转换迅速，形势瞬息万变。因此，把动态分析与静态分析结合起来，重在动态分析显得特别重要。

4. 专题研究与综合研究相结合。战争是一个大系统，它包含许多子系统，包含许多方面和阶段。因此在研究中，我们往往是从各个方面或阶段的专题研究开始的。专题研究有助于对某一方面、某一阶段军事问题的深入了解。但专题研究带有相对的独立性和局限性，它难以说明某一局部某一阶段在全局中的地位与作用，只有经过综合研究，把各自分立的专题研究成果加以综合提炼、检验和升华，成为一个有机的统一体，才能全面揭示战争与战争指导规律。

5. 历史考察与现实考察相结合。 军事研究是历史与现实的统一。历史的考察可以增加研究的历史纵深感,可以从历史发展的轨迹中探测未来的发展趋势。但军事研究毕竟是有生命、有活力的运动体。研究的目的在于指导现实的军事斗争。因此在做历史考察的同时,更要注重对现实的考察与分析,把现实的考察作为研究的基点,历史考察必须服从和服务于对现实的研究,在历史、现实、未来中找到一个恰当的结合点。

6. 纵向比较与横向比较相结合。 纵向比较是历史过程的比较,通常是自己跟自己的比较,横向比较是广阔的空间范围的比较。军事问题研究特别需要注意开展横向比较研究,把自己放到世界军事的大环境中,与世界其他国家、其他军队,特别是现实和潜在的对手进行比较,从中找出差距,找出强点和弱点,从而准确地制定战略和策略。

(三)恰当运用富有军事学自身特点的具体研究方法

军事学所特有的研究方法很多,最常见的有战例研究、战争模拟、实兵检验、军情综合分析等方法。

1. 战例研究法: 战争和军事斗争的不可重复性,使军事研究很难有充裕的条件在战争的现实中进行。战例研究不失为一种补偿和替代性办法。克劳塞维茨撰写《战争论》,研究了130多个战例,写下了7卷战史。若米尼为撰写《战争艺术概论》编写了《1792—1801年革命战争批判军事史》《腓特烈战争批判史》《拿破仑的政治和军事生涯》等军事史。正如若米尼所说:"一部有正确评论的军事史确实是一所真正的战争大学校。"[①]解剖战例等于是与历史上的战争指导者和军事统帅进行对话,可以从历史上战争指导的得失中吸取必要的经验和教训。正如法律工作者注重研究案例,医务工作者注意研究病例,战例研究是军事研究工作者的一项基本功,是认识战争及其指导规律的重要途径。

2. 战争模拟法:战争模拟是借助某些可视性手段对战争与军事对抗进行形象化演示的一种研究方法,如兵棋推演、沙盘作业、计算机模拟等。中国古代东汉名将马援曾积米为山,筹划山地进攻作战,19 世纪,普鲁士军队率先把作战模拟纳入作战计划拟制程序。由于战争模拟具有形象直观和对抗性演示的特点,所以历来为军事研究者所重视。但也要看到战争模拟毕竟是一种虚拟的行为,带有相对的静止性和模拟者的主观色彩,因此战争模拟不能代替一切,不能把模拟结果绝对化与固定化。

3. 实兵检验法:如实兵演习和试验部队演练。其特点是可创造近似逼真的战争环境对战争理论、编制体制和武器效能等进行综合检验与评估。这种方法生动活泼,但涉及人力、物力、财力资源的大量消耗,受到时空条件的限制,难以频繁地组织实施。

4. 军情综合分析法:这是对各种途径得来的军事情报和信息进行归纳整理,从中找出其内部联系的研究方法。目的在于观察军

---

① 《战争艺术概论》,解放军出版社 1986 年版,第 344 页。

联合作战演习

事动向,把握发展趋势,以便有针对性地采取对策。军事形势评估常用这种方法。进行军情综合分析贵在全面、准确、见微知著,切忌主观片面,妄下结论。

（四）发挥信息技术在现代军事研究中的作用

20世纪70年代兴起的信息革命使计算机技术和军事运筹理论得以充分结合,实现了实物模拟、文字模拟和符号模拟全部数字化到计算机仿真之中的转变。信息技术这种飞速发展不仅给社会生活带来前所未有的影响,也给军事研究提供了新的科学手段。我们不仅可以借助计算机技术,把对历史经验的归纳和对未来预测融为一体,把定性分析与定量分析、解析计算和过程仿真结合起来,把计算机的自动推理与专家的经验指导结合起来，而且可以合成动态的人工模拟战场、造就逼真的作战环境。也就是提供一个贴近实战的现代作战实验室。在这个实验室里，无须调动一兵一卒和一枪一炮，便可逼真地再现战场态势，导演出一幕幕威武雄壮的战争话剧，检验军事理论和决策计划的效果，从而在一定程度上弥补战争不可重复性、不可实验性的缺陷，使军事研究走出纸上谈兵和重复上次战争指导经验的落后状态，跨入综合创新的新时代，带来军事研究本身的革命。支持这种现代"作战实验室"的技术基础主要是：① 分布式交互仿真技术，② 虚拟现实技术，③ 人工智能技术等。

　　信息技术在军事研究中的应用正在向前所未有的深度、广度发展。目前应用较为普遍的有以下几种：① 武器系统效能评估，② 作战行动效能评估，③ 作战模拟与仿真，④ 智能化决策分析以及⑤ 国防系统分析等。

第二章

军事哲学与军事思维规律

战争无非是政治通过另一种手段的继续。由此可见，战争不仅是一种政治行为，而且是一种真正的政治工具，是政治交往的继续，是政治交往通过另一种手段的实现。如果说战争有特殊的地方，那只是它的手段特殊而已。

——（普）克劳塞维茨：《战争论》第 1 卷，商务印书馆 1978 年版，第 43 页。

克劳塞维茨(1780—1831)

一、什么是军事哲学？

军事哲学是一门新学科，迄今为止，国内外并没有统一的提法，有的把军事哲学称为"军事辩证法""战争的哲学""军事理论的哲学"以及"战略的哲学基础"等，对其定义也是形形色色。一般认为，**军事哲学**是一门关于军事共同本质和普遍规律的基础理论学科。它应包含四个方面的特征：一是根本性。军事哲学是人们关于军事活动的根本看法，集中表现在战争观、军事观及其根本方法上；二是全面性。军事哲学是针对整个军事领域而言，并不局限于某个军事领域的矛盾运动，比军事辩证法涵盖范围更广泛；三是整体性。军事哲学是一个完整而系统的理论体系，不是零碎地、无逻辑地反映整个军事领域的共性东西；四是普遍性。军事哲学所要揭示的基本内容，是关于军事的共同本质和普遍规律，而不是对军事各个方面的具体研究。

军事哲学属于哲学与军事科学之间跨层次性边缘学科。军事哲学与哲学之间的关系,是特殊与一般的关系。哲学对于军事哲学来说是一般,军事哲学对于哲学来说则属特殊。

很长一段时间里,我国的学术界中有一部分人坚持把军事哲学称作军事辩证法,或等同于军事辩证法。军事辩证法这个概念是毛泽东于1936年提出来的,突出了军事领域辩证的矛盾运动的特点,体现了马克思主义军事哲学的性质,对现代军事哲学的发展起了巨大的推动作用。但这一概念不能完全取代军事哲学。军事辩证法的内涵相对窄小,无法把战争观、军事观和军事认识论等内容全部包括进去。哲学本身包括了本体论、价值论、认识论、方法论等内容,既有唯物主义与唯心主义之分,又有辩证法与形而上学之别。辩证法只是哲学的一个重要方面。如果用军事辩证法取代军事哲学,就无法完整体现哲学与军事科学的有机结合,无法全面地、历史地反映军事领域唯物观与唯心观、辩证法与形而上学的斗争。而称为军事哲学,则可以涵盖哲学与军事科学相结合的各个方面,概括古今中外各种军事哲学思想,其中自然也包含军事辩证法思想。因此,现在普遍认同"军事哲学"这一概念。

人类社会中的对抗与自然界其他生物间存在的对抗有着根本区别,人类之间所发生的敌我之间的对抗是一种矛盾现象,但这是一种特殊的矛盾形态,是敌我矛盾发展到一定程度时才呈现出的特殊矛盾形态。敌我矛盾存在于人类社会的各个领域,可以采取政治的、经济的、外交的和其他各种方法来加以解决。只有当这种矛盾激化并发展为尖锐的冲突与对抗时，才会诉诸战争和为此而进行种种与之直接相关的其他军事活动。因此，敌我之间的对抗是敌我矛盾系统中的一种特殊矛盾。

敌我之间的对抗不仅构成了军事领域不同于社会其他领域的特殊而基本的矛盾，贯穿于军事领域的始终与全体，一切军事活动必须围绕它而展开，也是从军事整体上必须研究、解决的最基本、最核心的问题。

军事从哪里开始，军事认识也从哪里开始。敌我对抗的发生、发展，是军事认识的直接源头。军事领域的一切活动都贯穿了敌我对抗这样一条主线。敌我对抗反映了军事整体认识中最基本的问题，反映了军事发展全过程及其最普遍的本质属性，因此，敌我对抗是军事哲学的逻辑起点。

二、战争是何时出现的？

战争，虽然不是人人都经历过，但几乎谁都不陌生，因为战争历来是各类文学作品中表现最多的题材。人类社会的历史就是战争与和平交织的历史。但是，战争并不是先天就有的，而是人类社会发展到一定历史阶段的产物。

战争的起源与人类的起源相关，与人类的社会进化相联系。原始人部落之间的"暴力"行为,是猿的群体之间为争夺生存空间、争夺配偶而产生的"暴力"行为的延续。早期氏族社会里,由于生产力水平极端低下,面对陌生的、对立的、不可理解的外部自然界的支配,作为原始人个体,氏族部落关系是他们最好的保护。部落(更大的部落体形成氏族)的内部实行的是原始公有制,大家共同劳动,共同消费,团结紧密,相互支撑。于是,以相同血缘关系为基础形成的部落"始终是人们的界限,无论对其他部落的人来说或者对他们自己来说都是如此;部落、氏族及其制度,都是神圣不可侵犯的,都是自然界所赋予的最高权力,个人在感情、思想和行动上始终是无条件服从的"[①]。丰富的自然资源能够满足各氏族基本的生存需要时,氏族之间很少往来,不存在氏族集团之间冲突的外部条件。但是随着原始社会的发展和氏族集团人口的增长,氏族集团的物质需求与所在地区天然生活资料总量之间的平衡被打破,人们就不得不向其他地区迁移,而这种迁移往往要侵犯其他氏族集团的经济利益。为了"占领生存的客观条件"[②],氏族部落之间出现了人类社会最早形态的战争。

在当时的生存状态下,这种原始战争是基于生存本能的暴力行为,如同打猎、捕鱼一样是生存的一种手段。当部落间出现原始战争的时候,氏族、部落的成员几乎全体出动,武器就是生产工具,部

---

① 《马克思恩格斯选集》第 4 卷,第 88 页。
② 《马克思恩格斯全集》第 46 卷,上册,第 475 页。

落认同意识使部落间"血亲复仇"等形式的暴力冲突经常上演。然而必须指出的是,这种天然的对抗只为解决氏族、部落的对外冲突,不存在"氏族内战"的形式。这种原始战争尚不具备什么战术思想,即使存在一些原始的战术,也与后来的阶级社会战争采取的战术不可同日而语。

随着社会生产力的发展,特别是社会大分工的出现,人类的劳动能够生产出超过维持劳动力所必需的产品,这时,吸收新的劳动力就成为氏族、家庭公社人们向往的事情。在这种情况下,原始战争出现了战俘不再被杀掉,而是转变为奴隶的新特点。社会大分工带来社会大分裂:剥削者和被剥削者。战争在这一社会历史进程中扮演了催产婆的重要角色。奴隶逐步由零星现象变成社会制度的一个本质组成部分,战争以及进行战争的组织成为氏族生活的正常职能。通过战争掠夺财富和劳动力比自身创造财富更加便捷和荣耀成为普遍的社会意识。以前进行战争,只是为了对侵犯进行报复,或者是为了扩大已经感到不够的领土。现在进行战争,则纯粹是为了掠夺,战争成为与畜牧业、种植业、手工业一样的经常性职业。部落间的对抗由原始的血亲复仇发展成为以掠夺奴隶、掠夺财富为主要内容的对抗,部落组织不断被打破,战争由人类基于生存本能的交往方式蜕变为掠夺性的社会交往方式,获得了现代意义上关于战争定义的最初规定。也就是说,随着私有财产、阶级的出现,部落与部落间的对抗逐渐被阶级与阶级间的对抗所代替,战争也由部落间的原始战争进化为以阶级对抗为基础的阶级间的战争。原始社会末期的战争加速了原始社会的瓦解,推动了阶级、国家的形成。

奴隶的强制性劳动成了整个社会的上层建筑所赖以建立的经济基础,在此基础上产生了以国家为中心的政治机构和政治活动。国家是产生于社会又居于社会之上并且日益与社会脱离的力量。自从有了阶级和国家,战争就发生了类型上的巨大区分。为了便于对抗并在对抗和争夺中获胜,国家成立了专门用于对抗的力量——军队,并开展各种以暴力手段实施争夺的活动。军队及其活动由此成为民族、阶级、国家和政治集团间为实现其政治和经济目的而进行对抗的工具。为实现对抗的目的和夺取战争的胜利,开展了以准备战争和实施战争为中心的各项活动。从此,战争被套上政治的羁绊,成为用来解决民族和民族、国家和国家、阶级和阶级、政府集团和政治集团之间矛盾的最高斗争形式,成为政治通过暴力手段的继续,贯穿着人类有史以来的各种阶级社会。不同的战争有不同的成因,具体的战争也有具体的原因与导因,但阶级社会爆发战争的最根本原因,是由于敌对双方在经济、政治利益上的对抗。

在不同的历史时期,战争有着不同的内容和形式,形形色色,多姿多彩。从社会历史的角度来看,可以将战争划分为原始社会后期战争、奴隶社会时期战争、封建社会时期战争、资本主义上升时期战争、帝国主义和无产阶级革命时代的战争等大的时段;如果以战争中使用的主要武器为标准来进行衡量,可以将战争划分为冷兵器条件下的常规战争和热兵器条件下的常规战争,以及以核武器为背景

卡迭石之战

的高技术条件下的常规战争；此外，还可以从战争的空间范围来进行分类，将战争的发展轨迹由全球各地域分散的局部战争演进到世界大战，然后从世界大战又重新回到局部战争的过程来探讨。

从战争产生和发展的渊源可以看出，没有敌我之间的对抗便没有战争。不同战争有不同的原因，但根源都是敌对双方在经济和政治利益上的对抗。战争虽是军队表演的舞台，其幕后导演者则是某一经济和政治集团的主导者。因此，战争也就成为政治的继续。这就是战争的本质。

相关链接：

神农伐斧遂——中国史书中记载最早的战争

我国古代兵书中最早的战争记载，当推神农伐斧遂。

这次战争见于银雀山汉墓竹简《孙膑兵法·见威王》和《战国策·秦策》。据记载：孙膑为了说服齐威王用兵，列举了许多古代战例，首先就谈及"神农战斧遂"。苏秦说秦惠王连横，同样以"神农伐斧遂"作为最古老的战争讲述。《孙膑兵法》的注者称："神戎，即神农。斧遂或作补遂"，认为孙膑和苏秦讲的是一回事。可见这次战争并非一家之说，而且在战国，至迟在秦汉时候已由口头流传进而载入简册。然而两文所载，除寥寥五字外，均无下文。

卡迭石大战——古代军事史上最早的会战之一

公元前1274年，古埃及人与赫梯人为争夺叙利亚地区的控制权，展开了延续数十年的战争。这场战争中的关键性战役——卡迭石大战，是西方文明史上有文字记载的最早的会战，战后缔结的和约则是迄今为止最古老的国际军事条约文书。

至今，在埃及阿蒙神庙废墟的墙壁上，还保留着卡迭石大战的记载；在赫梯人的编年史和楔形文字泥板中，也保存了这次大战的记录。这一切均为那份刻在银板上的西方文明史上最早的战争和约留下了历史见证。那份刻在银板上的条约使埃及和赫梯两国之间的和平维持了好几百年，也开启了通过缔结和约的形式和平解决战争问题的先河。

三、战争与和平互为参照系

战争与和平是人类社会两种最基本的社会现象。战争有以下基本特征：

一是社会性。战争是人类社会交往的一种形式，是人类社会特有的活动。

二是暴力性。战争是一种真正的暴力行为。没有暴力便谈不上战争。战争的暴力性表现为建立暴力组织、运用暴力手段，并将暴力贯穿于活动的全过程。暴力性是战争最根本的特征。一般意义上的矛盾与冲突还不能说是战争。

三是对抗性。战争不仅是一种暴力行为，而且是敌对双方都使用暴力进行对抗的行为。双方直接的暴力对抗是战争的又一重要特征。

和平是战争的反面。和平作为一种社会现象，虽然不可避免地充满矛盾和斗争，但这些矛盾并未达到严重激化和对抗的程度，解决这些矛盾一般不需要诉诸武力，采取各种非暴力手段和形式即可解决。因此,和平不具有暴力的本质,是对暴力的否定。

从历史的角度看,人类社会不是处于战争之中,就是处在和平时期。和平是两场战争之间的间歇期。这两种社会现象既相互区别又相互联系,既相互对立、相互否定,又相互依存、相互转化。它们各以对方作为自己存在的前提和条件,失去一方,另一方就不存在。在二者的关系中,战争是相对和平而言的,和平是相对战争而言的,没有和平就无所谓战争,没有战争也无所谓和平。战争与和平分别从对方那里获得自己的本质规定。战争之所以为战争,和平之所以为和平,并不在于它们各自自身,而在于它们是互为相反的社会现象和社会状态。它们只有以对方为参照系,才能说明自己,只有在对方的规定中才能取得自己的本质规定。

同时,战争与和平又是相互转化的,二者互相转化的内在根据不是别的,而是它们之间所具有的同一性。战争本身孕育着和平,和平中也酝酿着战争,战争与和平各自蕴含着自己的对立面。当和平的平衡被打破时,战争便爆发了;当战争双方难以为继,或一方实现战争目的,或一方被另一方征服,放弃继续对抗,这时,战争就会向和平转变。战争与和平既互相排斥,又互相联结。它们都是政治的表现。和平时期的斗争是政治,战争也是政治,但用的是特殊手段。战争与和平统一于政治。因此,战争是和平时期政治的继续,和平是战争时期政治的继续。人类历史就是战争与和平交替发展的历史过程。

四、为什么说"战争是流血的政治"

"战争是流血的政治",是毛泽东1938年5月在他的《论持久战》一文中提出的著名论断,是军事哲学的重要思想。

如果说经济是战争的本源与基础,那么**政治则决定战争的性质**。首先,战争本身就是政治性质的行为。任何战争说到底都是一定政治利益集团发动的,是政治利益集团之间矛盾激化的产物,是不同政治利益集团的对抗与较量。其次,政治决定战争的目的。战争的军事目的,包括战术目的、战役目的、战略目的最终都要受政治的制约,政治是战争目的真正的发言人。再次,政治决定战争的走向与结局。政治一方面为战争提供动力,同时又规定战争的发展方向。任何战争总是沿着政治价值取向所规定的轨迹运行的。同时战争的胜负在很大程度上取决于战争的正义与否、人心向背、士气高低,而这些正是政治的重要表现。此外,实施战争的军队本身就是执行政治任务的武装集团,是国家机器的重要组成部分,是政治的重要工具。即使是核时代,核战争的结局很可能与核战争发动者的愿望相反,但是核战争发生的本身就是政治的产物,是政治的极端化表现。当政治矛盾发展到不可调和的阶段,用其他方法无法解决,战争就爆发了。政治矛盾一日不消除,战争就会继续进行下去。正是基于战争的这种政治特殊性,才使战争有了一套特殊的组织和

日军偷袭珍珠港

方法,表现为一种特殊矛盾运动的过程。

"战争是流血的政治",是无产阶级战争观的理论基石。毛泽东从这一基本原理出发,回答了战争与和平、战争与革命、战争与经济、战争与民众等一系列无产阶级战争观的重大问题,为中国共产党人正确认识战争和指导战争提供了不可替代的思想武器。

战争和政治之间内在的本质联系,也为中国共产党人认识和处理军事和政治的关系提供了根本的立场、观点和方法,从而在军事斗争领域实现了无产阶级军事和无产阶级政治的高度统一。这就是,无产阶级军事必须服从和服务于无产阶级政治。同时,无产阶级政治也离不开无产阶级军事,必须有效地运用军事斗争手段为自己服务。中国革命的胜利,深刻地体现了枪杆子里面出政权的真理。这就在实践中验证了无产阶级政治离不开无产阶级军事的深刻道理。

"战争是流血的政治",表明战争又不同于一般的政治。战争是流血的政治,是暴力对抗的政治,是血与火的政治,是代价高昂的政治。它具有自身的特殊性。它规定了无产阶级建立自己的军队以及无产阶级军队建设必须坚持正确的政治方向的极端重要性。军队是为了准备和实施战争而建立起来的特殊组织,是在"流血的政治"中起支柱作用和骨干作用的力量。政治为战争规定了目的,也为军队建设规定了政治方向。不同的战争有不同的政治目的,不同的军队也有不同的政治方向。这是"战争是流血的政治"的思想在军队建设问题上合乎逻辑的延伸和具体体现。毛泽东从中国人民

英法百年战争

军队创建之日起,就极其重视军队的政治建设,着力解决如何把以
农民为主要成分的革命武装建设成无产阶级性质的新型人民军队
的问题,其核心就是为军队规定马克思主义的正确的政治方向,使
军队真正成为执行革命政治任务的武装集团。

相关链接:世界战争之最

★ 历史上最长的战争:历史上无数次战争中历时最长的
一次,要算英法两国之间的"百年战争",它从 1337 年起至 1453
年止,共历时 116 年。

★ 历史上最短的战争:如果不算现代的空中突袭,历史上
最短的战争是英国与尚吉巴(现坦桑尼亚的一部分)之间的战

争,发生在 1896 年 8 月 27 日,历时仅 38 分钟。

★ 损失最惨重的战争:生命和物资损失最惨重的战争是第二次世界大战。在这次战争中,战死的军人共达 5480 万人,造成的物资损失约合 13000 亿美元。

★ 损失最重的城市围困战:1941 年 8 月,德军围困列宁格勒,时间长达 880 天。其间,列宁格勒缺水断粮,炮火连天,这次战争使该城军民 100 万人因饥饿和战火而丧生。

五、为什么说经济是军事的本源?

军事与经济密不可分。它们既相互作用,又相互制约,相互影响。经济是军事活动的本源,军事中的经济因素直接影响着军事活动的进程、样式和结局,反过来,军事活动也以其特有的方式影响着经济。

所谓经济是军事的本源,首先表现在,经济利益是军事活动最深刻的动因。在人类历史的画卷中,战争一直是最惊心动魄的画面。虽然每一场战争都有其自身的起因和特点,每一位战争发动者都会寻找各式各样的战争借口,但经济利益始终是最根本的推动力。"经济"并不是个狭隘的概念。资源争夺、领土争端、宗教冲突、战略要地的控制等,无不关系到一个民族与国家生存和发展的根本利益。这些因素归根结底都体现着深刻的经济利益。军事从属于并服务于政治,而政治是经济的集中表现。各个国家建立庞大的军队和完善的国防体系,其目的最终是要维护或拓展以经济利益为核心的各种利益。

军事活动以追逐经济利益为目的,各类军事活动也都离不开特定的经济条件。人类社会的经济发展方式从根本上决定了不同时期军事运动的面貌。从农业时代的冷兵器战争、工业时代的机械化战争到信息时代的信息化战争,军事活动相应地具有"体能军事""技能军事"和"智能军事"的不同特征。经济条件是军事活动的物质基础,决定了军事活动的样式和军事力量的强弱,并成为决定战争胜负的重要因素和军事发展的驱动力,经济因素贯穿军事活动的全过程。

军事活动源于经济,依赖于经济,同时军事活动也以自己的形式反作用于经济,它既能够破坏或迟滞经济的发展,也可以促进经济的发展。穷兵黩武的军事活动会加重国民经济的负担,而战争更会对人力资源、自然资源和环境造成巨大破坏。但正义与合理的军事活动则可以对经济建设环境和成果起到保护作用,对经济发展起到刺激和推动作用。特别是军事科技活动往往能够对经济发展起先导作用。放眼世界各国和人类发展的历程,人类生活中的许多科技进步成果都来源于军事活动。

总之,军事对经济的作用是双向的,而我们更应重视防止军事对经济的负面影响和作用,让军事更好地为全人类的和平与福祉服务。

相关链接：

中国古代对战争与经济关系的认识

我们的先哲很早以前就认识到战争的经济根源，揭示经济与战争的相互关系，许多精辟的论述，迄今仍闪耀着智慧与哲理的光芒。

（1）非利不动，非得不用——对战争经济根源的揭示。战争根源于阶级之间、民族之间和国家之间的经济利益矛盾。《孙子兵法·九变篇》中指出："智者之虑，必杂于利害。"《作战篇》中又指出："不尽知用兵之害者，则不能尽知用兵之利也。"因此，对待战争要极其慎重，要"非利不动，非得不用，非危不战"，要"合于利而动，不合于利而止"①。孙武所说的"利"，包含政治、军事、外交等多方面的利益，但归根到底是经济利益。春秋战国时期的战争，大多数是兼并战争，即为了争夺土地、人口和财货而进行的战争。所谓"利"，即"掠乡分众，廓地分利"②，也就是夺取敌国的人力、领土和资源。所谓"害"，则是战争可使公私财货殚竭，可使国家与人民贫穷，可使生产停顿。

（2）兴师十万，日费千金——对战争物质基础的认识。任何战争都要以消耗巨大的物质为代价。《孙子兵法·形篇》中

---

① 《火攻篇》。
② 《军争篇》。

说:"地生度,度生量,量生数,数生称,称生胜。"衡量敌对双方领土对比的叫"度",由国土面积产生了衡量国家物产和人口的"量",并由此产生了能够动员和供养多少军队的"数",就此产生了决定军力强弱的"称",而军力的强弱最终构成战争胜负的物质基础。孙膑对孙武这一思想有所发展,提出"城小而守固者,有委也"。"夫守而无委。战而无义,天下无能以固且强者。"①就是说城小而所以防守坚固,是因为有充足的物资储备。如果防守没有物资储备,进行的又是不义之战,那么国家是不能得到巩固和强盛的。这些都说明了战争对经济的依赖性,战争的胜败,国家的兴衰都要有雄厚的物质基础作保证。

(3)国富则兵强——对富国与强兵关系的认识。中国古代把富国强兵视为立国之本。在处理富国与强兵的关系上,又把富国作为强兵的基础。《管子·治国》指出:"甲兵之本,必先于田宅","凡治国之首,必先富民","国富者兵强,兵强者战胜,战胜者地广"。孙膑在给齐威王献策如何强兵时,明确指出国富才是"强兵之急"②,因而受到威王的赞赏。

(4)因粮于敌,阜财因敌——以战养战的辩证思想。我国古代兵家认识到,进行战争要消耗巨大的军费开支,会加重民众的负担,为了减轻民众负担,减少国家开支,又能有财物军需

---

① 《孙膑兵法·见威王》。
② 《孙膑兵法·强兵》。

大秦军团

支持战争,他们提出了很有特色的以战养战思想。孙子在《作战篇》中指出:"善用兵者,役不再籍,粮不三载,取用于国,因粮于敌,故军食可足也。""故智将务食于敌,食敌一钟,当吾二十钟,忌秆一石,当吾二十石。"也就是说,要尽可能地夺取和利用敌人的装备和粮草,武装和给养自己的军队。

现代军事活动给人类生活带来的重大成果
——互联网的由来

互联网是 20 世纪人类最伟大的发明之一。与很多人的想象相反,互联网最初并非缘于某一完善的计划,其创始人也绝没有想到能够发展到今天这样的规模,产生如此大的影响力。

20 世纪 60 年代初,电子计算机的应用使美国军方意识到争夺对苏联的优势取决于以电子计算机为代表的信息技术优势。古巴导弹危机后,面对核毁灭的忧虑,美国防部认为,如果仅有一个集中的军事指挥中心,一旦这个中心被摧毁,全美的军事指挥将处于瘫痪,后果不堪设想。因此,必须设计一个既分散又互通的指挥网络系统。1969 年,美国防部高级研究计划管理局开始建立一个名为 ARPANET 的网络,把美国几个指挥与研究用的电脑主机连接起来,这就是互联网的雏形。1983 年,美国防部又研发了 TCP/IP,在美国家科学基金会的推动下,该项目开始应用于科研院校。而 ARPANET 脱离母网,建立了独立的网络。20 世纪 90 年代以后,广泛进入商业领域,互联网的应用进入了突飞猛进的时期。现在,互联网已成为人们生活方式的一部分。

　　由互联网的产生和运用可以看到军事活动对社会经济的重要影响。

六、战略文化传统是怎样深刻影响军事的?

　　军事不仅与社会经济、政治有着本质的联系,而且与社会文化,特别是战略文化有着密切而重要的关系。世界上每一种文化传统都包含着关于战争的思想;每一种战略思想又都与一定的思想文化

郑和下西洋(1405—1433)

相联系。广义的文化是一个国家或民族在自然环境、社会形态、经济水平等作用下,长期形成的精神财富与物质财富的总和。思想文化以人对自然、人对人的态度,人的生存方式及其生命意义为主要内容。它的发展虽然总体上与历史的发展是并存的,但是,思想文化有时是可逆的,在一定条件下可以发生畸变或倒退。

战略服从和服务于当时的国家政治,但战略又深刻地反映一个国家和民族的历史文化和哲学传统。不同国家和民族的生存环境和历史发展的差异,决定其社会结构、文化心理结构的区别,从而也影响到战略文化的不同特点。所谓战略文化,是指一定的战略思想和战略理论赖以形成的历史和民族文化传统。这种思想和理论一旦形成又可以指导战略行动和影响社会文化与思潮。简单地讲战略文化是指一个民族或政治共同体的世界观、战争观与价值观中带有长期性和根本性的理念。战略文化作为社会文明发展的产物,作为根植于社会中对世界的根本看法,会持久地以无形的方式影响着战争战略决策,影响着军事活动的每一个方面。

任何人都只能在特定的历史文化环境和教养中进行认识和实践创造活动,而战略文化就是战略制定者制定现实战略的潜在意识和历史文化情结。它具有观念形态、历史继承性、国家与区域特征等属性。战略制定者的个人风格,是其文化底蕴的外在表现。任何战争战略决策都可以从战略文化的角度挖掘其深层次的思想文化与哲学的背景。

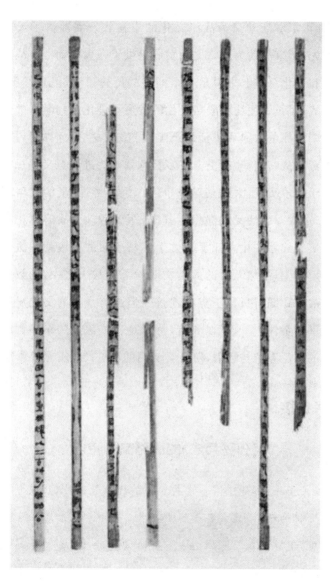

山东银雀山出土汉代竹简《孙子兵法》

同时,军事活动又为战略文化的丰富和发展提供了天然的养分。首先,军事活动为战略文化发展提供了强大的动力。战略文化的发展和进化总体上来说是一个渐进的历史过程,但是军事活动,特别是战争活动,往往对战略文化的发展和进化起到激进的变革与推动作用。战争中你死我活的严酷对抗,激发了人们的科技创新、哲学思考与战略创新,历史上许多具有划时代进步意义的思想成果大都源于战争实践,大都是对战争的深沉思考,大量的战略理论创新,源于重大军事活动的激发。其次,军事活动为战略文化发展提供了土壤。战略文化离开了人类生存与生活的土壤就无法传承和发展。历史上,虽然无数的人类文明湮灭在战火之中,无数的灿烂文化被战乱蹂躏得只留下点点遗迹。但也有众多的文化成果在强大的军事力量保护下,得以流传,特别是一些深邃的军事哲理对社会生活的广泛渗透与辐射,对人类文明的演进产生了重要影响。

相关链接:

《孙子兵法》的战略文化特色

《孙子兵法》是中国古代兵法中的代表性著作,反映了中国战略文化的精华,其主要思想是:

重"道胜"。《孙子兵法》开宗明义地指出,战争是国家大事,其胜负取决于"道、天、地、将、法"等"五事""七计",而"道"为"五事"之首,"主孰有道"为"七计"中最重要的问题。孙子强调，"道者，令民与上同意也。故可与之死，可与之生，而不诡也。"这里的"道"就是政治。孙子从朴素的民本思想出发，强调只有政治清明，为正义而战，才能上下一心，调动起千百万军民奋勇参战，这才是制胜之本。孙子朴素地看到了政治的重要作用，看到了战争与政治的本质联系。

重"先胜"。"先胜而后求战"，就是事先形成不可战胜的态势，而后进行战争。孙子曰："故善战者，立于不败之地，而不失敌之败也。是故胜兵先胜而后求战，败兵先战而后求胜。""昔之善战者，先为不可胜，以待敌之可胜。不可胜在己，可胜在敌。"也就是说，只有首先把自己的事情办好，形成壁立千仞、无懈可击之势，才能进入战争，只有机动灵活，不浪打，不轻举妄动，才能赢得战争。所谓"先"，既包括军事上"先天""先机""先手""先声"，更包括政治上修道保法，士气高昂，万众一心，正如孙子所说的，"善用兵者，修道而保法，故能为胜败之政"。

重"全胜"。孙子认为："凡用兵之法，全国为上，破国次之；全军为上，破军次之；全旅为上，破旅次之；全卒为上，破卒次之；全伍为上，破伍次之。是故百战百胜，非善之善者也，不战而屈人之兵，善之善者也。"孙子强调，"必以全争于天下"，"兵不顿而利可全"，这才是善于用兵的最高境界和最完美的胜利。孙子的"全胜"思想包括全国、全军、全旅、全卒、全伍等五个层次，其最核心思想是以实力为后盾，通过"谋战""计战""心战"彻底动摇和摧毁敌人的信念，瓦解和剥夺敌人的抵抗意志，以达成不战而屈人之兵的目的。

重"知胜"。《孙子兵法》中共用了79个"知"字。这些"知"构筑了我国兵家独树一帜的战争认识论。这79个"知"可以用"先知"和"尽知"这两个"知"来概括。"先知"讲的是"知"的时间性问题,即要先事、先敌而知;"尽知"指的是"知"的空间性问题,要求全面了解情况,主要是指"知道"和"知情"。"知道"是指掌握战争一般规律;"知情"是指了解具体现实情况,包括知彼知己、知天知地、知可以战与不可以战等。"知道"和"知情"二者缺一不可,只了解战争一般规律而不掌握具体现实情况,或虽了解现实情况而不懂战争一般规律,都会吃败仗。"先知"和"尽知"相互交织。《孙子兵法》首篇将"先知"作为从事战争的前提条件,指出在做出战争决策之前,要先将决定战争胜负的"道、天、地、将、法"五大因素,也就是"五事"进行深入的研究。在充分掌握敌我双方的"五事"的基础上,进行"七计"的综合比较,以判断战争的胜负。也就是要充分了解敌我双方政治情况、气候天象、地理条件和将帅素质。在战前搞清楚,哪一方君主更能得到民众拥护?哪一方将帅才能更高?哪一方军队更顺应天时地利?哪一方的法规制度更加完善?哪一方的军事实力更加强大?哪一方的士卒更加训练有素?哪一方的赏罚更为严明?战争的胜利就建立在对这些情况的预先掌握之上。

孙子所代表的中国战略文化,深深植根于中华民族悠久的历史传统之中。中国古代诸子百家对中国战略文化的形成与发展也都有过重要贡献。在战争观上，"自古知兵非好战"几成共识，儒家主张仁义安天下，墨家主张"非攻"，道家追求建立一种"虽有甲兵无所陈之"的理想社会，其传递的思想都是相通的。从而在中国这片土地上形成源远流长的"和合"战略文化。

七、进攻与防御是军事运动的基本形式

由于军事运动是围绕战争这个中心展开的，战争运动就成为军事运动的主体。克劳塞维茨在《战争论》中提到："战斗是真正的军事活动，其余的一切活动都是为它服务的。"换句话说，战斗是最基本的军事活动，没有了战斗就没有军事活动，一切军事活动都是为了战斗的胜利。既然脱离了战斗的军事活动不是真正的军事活动，那么，战斗的本身是什么？答案很简单，战斗就是敌我之间进攻和防御的矛盾运动。通观各种战争，所谓战争已经发生，指的就是两股活的武装力量之间相互采取了暴力的、以进攻和防御为运动形式的冲突。战争的过程中，为达到保存自己、消灭敌人的直接目的，参战双方交替运用进攻和防御两种手段，既离不开进攻，也离不开防御。双方实力对比的强弱态势以各自所处的进攻和防御的具体位置得以呈现，并最终形成了胜败结果。因此，战争运动的基本形式，

即进攻与防御,也就构成了军事运动最基本的形式。尽管战争的运动形式还可以从更多层面更多角度来进行观察,但各种具体的运动形式都是由攻防对抗形式演变而来的,万变不离其宗。研究战争必然要从研究进攻和防御这一基本矛盾对抗形式入手,一切战争规律的正确揭示都是建立在分析进攻与防御这对基本矛盾的基础之上的。

进攻和防御作为战争的基本形式,有其逻辑的内在规定性。首先,战争的发生,与进攻和防御的形式直接同一。进攻是军队主动攻击敌人的作战样式,而防御则是被动抗击敌人进攻的作战形式。战争作为两股活的武装力量之间的暴力冲突,总是表现为进攻和防御两种样式。其次,进攻和防御是实现军事目的的手段。军事运动保存自己,消灭敌人的目的,不仅规定了进攻和防御作为战争运动的基本形式,同时还决定进攻和防御的内在联系。进攻,是直接为了消灭敌人;防御,是直接为了保护自己。最后,进攻和防御是军事力量的直接表现形式。进攻的主要表现形式有包围、突击和追击等。它们都是主动攻击敌人的行动,是进攻行动中相互联系的环节。突围、反突击、退却是防御的直接表现形式。进攻和防御就其空间活动的程度而言,表现为运动战、阵地战和游击战;就其时间持续性来看,又表现为持久战和速决战。由此可见,军事运动各种具体运动形式都是由攻防形式演化而来的,或者是攻防的表现方式。如果没有进攻和防御这种战争对抗的表现形式,也就不存在战争,

万里长城——中国古代伟大的战略防御工程

也难以形成真正意义上的军事运动。

进攻和防御是对立的矛盾统一体。两者既相互依存，又相互对立。表现在：一是互为存在的前提。没有进攻，就无所谓防御，没有防御，也无所谓进攻。二是进攻和防御相互渗透。即所谓攻中有防，防中有攻。对于战争指导者而言，一定是充分运用攻防两种形式的相互配合，达成自己的战略意图，在进攻中有防御，在防御中有进攻。单纯地采取进攻，而无防御的一手，在现实战争中是找不到的；单纯地采取防御，而无一定的攻势行动，防御的目标也很难达到。正如克劳塞维茨所说，"防御这种作战形式决不是单纯的盾牌，而是由巧妙的打击组成的盾牌"，两手配合的目的是更好地消灭敌人、保存自己。三是进攻和防御在战争中的地位和作用是有差别的。作为消灭敌人的主要手段的进攻，在战争中的作用是主要的；而作为消灭敌人的辅助手段以及作为保存自己的基本手段的防御，在战争中的地位居于第二位。要争取战争的主动，必须争取攻防态势的主动。四是进攻与防御相互转化。防御一般是弱者被迫采取的作战形式，但作为防御一方在不利的境地中，可以通过战役、战斗上的进攻，不断消灭敌人，争取到局部的、一时的强势地位，并通过长期努力，不断积蓄力量，达到敌我力量对比的根本变化，最终转换攻防态势。随着时代的变迁，进攻和防御的样式也在不断变化。由平面空间的进攻和防御，转向立体空间的进攻和防御，并正在走向多维的进攻和防御样式。在现代高技术战争条件下，战争在时间上表现出快速性、在空间上表现出超立体性的特征，这使得进攻与防御的对立统一呈现出前所未有的复杂性。

八、如何衡量军事斗争中的胜与负？

求胜与防败，是军事指导的基本着眼点。它既是具体的军事矛盾运动的归宿所在，又是检验军事斗争中各项活动效益的根本标准。军事上的胜与败，主要指战争活动的结局状态。其**衡量标准**首先就是要看是否实现了作战的目的。其次要看战争收益与代价是否合理与是否可以承受，即用军事活动中的效益度与耗损度之比加以衡量。效益度指的是实现利益与目标的程度，耗损度则是指为实现这种利益与目标所付出的总代价。当战争一方的效益度大于其耗损度时，即可表示为胜。反之，则为败。但在现实的军事活动中，军事斗争是一个具体的、复杂的、动态的系统工程，衡量和评价军事斗争的胜败，必须坚持辩证统一观，特别是要客观地、动态地、全面

日本签署投降书

地评估以下几对关系,从而科学地评价军事斗争中的胜与败。

一是手段之得失与目的之得失的关系。对于一般性军事活动来说,其手段之得失与目的之得失应该尽可能相当,在军事指导上更是要争取以小的代价换取胜利。如果为了一般的军事目的,而采取过度的军事手段,往往会导致得不偿失。但对于重大军事目的,也往往不惜一切手段达成目的。

二是军事之得失与政治之得失的关系。军事之得失与政治之得失并非总是一致的。有时,从军事上来说是有利的,在政治上则是不利的。在此情况下,通常放弃或牺牲军事上的某些利益,以确保政治利益。

三是局部之得失与全局之得失的关系。衡量胜败,要整体考察,有时局部的得失并不代表全局的胜败。只有取得了全局性的胜利,才是真正意义上的胜利。

四是眼前得失与长远得失的关系。眼前利益与长远利益有时是相悖的。在眼前利益与长远利益无法兼顾与统筹的情况下,眼前利益就要服从长远利益。衡量胜败得失更要以是否有利于长远利益为标准。

在世界战争史上,不乏那种军事上胜利,在政治上失利;局部取胜,全局失败;眼前获益,长远受损的战例。二战时,日本偷袭珍珠港,以及美国的伊拉克战争,都是这方面的典型事例。

九、以劣胜优还是以优胜劣？

优胜劣败，强胜弱败，是战争的基本规律。但在古今中外的战争史中，又的确不乏以劣胜优的战例。那么，以劣胜优违背基本规律吗？要回答上述问题必须先探讨和说明何谓劣？何谓优？

在战争问题上，所谓"**优**"与"**劣**"指一个整体的概念。战争是双方诸因素、条件和力量的全面较量，这里面既包括物质的、精神的，也包括自然的。这些因素、条件和力量，不是单一地存在或发挥作用，而是相互联结、相互渗透、相互影响和作用，从而形成综合性的整体的战争威力。相对而言，整体战争力量强的一方就是具有优势的一方，而弱者为"劣"。只有对战争力量的"优"与"劣"做这样的科学规定，胜与败才有基本规律可循。

而所谓"**以劣胜优**"，不是绝对的、完全的"劣"胜绝对的、完全的"优"。首先，"劣"的一方，可能是在武器装备、兵力数量上居于劣势，但在人心向背、指导艺术、战斗意志、地理环境上占有优势；或者在整体虽然处于劣势，但在局部形成相对优势，具备"以劣胜优"的客观基础。否则，是不可能凭空以劣胜优的。其次"以劣胜优"是一个创造条件，实现优劣相互转化的辩证过程。在通常情况下，这个过程有三个环节：一是以劣御优；二是劣势逐步向优势转化；三是以优胜劣。从总体和战略上说，在战争初期劣者是以劣御优。在这个阶段,战争全局上处于劣势的一方,在优势的强敌面前,实施的是积极的战略防御,以有效地保存和积聚力量。同时,相机歼敌以削弱敌方的战争力量。第二阶段是战争双方战略相持阶段。这一阶段,关键是劣势一方在巩固第一阶段成果的基础上,积小胜为大胜,积极实现双方的优劣对比的变化,使之从量变到质变。待到双方总体上优劣相互转化基本实现之时,便迎来了战争的第三阶段,即战争的后期阶段。在这一阶段里,原来劣势的一方抓住时机,由战略防御转为战略进攻,壮大力量,使交战双方的优劣态势发生根本性转化,并乘胜追击,扩大战果,最终获得彻底胜利。因此,以劣胜优不是违背了优胜劣败的客观规律,而是在不断地实现着优劣转化的基础上,遵循和实现优胜劣败的基本规律。

有人把"以劣胜优"称之为中国人民解放军的战法,这是不妥的。不能把"以劣势装备战胜优势装备之敌"简化为"以劣胜优"。装备优劣只是影响战争胜负的诸因素之一。装备劣并不意味着战争力量的所有方面都劣。中国人民解放军曾在解放战争和抗美援朝等战争中打败了装备精良而强大的敌人,这是因为中国人民解放军拥有最根本的人民战争优势,遵循了毛泽东提出的在战略上以少胜多,在战役战术上以多胜少的原则,集中优势兵力,歼灭敌人有生力量,积小胜为大胜。也就是说,在全局或在装备上处于劣势的情况下,我们依靠的是高敌一筹的指挥艺术、集中优势兵力兵器的作战原则、优良的军队素质、高昂的士气和人民战争所带来的最广泛的支持,从而在局部战场上创造出优势,最终战胜了敌人。

坚守上甘岭

十、军事思维有何特点？

军事认识除了遵循基本认识活动的共有规律之外，还有其特殊的认识规律。第一是军事认识目的性规律。军事认识活动是一个有目的的活动过程。军事认识依赖于一定的政治目的。政治决定了军事认识的目的和起因，决定了军事认识的性质。同时，军事认识还依赖于军事斗争本身的目的。军事认识目的性规律贯穿于军事认识过程和军事理论研究的始终。第二是军事认识的双向对抗规律。军事活动中，对抗双方的获胜企图是相互排斥的。军事实践活动中敌对双方的尖锐对抗和内在联系，反映到军事认识中，就表现为对抗双方军事认识的相互依存性和双向运动性。双方战略战术的对抗，实质上反映了双方认识的对立。一方的认识需要建立在另一方的认识基础上，并且随着对方认识的变化而变化。同时，双方都掩蔽己方情况，尽力不为对方所认识，并尽可能干扰和破坏对方认识能力和结果，这种认识和反认识，是敌对双方军事认识的一种双向认识运动。在现代战争的战场透明度越来越高的情况下，这一点尤为突出。第三是军事认识的不断发展规律。军事实践活动是军事认识发展的直接根本动力。军事认识是随着军事实践的不断深入而由低级向高级发展的。军事认识的发展还受到社会经济形态的制约，有赖于社会生产力和科学技术的发展。第四是军事认识的继承创新规律。人类社会自从出现了战争和军事活动,就产生了反映战争和军事活动的军事认识。每一时期的军事认识都在继承前人的基础上,有所创新,并成为后人继承与创新的基础。第五是军事认识的分化与综合规律。军事知识的发展过程是不断分化、不断综合的辩证过程。一方面,军事领域的各门知识的分工越来越细,新兴学科不断涌现。另一方面,军事领域的各门知识相互渗透,新的交叉学科不断出现。军事哲学本身就是一门交叉学科。分化中包含有综合;综合中也包含着分化。军事知识的不断分化与综合,体现了军事认识成果发展的自身规律。

军事思维源于军事实践,因此,军事思维的历史与战争的历史同样悠久。有什么样的军事实践就有什么样的军事思维。军事思维本身也是军事实践活动,是发生在军事实践过程中的系统的、连贯的思维体系。纵观世界军事史,每一次军事变革的推进,或是战争形态的演变,尽管都体现为武器装备、作战理论和体制编制的革新,但在更深层次上,无不是对传统军事思维的创新和发展。因为军事思维的价值远不止于它本身,而在于它对军事理论创新和军事科技发展的巨大推动作用。实践表明,没有军事思维的创新,就不会有真正意义上的军事变革。因为,战争不仅是双方物质力量的对抗,也是军事思维的较量;军队建设的推进不仅是有形因素的跃升,也是发展思维的创新。

20 世纪 30 年代,英、法、德三国几乎同步发展机械化武器装备和建立机械化部队,但当德国决心以闪击战理论为指导打机械化战争时,英、法两军却仍然墨守阵地战制胜的理念,于是就有了第二次世界大战中德军如秋风扫落叶一般席卷西欧的悲剧发生。在2003年的伊拉克战争中,伊军之所以溃败得如此迅速,陈旧的军事思维和作战理念也是一个很重要的方面。恩格斯早就告诫人们:"当技术革命的浪潮正在四周汹涌澎湃的时候,我们需要更新更勇敢的头脑。"因而,当世界新军事变革的浪潮涌起,人类战争形态从机械化战争向信息化战争转变时,为了适应这一重大历史转变的需要,确立信息时代的军事思维方式,无疑是十分重要的。

军事战略思维的质量取决于军事实践经验、军事学术素养和军事认识论与方法论。军事战略思维具有政治性、目标性、传统性、整体性、系统性、超前性、对应性、创造性和确定性等特点。

军事战略的政治性,主要表现在军事是政治的工具。每一场政治革命在军事战略思维上都有其独特的表现。军事战略的根本职能是实现国家、民族、阶级、政治集团的政治目标和安全利益。国家对外政策和战争性质决定每一个具体的军事战略思维的动机和目标。历史上从来没有超国家利益和超政治目标的战略思维,也从来没有置于政治之外的战争。我们一方面要看到,在战争中战略具有相对的独立性;另一方面更要明确意识形态背景和国家间的政治关系,在很大程度上决定着国家间的战略思维内容。不同国家的政治利益深刻影响着它们的战略思维走向。

军事战略思维的目标性,是指在一定的战略阶段内,无论战役方向如何灵活多变,但战略方向始终保持相对稳定。军事战略目标服从和服务于国家政治目标。综观国内外战争史,最高当局如果只是定下开战决心而没有明确的战争政治目标和战略目标,或确定错误的目标,那么就会导致战争的失败。所谓"能够打赢战役战斗,却输掉了战争",就是指这种情况。

军事战略思维的传统性,是指它的继承性和延续性。战略思维在一定程度上反映不同民族起源、历史发展、地理环境、文化背景、社会制度等条件影响下所形成的传统观念和思维特征。战略思维的历史延续性不是唯一的现象,也不是可以轻易消失的现象。

军事战略思维的整体性,体现在战略是关于战争全局的指导方略,敌对双方构成战争的整体和全局。现代战略思维更加强调整体、宏观、综合,强调各局部、各要素之间的联系和协调。这在认识论、方法论上是一大进步。军事战略的对抗,从来都不只局限在军事领域进行,而是延伸到政治、经济、科技、文化、外交以及资源、环境等领域。

军事战略思维的系统性,是指战略思维要涵盖达成战略任务所必需的所有要素:战略环境、战略力量、战略企图、战略方向、战场范围、作战对象、战略部署以及各战区、各军兵种、各种作战保障与后勤保障等,这些都应纳入战略思维的视野。整体性是系统性的前提,系统性是整体性的生命,缺乏系统性的整体,就构不成有机整体和有序整体。

军事战略思维的超前性,是指战略预见与战略预置,这是战略思维中最难把握,然而又是最有意义的。战略思维如果缺乏预见性与超前性,就必然减弱其实践指导价值。战略预见不是求神、占卜、算卦式的主观臆测,不是毫无根据的猜想,而是建立在军事运动的客观规律及其可知性基础上的科学思维活动。毛泽东在抗日战争和解放战争中关于战争发展阶段的科学预见就是超前思维与战略预见的经典之作。

军事战略思维的对应性,是战略思维的本质体现,所有的战略转变都是对策性的转变。军事战略思维活动中,始终有一个不在场的对手从反面提出问题。对应性的要求,即拿破仑概括的:有一条最显而易见的战争原则,就是不要做敌人希望你做的事。军事战略必须依敌对方面的战略变化而变化。战略思维的对应性是对超前性的一种补充,即依据情况的不断变化而加以修正或改变原有的判断和决心,这是战略思维的一大特点。

军事战略思维的创造性,集中体现为思维认识的飞跃、拓展、更新和变革。创造性在战略思维中不是无足轻重的,而是必备的属性。战略思维要求在以往的战争经验、既定的各种方针原则和预案的基础上,依据现实情况,预见未来可能的发展,萌发出创造精神,抓住有利时机,果断做出决策,这是在战争指导上的天才与平庸的分水岭。

军事战略思维的确定性,是指战略思维的结果具有确定性,且表现为带有强制性和权威性的战略决策,并与战争力量相结合而进入实践领域,不论是成功还是失败,都对实践发生重大影响。可以说历史上所有惊心动魄的战略行动,都是在这种情况下产生的。

相关链接:

中美军事战略思维传统比较

中美是两个具有不同战略思维传统和特点的国家。中国几千年自给自足的农耕文明,形成了注重防御、慎用武力的战略文化传统。而美国则继承了西方航海文明的拓殖传统,形成了注重对外扩张、谋求主导地位的战略文化传统。

——中国重柔,美国重刚

就战争观而言,2500 年前对中华战略文化承上启下的三位集大成者,即儒家孔子、道家老子和兵家孙子都强调"兵凶战危",认为武力并非解决矛盾冲突的最佳手段,"仇必和而解"。如老子强调"兵者,不祥之器,非君子之器";孙子强调"百战百胜,非善之善者也;不战而屈人之兵,善之善者也"。这种非战、慎战的战略文化传统,造成中国历史上极少主动对外用兵,而是主张阻之以城塞,和之以婚姻,施之以禄位,通之以货利,怀之以教化,慑之以兵威等等,强调运用折中、互利等柔性手段来解决矛盾冲突,反对恃强凌弱。在不得已动用武力时,则把人道主义贯穿于战争各个环节,强调有理有节,穷寇勿追,强调得人心者得天下,关键在于收服人心。一千八百多年前的诸葛亮有"七擒孟获而不斩"的故事。当代中国在自卫还击作战节节胜利的情况下主动撤军,主动遣返所有战俘,无条件返还战利品,充分体现了宽容的大国胸襟与以和为贵的战略文化传统。

美国的战略文化传统中,则奉行强者生存的社会达尔文主义,认为世界是强者的世界,积极推行实力外交和强权政治。第二次世界大战后,美国政府先后提出的"遏制战略""大规模报复战略""现实威慑战略""新灵活反应战略""地区防务战略""灵活与选择参与战略""塑造—反应—准备战略"和"先发制人战略",皆万变不离其宗,均强调以实力为基础,凭借武力争雄,

诸葛亮七擒孟获

美军在越南战争中播撒有毒的"橙剂"

将国家安全建立在扩充军备与建立军事联盟之上。作为唯一的超级大国,美国不断扩充军力,遏制潜在对手崛起,并动辄以武力威慑或经济制裁相要挟,将自己的安全建立在别人不安全的基础上。

——中国重谋,美国重器

用兵之道,以计为首。中国的战略文化传统重谋略、讲艺术,强调运用计谋、策略取得胜利,而不太重视军事技术的发展与应用。在双方武器装备差距不大时,这种战略文化传统创造了许多避实击虚、出奇制胜、以少胜多的经典战例。但是这种战略文化传统忽视了"技术决定战术"这一战争发展的客观规律。武器是人的脑力和体力的延伸,是技术在军事上的物化。当交战双方的武器出现隔代差距,重道轻器的一方很难做到"剑不如人而剑法胜于人",因而无法主导战争结局。这是中国近代多次在反侵略战争中失败的重要原因。

美国的战略文化传统则比较注重物质条件,强调充分运用最新科学技术成果,发展新型武器装备。美国的建军思想尽管受各个时期军事战略变化的影响,但总的方向一直十分明确,就是以强大的国民经济和先进的科学技术为基础,不断研制新式武器装备,改进军队的体制编制,建设一支从技术装备到体制编制都占压倒性优势的武装力量。当然,这种战略文化传统在战略指导和战法运用方面相对单调,造成美军作战过分依赖强大的火力打击,较少创造出战略上出奇制胜的杰作。

——中国重义,西方重利

中国战略文化传统的一个重要特征是重视道义的力量,具有强烈的是非观念,表现在战争观念上就是强调"义军""义战",这与中国传统文化所确立的以道德为中心的价值体系的影响是分不开的。所以在中国历史上,几乎所有战争发起时都会檄告天下,高举道义旗帜,声明己方作战的正义性。作战行动本身往往叫出征,作战目的是征恶,要通过战争匡扶正义。即使面对强敌,也义无反顾。这都体现中国战略文化传统重信、守义的基本品格。

美国战略文化的核心之一是利益观,战争的主要动机是利益驱动。这与资本主义市场经济最大限度地追逐利润的本质属性和价值体系是分不开的。因此,尽管有时会打出维护国际秩序的旗号,但实际上是为资本主义的发展开辟海外市场、攫取廉价资源。第一次世界大战中为重新瓜分世界,美国以德军的无限制潜艇战破坏国际法为名,正式对德宣战。第二次世界大战后,作为超级大国的美国以"人道主义""防止大规模毁灭性武器扩散"为名多次发动对外战争,背后无不是利益的考量。

——中国重内聚,美国重外张

在世界文明体系中,农耕文明的财富创造主要是通过人与土地的结合来实现的,无须掠夺外来资源,因而也难以产生对外扩张的动机。所以,作为典型的农耕文明,中华文明的战略文化传统,往往表现出突出的非进击、非扩张的趋向。中国的版图是人文同化、渗透、融通的结果,而不是拓展、扩张和侵略的产物。世界探险家100人中,没有一位是中国人。中国作为世界文明古国之一,几千年以来作为亚洲乃至世界强大的政治力量,没有利用强大的实力地位对外扩张。中国的版图相对稳定,没有大的变化。

而美国是一个移民社会,移民与土著居民的最大不同是其开拓和冒险精神。这种开拓和冒险精神体现在军事思维层面,就是追求扩张。美国总统詹姆斯·布坎南曾直言不讳:"我们国家的生存法则就是扩张,即使我们想要违背它,也不可能。"自美利坚合众国诞生以来,从13州到50州,从大西洋到太平洋,扩张一直是美国战略思维中不变的轨迹。

——中国重守势,美国重攻势

中华文明赋予其战略的灵魂就是求和平、谋统一、重防御。正如孙中山先生指出的:"盖吾中华民族和平守法,根于天性,非出于自卫之不得已,决不肯轻启战争。"历史上,中国所进行的对外战争,除蒙古族入主中原的元代有东征西伐的记录外,其他基本上都是防御性的。横亘在中国北部地区绵延万里的古长城,就是历代中国中原王朝采取守势的象征。当代中国奉行的是积极防御的军事战略,正是对中国传统战略文化的继承与发展。中国关于不参加军备竞赛,不搞军事集团,不进行军事扩张,永远不称霸的庄严承诺,也是中国战略文化传统中防御文化的生动反映。

与此形成对比的是,在美国的主流战略文化中,在社会达尔文主义的支配下,主动进攻成为美国的基本指导原则。二百多年来,尽管美国军事战略屡经调整,但从西部扩张到经略美洲,从争夺亚太到主导世界,军事战略的"进攻"性质始终如一。进入 21 世纪,美国政府更是直截了当地提出"先发制人"的军事战略,出兵海湾,进军中东,其进攻性已没有掩饰。

第三章

战争实施与战争指导规律

战争的规律——这是任何指导战争的人不能不研究和不能不解决的问题。

战争情况的不同,决定着不同的战争指导规律。

指导战争的规律,就是战争的游泳术。

为什么要学习战争规律?因为要使用这些规律于战争。

——毛泽东:《中国革命战争的战略问题》

毛泽东（1893—1976）

一、"保存自己、消灭敌人"是"军事上的第一要义"

"研究带全局性的战争指导规律,是战略学的任务。研究带局部性的战争指导规律,是战役学和战术学的任务。"①

在作战指导问题上,首先应当懂得的是"军事上的第一要义是保存自己、消灭敌人"②。战争作为人类一种有目的的社会行为,除了战争双方相互追求的政治、经济目的之外,还有一个最根本的目的,即战争的军事目的。它与政治目的、经济目的既相互联系,又有所不同。毛泽东认为,"作为人类流血的政治的所谓战争,两军相杀的战争,它的根本目的是什么。战争的目的不是别的,就是'保存自己,消灭敌人'"。"保存自己消灭敌人这个战争的目的,就是战争的

---

① 毛泽东:《中国革命战争的战略问题》。
② 《毛泽东军事文集》第 2 卷,第 105 页。

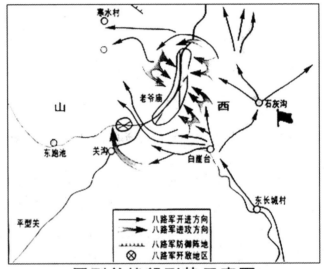

平型关战役形势示意图

平型关战役形势示意图

本质，就是一切战争行动的根据，从技术行动起，到战争行动止，都是贯彻这个本质的"，"一切技术、战术、战役、战略原则，一切技术、战术、战役、战略行动，一点也离不开战争的目的，它普及于战争的全体，贯彻于战争的始终"。

由于"保存自己消灭敌人"是战争的根本目的，"在这个基本的原则上，发生了指导整个军事行动的一系列的所谓原则"①，战争指导者就应该以"保存自己消灭敌人"作为作战指导的最根本的原则，在此基础上制定一系列战略战术。毛泽东在《抗日游击战争的战略问题》这篇著作中为抗日游击战争制定了六项指导原则，并认为"这六项，是全部抗日游击战争的战略纲领，是达到保存和发展自己，消灭和驱逐敌人，配合正规战争，争取最后胜利的必要途径"。

在保存自己和消灭敌人两者关系上，"消灭敌人是主要的，保存自己是第二位的，因为只有大量地消灭敌人，才能有效地保存自己"，这是一条基本规律。在一定的条件下，比如敌我力量对比过于悬殊，己方兵临绝境，生存受到严重威胁，等等，保存自己也会成为主要的和第一位的，这时候就应当努力地保存和发展自己。

在作战指导问题上，还应当确立的一个最基本的原则，就是要"总以打胜仗为原则"，战争指导必须慎重，不能盲动。我军的"十大军事原则"首先强调"不打无准备之仗，不打无把握之仗，每战都应力求有准备，力求在敌我条件对比下有胜利的把握"。对于战略或

---

① 《毛泽东军事文集》第 2 卷，第 233 页。

莫斯科保卫战

战役的第一仗，更要强调"必须打胜"。在作战的具体谋划上，还应当树立军事效益观念，不以巨大的牺牲和代价，去谋求有限的胜利和利益，而要把代价和牺牲减少到最低限度内。力求以最小的代价实现战争目的，这是战争指导者高超指挥艺术的重要体现。

二、"知彼知己"，方能"百战不殆"

在战争指导上大家都熟知《孙子兵法》揭示的一条规律"知彼知己，百战不殆"。孙子的原话是："知彼知己者，百战不殆；不知彼而知己，一胜一负；不知彼，不知己，每战必殆。"又说："知彼知己，胜乃不殆；知天知地，胜乃不穷。"毛泽东对 2500 年前孙子提出的这一重要思想给予高度评价，在《中国革命战争的战略问题》一文中指出："中国古代大军事学家孙武子书上'知彼知己，百战不殆'这句话，是包括学习和使用两个阶段而说的，包括从认识客观实际中的发展规律，并按照这些规律去决定自己行动克服当前敌人而说的；我们不要看轻这句话。"在《论持久战》中又说："孙子的规律，'知彼知己，百战不殆'，仍是科学的真理。"

从狭义上理解，孙子讲的"知彼知己"，包括了解敌我双方的各种情况。从战略上讲，应掌握"五事七计"为代表的各项关于敌情我情的重大内容，诸如道、天、地、将、法各种情况，详察主孰有道、将孰有能、天地孰得、法令孰行、兵众孰强、士卒孰练、赏罚孰明，等等，通过反复考察、比较，得出基本判断。要了解敌情，获取敌人动向，通过各种方法，判断敌人的作战意图和部队劳逸、虚实、士气、补给状况，并派出有头脑的间谍搜集重要情报，甚至通过试战来判断敌人的部署状况和虚实强弱真实特点等。通过各种周到细致的侦察，由主帅根据敌我双方形势做出最后判断，确定作战方案。

从广义上理解，孙子讲的"知彼知己，百战不殆"，还包括了"知"与"战"之间的关系，也就是达成认识战争规律和运用战争规律二者的统一，解决战争指导中主观与客观的基本矛盾问题。孙子认为，将帅要懂得各种"用兵之法"，诸如"致人而不致于人""示形动敌""我专敌分""以众击寡""避实击虚""因敌制胜"等原则。就根据地形情况掌握用兵之法而言，孙子还说："料敌制胜，计险厄远近，上将之道也。知此而用战者必胜，不知此而用战者必败。"这些战争规律、作战指导原则需要结合战争实际情况进行运用，规律和原则本身也需要战争指导者的认识，只有完成"先知"的过程，才能有效地去指导作战。

因此可见，"知彼知己，百战不殆"包含的内容相当广泛，不仅有对敌我各种客观情况的了解，还包括对战争指导规律和各种理论原则的认识和理解；不仅揭示了对敌我情况的了解与战争胜负之间的关系，还包含了应在了解敌我情况的基础上找出作战指导的规律，并按照这些规律去决定自己的作战行动，战胜自己的敌人。它既是一条战争指导规律，更是一条超越军事领域、具有普遍的认识论意义的哲学原理，帮助人们科学认识知与行、学习与使用之间的关系。

三、如何夺取和保持战略主动权？

从《孙子兵法》开始，在战争指导上努力争取和保持战略主动权，就成为兵家制胜离不开的话题。孙子的原话是："故善战者，致人而不致于人"，即是说善于作战的人，能调动敌人而不被敌人所调动。此后，历代兵家对此都有所阐发，如《尉缭子》说："善用兵者，能夺人而不夺于人。"《李卫公问对》中唐太宗说：古代兵法千章万句，"不出乎致人而不致于人而已"。中国历代军事著作阐述的丰富的兵学命题，如知彼知己、伐谋伐交、兵不厌诈、出其不意、示形动敌、批亢捣虚、出奇制胜、众寡分合、造势任势、攻守之宜、地形之助、主客之分、尽敌为上、兵贵神速、兵机贵密等等，无不围绕着"致人而不致于人"——夺取战争主动权而展开。

毛泽东在《论持久战》等著作中也特别指出："行动自由是军队的命脉，失去了这种自由，军队就接近于被打败或被消灭"，认为"战争的双方，都力争主动，力避被动"，强调战争指导上必须夺取和保持战略上的主动权。

战略主动权，指的是战争指导者和军队在战争全局中的决策自主权和行动自由权。战略主动权以客观物质条件为基础，战略上的主动地位与国力、军力的强大分不开。然而战略上的主动地位并不

中国抗日民族解放战争

必然掌握在强者手中,战争双方主观指导的正误和谋略水平的高低将改变原有力量对比的强弱优劣态势,战略主动权是可以易手的。既要争取军事力量上的优势,也要争取指挥艺术上的优势,两者紧密结合起来,才能夺取和保持战略上的主动权。

具体地说,战略主动权不是空想的,而是物质的、具体的。通常情况下,实力占有优势的一方,战略上处于主动地位,能够比较自如地处理各种情况;实力居于下风的一方在强敌面前无论是兵力运用还是战法选择都会受到很大限制,容易顾此失彼,在战略上陷入被动。因此,要夺取和掌握战略主动权,要尽力加强军事力量建设,保持和发展这方面的优势。不同时代、不同技术条件下,加强军事力量建设会有不同的标准和要求,科技发展水平在这里起主导作用。过去冷兵器时代,兵精马肥、粮草众多、土地广阔,都是实力强大的指标。19 世纪下半叶机械化军事革命兴起以后,机械化武器装备大量现身于战场,战争规模不断扩大,军事力量建设上也以组织庞大的军队集团和拥有大量技术兵器为主要方式,这方面的数量优势往往是取得战略优势的主要指标。20 世纪世界新军事变革展开以来,信息控制权的争夺逐渐成为争取战略主动的新领域,对于信息作战能力弱的一方,如果试图以不同质的数量优势来与强敌抗衡,在实践中变得相当困难。

保持力量上的强大优势对掌握战略主动权很重要,但是军事力量强的一方并不一定拥有战略上的主动。主观指导的正确与否,能够直接作用于力量强弱优劣态势的变化,战略指导能力上的优势是赢得战略主动权的重要保证。一方面,战争指导者的主观努力能够使军事力量的优势充分发挥出来,实现战略上的主动;另一方面,它能在一定程度上改善现有军事力量和手段的状况,创造出新的力量和手段来减杀对手的优势,取得战略上的主动。

《孙子兵法》具体谈论了怎样争取战争主动权的问题,提出了这样一些重要论述:其一,谋求先机之利,形成主动态势,"凡先处战地而待敌者逸,后处战地而趋战者劳,故善战者,致人而不致于人";其二,通过示形诱敌,创造主动条件,"兵者,诡道也。故能而示之不能,用而示之不用,近而示之远,远而示之近";其三,通过调动敌人,形成主动地位,"故善动敌者,形之,敌必从之,予之,敌必取之。以利动之,以卒待之";其四,战胜不复,多方创造主动条件,"因形而措胜于众,众不能知;人皆知我所以胜之形,而莫知吾所以制胜之形,故其战胜不复,而应形于无穷"。从这些论述可以看出,战争指导者通过运用谋略,可以有计划地造成敌人的失误和错觉,营造有利态势,争取战略上的主动。孙子认为,"善战者,藏于九地之下,动于九天之上,故能自保而全胜也",也就是说,高明的战争指导者总是在战略上独立自主、坚定灵活地组织和运用自己的力量,最大限度地发挥自己的优势,主宰战场,调动敌人,迫敌就范,而不被敌人所左右;你打我时让你打不着、吃不掉,我打你时就坚决地打掉你、消灭你;一个仗打不打、怎么打,在什么时间、地点打,用什么方式打,主动权完全操之在我,这样,就能做到"自保而全胜",达到夺取和保持战略主动权的最高境界。

四、战略的奥妙就在于集中兵力

马克思曾经指出:"战略的奥妙就在于集中兵力。"①这一规律具有永恒的生命力。集中兵力,是形成优势的基本途径,是创造有利态势、争取作战胜利的一个基本条件。战争物质技术条件的巨大发展,虽然不断变换着集中兵力的实现形式和具体内容,但是从未改变集中兵力与确立优势之间的本质联系。

在战略指导上,**集中兵力**包括两重含义:一是正确选择主要战略方向;二是围绕主要战略方向形成有重点的战略部署。第二重含义很好理解,难的是在主要战略方向的选择把握上。主要战略方向是指对战争全局影响最大或具有决定意义的方向,是敌我双方矛盾斗争的焦点、战略力量集中使用的重点和战略指导的关键点。正确地规定主要战略方向是进行战略筹划和指导必须解决的首要问题。

主要战略方向主要依据国家战略利益和国际、国内战略形势的基本状况而确定,应针对主要作战对象和对我威胁最大的方向。主要战略方向包括主要战略防御方向和主要战略进攻方向。主要防御方向主要依据来自外敌的战略威胁的性质和程度而定,通常外来威胁最严重的方向即为主要防御方向。主要战略进攻方向主要依

---

① 《马克思恩格斯全集》第 12 卷,第 326 页。

据国家战略意图和敌我态势而定,通常选择关乎国家利益、关乎战争全局的重要方向和敌防御薄弱、便于发展的方向为主要进攻方向。

战略指导者应当熟知各种情况,正确分析国际战略形势,密切关注安全形势的发展变化,周密分析相关国家的对外政策、战略动向、军事部署及与本国利益争端和矛盾斗争的热点问题,判明对国家安全构成威胁的程度和发展趋势。在同一时段内,主要战略方向只能有一个,不能有两个,"两线作战"历来是兵家大忌。战争指导者必须从复杂的国际战略格局和周边安全环境中,抓住影响国家安全稳定的主要矛盾,恰当评估战争危险,并结合国内情况进行综合分析比较,准确判明对国家安全构成威胁的主要对手和主要方向。特别是在国家同时存在两个或两个以上受威胁方向时,要区分利害,抓住主要矛盾,分清主次,正确规定主要战略方向,将其他战略方向根据战略情势和受敌威胁的大小区分为重要战略方向和次要战略方向。

主要战略方向确定了,不但从根本上统一规范了一个时期内战争行动的基本指向,同时也对军事力量的建设与使用,战争准备的方向和目标,主要作战形式和战法等战略指导问题提出了明确的要求,从而使战略目的和任务通过主要战略方向的确定而更加明确、具体,既便于战略指导者从全局上把握和指导,又有利于各战区、各方向围绕主要战略方向规划自己的行动,确保主要战略方向上战略行动的顺利进行。

正确选定主要战略方向，才能围绕主要战略方向集中部署兵力，构成有利于己而不利于敌的战略态势，形成整体作战能力，确保在主要战略方向、重要作战阶段，及时、有效地形成战略作战的"拳头"，对作战目标实施整体打击。实施战略进攻可迅速打乱敌战争计划和战略部署，给敌以歼灭性打击；实施战略防御可建立有重点的防御体系，粉碎敌战略进攻。

主要战略方向是敌我双方主要矛盾在战略全局上的集中反映，是关系战争全局最重要、最有决定意义的紧要部位，是战略全局重点的具体反映，也是集中部署和使用战略力量的基准方向。因此，主要方向一旦确定，战略指导者就应当始终把扭转战争全局的重点放在主要方向和主要问题的解决上，把主要战略方向上的行动提高到全局的高度加以认识和处理，不为次要方向上一时的损失和困难所动，以创造性的战略思维，精心地筹划，巧妙地布局谋篇，周密地组织其他方向的战略协同配合，使战略全局形成一个主次有序、轻重有节的整体，通过在主要方向上不断取得胜利、赢得主动，推动战争全局向前发展。

战略指导者在集中兵力于主要战略方向的同时，还应高度重视各个战略方向的协调，使一个方向上军事斗争的胜利，成为稳定全局和解决其他方向上问题的有利条件。同时，要根据其他方向与主要方向的战略关系，区分轻重缓急，采取不同的斗争方针和斗争策略，尽快地化解压力或稳定局面，以便为解决主要方向上的问题创造条件。

主要战略方向的确定有相对的稳定性，不能因战略形势稍有变化就轻易进行调整，否则将会带来严重后果。但在情况发生重大变化时，仍继续墨守成规也会导致战略指导的重大失误。战略指导者应善于从全局上把握战略形势的发展变化，适时调整战略行动方向，把主、次战略方向的相对稳定性与转换军事斗争重点的灵活性，很好地结合起来，在战争和军事斗争中始终保持主动地位。

相关链接：

毛泽东十大军事原则

① 先打分散和孤立之敌，后打集中和强大之敌。

② 先取小城市、中等城市和广大乡村，后取大城市。

③ 以歼灭敌人有生力量为主要目标，不以保守或夺取城市和地方为主要目标。保守或夺取城市和地方，是歼灭敌人有生力量的结果，往往需要反复多次才能最后地保守或夺取之。

④ 每战集中绝对优势兵力（两倍、三倍、四倍、有时甚至是五倍或六倍于敌之兵力），四面包围敌人，力求全歼，不使漏网。在特殊情况下，则采用给敌以歼灭性打击的方法，即集中全力打敌正面及其一翼或两翼，求达歼灭其一部，击溃其另一部的目的，以便我军能够迅速转移兵力歼击他部敌军。力求避免打那种得不偿失的、或得失相当的消耗战。这样，在全体上，我们是劣势（就数量来说），但在每一个局部上，在每一个具体战役

上，我们是绝对的优势，这就保证了战役的胜利。随着时间的推移，我们就将在全体上转变为优势，直到歼灭一切敌人。

⑤ 不打无准备之仗，不打无把握之仗，每战都应力求有准备，力求在敌我条件对比下有胜利的把握。

⑥ 发扬勇敢战斗、不怕牺牲、不怕疲劳和连续作战（即在短期内不休息地接连打几仗）的作风。

⑦ 力求在运动中歼灭敌人。同时，注重阵地攻击战术，夺取敌人的据点和城市。

⑧ 在攻城问题上，一切敌人守备薄弱的据点和城市，坚决夺取之。一切敌人有中等程度的守备、而环境又许可加以夺取的据点和城市，相机夺取之。一切敌人守备强固的据点和城市，则等候条件成熟时然后夺取之。

⑨ 以俘获敌人的全部武器和大部人员，补充自己。我军人力物力的来源，主要在前线。

⑩ 善于利用两个战役之间的间隙，休息和整训部队。休整的时间，一般地不要过长，尽可能不使敌人获得喘息的时间。

美军八大作战原则

1. 应急作战原则
2. 联合作战原则
3. 进攻性作战原则
4. 集中战斗力效能原则

5. 打敌重心原则

6. 全纵深同时作战原则

7. 敏捷快速原则

8. 协调一致原则

五、怎样把握重心，关照全局

战略指导的范围是战争的全局，战略指导者最要紧的是把自己的注意力摆在照顾战争全局上面，把握好对全局最重要最有决定意义的战略重心，把全局联结成一个有机的整体，推动战争全局向着有利于实现战略目的的方向发展。

所谓**全局**就是战争的总体，是各个局部在时间、空间和结构上相互联系、相互作用构成的统一整体。战争的全过程是全局，战争准备、开始、发展和结束的各个阶段是局部；战略是全局，战役、战斗是局部。全局高于局部，统率局部，决定局部的地位和作用。战略指导者能不能总揽全局，关照好全局中各个局部的关系，使各个局部行动在全局中都有战略价值，是关系战争成败最重要的问题。对全局关照得好，就能把各个方面和各个阶段紧密联系起来，在全局上形成强大的整体威力，赢得战争的胜利；否则，各个局部互相脱节、各行其是，全局的发展就会遭受挫折，甚至导致失败。首先要求通晓有关全局各方面的情况，并找出各个方面、各种因素之间的内在联系,从中正确地认识和把握全局指导规律,才能驾驭全局形势的发展变化,对战争的进程和结局作出全面规划,统筹安排好各个方面和各个阶段的关系,使全局协调地运转起来,向着预期的战略目标和方向努力。

战略指导者要驾驭全局向着既定的战略目标发展,就应从全局利益出发,从总体上考察战争发展的全过程,科学地预测和筹划各个战略阶段的关系,把当前利益和尔后利益,这一战略阶段和下一战略阶段紧密地联系起来,使前一战略阶段积极为后一战略阶段创造有利条件,后一战略阶段则充分利用和巩固扩大前一战略阶段的成果,各个战略阶段承上启下、紧密衔接,不断向前发展。毛泽东曾深刻地指出:"战略指导者当其处在一个战略阶段时,应该计算到往后多数阶段,至少也应计算到下一个阶段。尽管往后变化难测,愈远看愈渺茫,然而大体的计算是可能的,估计前途的远景是必要的。"否则,"我们就只能跟着战争打圈子,让战争把自己束缚起来,而不能将其放在自己的控制之下,加之以调节整理,造出为战争所需的条件,引导战争向我们所要求的方向走去,争取战争的胜利"①。没有这种计算,走一步看一步,就会使自己陷于眼前利益中,而失去对全局的控制,弄出冒险直冲和迟疑坐困的错误来。

关照全局并不等于对全局中的各个局部均等看待。由于事物发展的不平衡性,各个局部在全局中的地位和作用不尽相同,众多

---

① 《毛泽东军事文集》第 1 卷,第 742 页。

局部在横向联系和纵向发展过程中相互作用,某一局部的发展变化有可能对全局产生决定性影响,成为代表全局利益或控制全局发展的战略重心。它虽然发生在局部,但却决定着全局的走势,抓住这个局部就能抓住全局,处理好这个局部问题就能把全局搞活。因此,战争指导者要善于把握战略重心,把自己的主要精力集中放在处理好战略重心问题上。

某一个局部是不是战略重心,不只是看它自身的情况如何,而必须站在全局的高度来识别其对全局的作用。如果某个局部的成败与否对全局不产生决定性影响,这个局部再重要也只是一般局部问题;而如果某个局部问题的解决直接关系到全局根本利益的得失成败,则这个局部就是对全局来说具有决定意义的战略重心。战略重心实质上是决定战争全局性质的主要矛盾和主要矛盾方面。在一定的时间和空间范围内可表现为:主要战略目标的取得和主要战略方向上的行动;承上启下的战略枢纽和战略转变时机;担负主要战略任务集团的编成部署和与其他部队的关系;敌我对抗和争夺的焦点等等。在一定的时间和范围内战略重心只应有一个,而不能有多个,多重心即无重心。战略指导者必须善于从全局利益出发,通过对全局各个方面、各个阶段的分析比较,找出对全局有决定意义的环节和方向。找到战略重心后即应集中指挥精力、集中使用力量、集中组织战略保障,并以此为中心协调各个方向和各个阶段的行动,推动全局朝着预定的目标前进。

战略重心在战争中并不是凝固不变的,由于不同的时期,不同的战争,不同的战略阶段各有不同的情况,影响和制约全局发展的主要矛盾也不尽相同,有的战略重心随着重点问题的解决而降为次要矛盾;而有的次要矛盾在一定条件下又可能发展成为影响全局的主要矛盾。随着情况的发展变化,转换战略重心是常有的事。因此,战略指导者既要善于规定战略重心,也要善于根据情况的发展变化,适时调整战略重点,始终把对全局最有影响的战略问题抓在手中,才能确保战略指导的针对性和连续性。

敌我力量对比的变化是战略重心转移的重要依据。敌我军事力量在数量上的消长和质量上的强弱变化,使战争发展呈现出阶段性。

作战对象的调整引起主要作战方向、主要作战形式、主要战场环境等一系列战略问题的变化,战略重心也必然要做出相应的调整。

战争全局的诸因素在发展进程中的地位和作用是不平衡的,物质因素是决定战争胜负的基础,但在一定条件下,人心的向背、士气的高低等精神因素也会起到决定性作用。随着战争情况的发展变化,后勤供给问题、兵员补充问题、战略机动问题、干部素质问题等等都可能成为影响全局发展的关键环节,战略指导者必须根据诸因素在战争发展过程中的变化情况,分清轻重缓急,把对全局影响最大、最紧迫的问题作为战略指导的重心,集中全力解决,才能关照好全局,夺取战争的最后胜利。

六、怎样确立战略方针与进行战略决策？

战略方针,是指导战略行动的总原则、总纲领,是战略决策的核心内容和关键环节。在一定的客观条件下,战略方针的正确与否,对于战略行动的成败具有决定性的意义。它既是战争时期进行战略行动、赢得战略全局胜利的基本准则,也是战争尚未发生或相对和平时期防止战争、推迟战争和准备战争的战略行动准则及总体构想。按照其适用的范围和时间,战略方针可区分为战略总方针和具体战略方针。如中国抗日战争时期,统管战争全局和全过程的战略总方针是"持久战",不同战略阶段、正面战场和敌后战场又分别有阶段性或战局性的战略方针。在通常情况下,战略方针要规定战略目的、战略任务、主要战略方向、主要作战形式、战略部署、战略行动的性质和要求、战争的持续时间,以及战略阶段、战略步骤和战略措施等重要事项。

战略决策是对关系战争准备与实施全局问题做出的决定和筹划,是最高层次指导活动的核心环节。它是战略指导者的首要责任和基本任务,旨在通过分析、把握战争矛盾运动的基本规律,寻求解决有关战争全局问题和矛盾的办法,以求发挥己方优势,夺取战争胜利。战略决策应在全面掌握国家安全和战争全局相关情况并做出战略判断的基础上进行。战略决策既包括战略方针的制定,也包

括依据战略方针,明确战略目的和战略任务、确定战略方向和战略
部署、制定战略计划和战略预案等内容。

明确战略目的和战略任务

明确总的战略目的,首先应确认国家利益和总的方针政策及其
对战略行动的基本要求,进而明确战略行动的政治目的和经济目
的,并在此基础上明确军事目的。如果国家在总体上处于战争时
期,总的战略目的则集中表现为政治目的,即抵抗侵略,维护和平,
保卫国家的独立和领土完整。而军事目的将是以战止战,坚决消灭
或驱逐敌人,彻底粉碎外来侵略。

在确定战略行动的具体目的时,应主要依据"保存自己、消灭敌
人"以及战略目的与可能提供的战略手段相一致的原则,把战略目
标定在切实可靠的基础上。既不能一厢情愿,把幻想当成现实,也
不能束手束脚,把本来可以达到的战略目的随意放弃。对于某一战
略阶段或战略区、军种的战略行动目的,无论威慑性目的还是实战
性目的、进攻性目的还是防御性目的,都要有计划有步骤地规定。

规定主要战略方向和战略目标

主要战略方向,应根据战略目的和所要完成的战略任务,针对
一定时间内对己威胁的程度和方向、敌我战略企图、力量对比和战
略态势以及地理条件等因素而确定。一般选择对己威胁最严重、危
害最大或对方的主要打击方向,以及能给对方以致命性打击又便于

己方集中力量和行动发展的方向。主要方向上战略行动的成败有赖于其他方向战略行动的配合,需要战略指导者有重点地关照各个战略方向。主要战略方向与次要战略方向在一定条件下也有变换的可能性,应当预有准备。

战略目标,就是战略任务的具体化、指标化。在战争中,战略目标主要表现为具有重要军事、政治、经济意义的中心或要地、战略集团、工程设施、交通运输线等。在众多的战略目标中精选出那些最重要、最需要打击或防卫的目标,才能确保战略任务的顺利完成。

确定战略步骤和战略部署

战略部署,是为了达成战略目标和实现战略步骤而对各种力量所做的编组、配置与任务区分。全面而有重点的战略部署,便于发挥己方的整体威力和构成有利的战略态势,是保证战略行动顺利实施并取得成功的基本条件之一。它是依据战略任务、战略目标、战略方向和战略企图以及敌我力量对比结果,并结合地理条件等确定的。其主要内容包括:各战略方向、各战略区和各军兵种在平时和战时的编成配置、区域阵势、任务方向,各战略梯队在战略行动中的地位、作用和任务要求,等等。无论平时还是战时,无论进攻还是防御,战略部署都应着眼于集中优势力量用于有决定意义的方向、地点和时机,以必要力量用于次要方向和其他地点、时机;建立并保持强大的战略预备队和畅通的战略后勤补给线;注重力量的合成编组、梯次配置、立体布局,以及战略伪装;既便于平时战备建设、威慑行动,又便于战时调集展开、指挥协调,保证各种力量发挥自身优势和进行相互配合,并能对各种不同战略态势和突发情况及时做出灵活反应。

确定战略行动样式

战略行动实施的样式是多种多样的。按行动性质和要求,可分为武力与非武力、威慑与实战、积极与消极、决战与非决战、寻战与避战、歼灭战与消耗战;按行动类型和方式,可分为战略进攻与战略防御,全局性战略进攻或战略防御与局部性(战略方向、战略区和军种)战略进攻或战略防御;按行动形式和范围,可分为机动战、运动战、阵地战与游击战、特种战,战略内线和战略外线以及陆地、海上、空中、外层空间的正规作战与非正规作战;按行动样式和内容,可分为战略封锁与反封锁、战略空袭与反空袭、战略空降与反空降,以及导弹战、信息战、化学战、气象战等;按行动过程和时间,在战争开始时实施的战略进攻或战略防御与战争进程中实施的战略进攻或战略防御,战略防御中的战略退却和战略反攻,战略进攻中的战略突破、战略包围、战略迂回、战略决战、战略追击,以及持久战与速决战,等等。战略行动的样式是不断变化发展的,要求战略指导者必须根据具体的战略企图、战略任务和战略相关条件,针对不同情况作出切合实际的选择。注重协调配合和发挥整体威力。

诺曼底登陆

七、怎样拟制战争计划？

战争计划即战略计划,是为达到一定的战略目的而对战略行动所预先拟定的具体方案,也就是在什么时间或阶段做什么、怎么做的行动预案。它是战略决策的具体体现,是将一定的战略意图和构想付诸实施的中介环节,是全盘筹划指导战略行动的基本方法,目的在于避免和减少战略行动的盲目性,确保战略指导更具有计划性、主动性和灵活性,使各个局部、各个环节的行动在统一计划下协调一致,形成整体优势。

随着战略形势的发展和战略相关条件的变化,战略计划的种类和内容逐渐增多、日趋复杂,已发展成为一个多层次、多类型的综合计划体系。从层次上看,既有国家的全面战略计划(大战略计划),也有武装力量的联合战略计划以及各战略方向、战略区和各军种、战略集团的战略计划;既有指导战争准备与实施全过程的总计划,也有各战略阶段、战局或各战略行动的计划,战略行动计划又可分为战争动员、战略展开、战略作战、战略协同、战略保障、战略指挥等相关计划。从种类上看,可分为全面战争计划和局部战争计划;核战争计划和常规战争计划;正规战计划、游击战计划和特种战计划;进攻性战略计划和防御性战略计划等等。一般来说,战略计划包括战略判断、战略意图、战略任务、战略部署以及战略保障措施和战略

诺曼底登陆位置图（左一）大西洋堡垒位置图（左二）

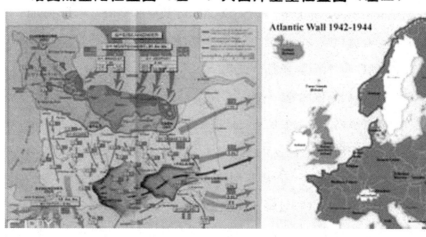

"霸王行动"作战计划

后方工作等方面的内容。这些内容都是为贯彻落实战略决策的重要事项而采取的一些具体实施措施和办法，如规定战略行动的顺序、时限和方式，完成一定战略任务的力量、时限和方法，战略协同的力量、时机、地域和任务，各种战略保障和后方工作的时限、内容和方法等，并集中反映在各种图表、文字等一些文书材料中。

制定战略计划的一般要求是：

（一）周密完善，科学系统，保持相对的稳定性

战略计划的制定，涉及政治、军事、经济、外交、自然等诸多因素，包括准备与实施、建设与运用、威慑与实战、武力与非武力等各个方面，经历战略侦察、战略分析、战略判断、战略计算、战略评估、战略选择等多个环节。这就要求制定战略计划应按照系统化的工作步骤和程序，进行全面估算、精心策划和科学论证。对战略目标、战略任务、主要战略方向和战略部署以及战略行动的条件、时限、规模、方法和进程等基本问题，适时采取自上而下或自下而上的方式，广泛运用运筹学、系统论、信息论等现代科学方法，深入进行定量分析和定性分析。经过反复思索和周密论证，使战略计划的内容更全面、更科学。为保证战略计划的稳定性和连贯性，应科学地确定战略计划的制定与实行周期，形成结构合理、内容完整和种类齐全的近期计划与中长计划相结合的战略计划体系。

（二）从最复杂、最困难的情况着想，作多手准备，具有较大的适应性

制定战略计划，应力争把各种因素和条件都想到，把各种困难和问题都估计足，立足于复杂困难情况的出现，制定多种方案。强调从困难方面着想，有利于保持清醒头脑，克服麻痹轻敌、主观臆断等错误倾向，有利于充分调动各方面的积极性和创造性，使己方始终处于主动地位。毛泽东等无产阶级革命家与战略家之所以在长期的战略实践中能够实行正确的战略指导，很重要的一个原因就是在制定战略计划时全面地估计了形势及多种可能变化，做最坏打算、争取最好结果，有多种计划，多种准备，因而无论面对多么严重复杂的局面都能措置裕如，克敌制胜。

（三）多案择优，具体周到，有可操作性

战略计划是对战略方针具体化的行动预案，有关目标、方向、准备及时机、措施、方法等事项的内容都应该十分明确，具有针对性、规范性、实用性和操作性。这是制定各种不同战略计划的共同要求。否则，战略计划就如同虚拟，战略行动就容易出现失误和混乱。要围绕最关紧要的问题，针对最有可能出现的困难情况，从各种方案中选出可行的最佳方案，具体周密地明确有关战略行动的重要事项。这就要求战略指导者善于把握战略重心，对战略形势及其变化

趋势进行周详的分析考察,对各种方案的优劣和可行性进行反复的比较论证,确定切实合理的基本方案,使行动有所遵循。

(四)贯彻积极主动、创新精神,有相当的灵活性

积极主动和灵活创新,是战争指导者应该具备的基本品质和能力,也是正确指导战争行动的重要保证,必须贯彻于战略计划制定与实施的始终。它主要体现在依据客观实际情况及时制定和修改战略计划。勇于承担责任、坚持真理,修正错误,真正做到因情定策,敌变我变,应变自如,不拘一格,找出扬长避短、趋利避害的对策和方案。

八、战略威慑与不战而屈人之兵

《孙子兵法》强调"不战而屈人之兵,善之善者也",并指出"上兵伐谋,其次伐交,其次伐兵,其下攻城",这是一种高层次的战略思想。古往今来的战争实践中,通过"伐谋""伐交",而不通过直接交战或仅以较小程度的交战,迫使敌人屈服,这样成功的案例有不少,这是高明的战略策略思想。"不战而屈人之兵"建立在强大的实力和良好的战略态势基础上,而"伐谋""伐交"的一项重要内容,就是有效实施战略威慑。

所谓**威慑**是指国家或政治集团,通过显示武力或展现准备使用

武力的决心,以期迫使对方屈服于自己意志,不敢采取敌对行动或使行动升级的军事行为。战略威慑,是指作为军事战略的一部分,在战略全局上进行威慑的战略行为。

实战和威慑是武装力量的两大基本功能。战略作战是通过在战场上与敌人直接交战来实现战争目标,立足点是打赢战争或以战争制止战争;战略威慑的目的是遏制战争爆发,或限制战争的规模与升级,立足点是制止战争,是通过不战或小战达到战略目的。战略威慑与战略作战互为作用,它们的目标都是挫败敌人的企图,达成自己的战略任务。因此,战略威慑与战略作战是辩证统一的。

战略威慑要发挥作用,必须具备三个基本条件:第一个条件是要有足以影响战略全局的威慑力量;第二个条件是要有使用战略威慑力量的决心和意志;第三个条件是要通过一定的途径使对方认识和相信以上两点。在构成战略威慑的三个基本条件中,实力是最基本的条件,它既是战略威慑的基础,又是决心和意志的后盾;决心则是战略威慑的灵魂;而信息的传递则是力量和决心得以产生威慑作用的必要条件。值得指出的是,由于实力和决心向信息转化的方式、手段以及对方心理素质等方面的原因,可能出现实力与实力信息、决心与决心信息不对等的现象。这种不对等性既为威慑者充分运用各种威慑技巧提供了空间,又为战略威慑的实施增加了难度。

在平时,战略威慑的主要作用是运用国家的军事、政治、经济、文化、外交等战略力量,去推迟或制止战争的爆发,亦即遏制战争。在一般情况下,适度保持战略威慑有助于防止局势向不利的方向转化；当战略形势严峻，存在爆发战争的危险时，运用战略威慑，有可能推迟战争的爆发，为国家作出其他政治选择和做好战争准备创造条件；当战争爆发迫在眉睫时，实施战略威慑，或者可以把握住避免战争的最后一次机会，或者可以争取到战争特别是首战的主动权。这时的战略威慑也称临战战略威慑，其作用主要是为进入战争状态创造有利的军事态势。

在战时，战略威慑主要是服务于战争，其作用在于以兵临城下之势示形于敌，或以军事打击显示力量，以小战而屈人之兵，赢得战争胜利。

达成威慑的手段和方式

一般来说，拥有何种战略力量，就有何种相应的战略威慑类型。就目前情况看，战略威慑的类型主要有以下几种：一是核威慑；二是常规威慑；三是空间力量威慑；四是信息威慑；五是人民战争威慑。由于各国情况不同，不同的国家所拥有的战略威慑手段也不尽一样。综合运用各种战略威慑，充分发挥整体威慑的作用，为国家的军事战略服务，是世界各国的共同选择。目前，我国已拥有有限但有效的核威慑能力，较强的常规威慑能力和巨大的人民战争威慑能力。这些威慑手段结合起来，就形成了以综合国力为基础，以常规力量为主体，以核力量为后盾，以后备力量为保障的综合性战略威慑。

战略威慑要产生威慑作用，还必须借助战略威慑性军事行动表现出来。所谓战略威慑性军事行动,是指国家或政治集团为在战争全局上迫使对方屈服于自己的意志,而进行的显示武力和准备使用武力决心的战略性举动。它是战略行动的类型之一,是传递威慑信息和实施战略威慑的具体方式方法。战略威慑贵在谋"势",其方式很多,但都是围绕"势"字做文章。归纳起来,无外乎"军事准备造势""示形于敌显势""军事打击增势"几种情况。

军事准备造势,就是通过加强军事准备的力度,提高战争能力,造成"转圆石于千仞之山"的战略态势,以慑止敌方的冒险企图。武器装备发展、人民战争动员、兵力部署调整、战场建设、军事结盟等,都可以起到军事准备造势的效果。1962年,针对国民党军队"反攻大陆"的军事冒险计划,我军加强在东南沿海地区的兵力部署,使国民党军队视"反攻大陆"为畏途,被迫放弃了"反攻大陆"的企图;冷战期间,美苏展开军备竞赛,以谋求军事对抗优势等,都是通过加强军事准备,造成对敌战略威慑态势的例子。

示形于敌显势,就是将己方的威慑力量明确地显示出来,使对手产生心理压力和畏惧,从而迫使其屈服。大规模阅兵、联合军事演习、军事访问等,都是经常采用的威慑方式。在苏联卫国战争中,苏军在德军兵临莫斯科城下的危急关头,毅然冒着巨大危险在红场举行雄伟的阅兵式,不但鼓舞了苏联全体军民的士气,对德国法西斯也产生了巨大的震慑力。

军事打击增势,就是通过进攻行动使对方遭受一定的损失,以显示己方的实力和决心,巩固既有的威慑态势,增强威慑的可信性。

1941年莫斯科红场大阅兵

这种威慑方式具有威慑与实战两重性。"外科手术式"打击就属于军事打击威慑。

不同的威慑方式是相互联系、相互作用的。不同的战略威慑方式组合运用,可以形成不同层次和强度的威慑。因此,需要针对威胁状态、威胁大小、对手特点等不同情况,灵活运用战略威慑方式,达到预期的威慑效果。

实施战略威慑,必须在策略的制定、力量的投入、对象的选择、范围的确立、目标的达成、手段和方式的使用等方面,站在全局的高度精心运筹,谨慎从事,力求最大限度地发挥威慑的效力,以达成预期的战略目的。

实施战略威慑,还需要考虑达成威慑目的的可能性。只有内外条件具备了,才可能实现威慑目标。就实施战略威慑一方的内部条件而言,一要拥有一定的令人信服的战略威慑力量,因为在任何情况下,如果自身没有实力,或力量不足,都无以慑服对方;二要有"威加于敌"的决心,如果没有坚定的决心和坚强的意志,即使实施了威慑,其作用也是苍白无力的;三要有达成战略威慑目的的良好环境,决策人物的才能、民族的凝聚力、官兵的士气等,都是决定威慑成败的重要因素。就外部条件来说,首先要了解和掌握威慑对象的基本情况。对方的进攻和防御力量,决策者的心理特点,对威慑可能产生的反应,对威慑信息的灵敏程度以及承受能力等,都是决定威慑成败的关键因素。其次是国际社会可能对威慑产生的反应。如果战略威慑能得到国际社会的普遍支持,威慑效应就会显著增强,否则就会减弱。

"多手并举，统一行动"。在战略威慑性军事行动中，要综合运用多种威慑手段，处理好攻防、虚实等之间的关系，同时保持高度集中统一，实现威慑力量、决心和信息的结合，增强整体威慑效果，做到致人而不致于人。

有度有节，力争主动。在战略威慑实施中，要做到审时度势，见机行事，灵活多变，始终掌握对敌斗争的主动权。

预有准备，立足实战。在实施战略威慑前，要做好各种应战准备，准备对抗的升级，万一威慑失败，能够及时转入战争状态或应付战争升级局面，战而胜之。

战略威慑是以实战为基础的。从根本上说，正是由于战略威慑力量的实战应用可以使对方付出巨大代价，才起到战略威慑的作用。实战能力越强，威慑作用越大。因此，在实施战略威慑时，战争准备越充分，战胜对方的可信度就越高，威慑行动也就越有效，战略威慑成功的可能性就越大。相反，那种纯粹虚张声势的威胁和恫吓非但难以起到威慑作用，有时还会适得其反。

战略威慑不是万能的，一旦在威慑行动中出现失误，就可能导致威慑失败，进而引发战争或使战争升级。第二次世界大战以来所发生的局部战争和武装冲突，许多都是以相互威慑开始，在威慑失效后进入战争状态的，而这种战与非战的转化通常表现得非常迅速。战略威慑一般规模较大，影响面广，对组织、指挥、协同的要求高，威慑力度难以把握，加之形势的变化、力量的增减、外部的干涉、内部的矛盾、心理的失衡等不确定因素的存在,更容易出现失控局面,导致威慑失败。这就要求在实施战略威慑时,要立足于出现最坏、最困难的情况,并预有准备,万一威慑失灵或失败,能够沉着、有效应对。

九、进攻作战有何特点与规律?

进攻作战是基本作战类型之一。恩格斯说:"一般认为,进攻能获得更大胜利。"[①]列宁说:"人民武装起义,一切胜利的取得都是进攻行动的结果。"毛泽东也指出:"在战争实际中,虽有许多时候以防御为主,而在其余时候以进攻为主,然而从战争的全体来看,进攻仍然是主要的。"[②]这是因为,实施进攻的一方在选择作战方向和发起作战的时间上掌握着主动,可以按照自己的企图预先做好进攻部署和准备,通过一系列进攻行动将自己的意志强加于对方,进而夺取和保持战略主动权,最终实现战争目的。

实行进攻作战通常要考虑双方军事力量的对比。防御作战常常和军事力量的劣势分不开,进攻作战则和军事力量优势相联系。与防御相比,进攻对军事力量优势有着更高的要求。即使不具备总体上的绝对优势,也要在一定时间和空间形成相对优势。否则贸然

---

① 《马克思恩格斯军事文集》第 2 卷,第 1 页。
② 《毛泽东军事文选》,人民出版社 1977 年版,第 220 页。

行事，只会导致进攻失利。其次要考虑经济实力的可能。进攻比防御消耗更多的装备和物资，需要更大的经济实力支撑。特别是在高技术战争条件下，武器装备技术密集，价格昂贵，战争消耗极其巨大。战争指导者在采取进攻作战的样式时，需要充分考虑双方的经济实力，进攻的范围、规模、样式、进程、速度都必须限定在己方经济所能承受的范围之内；否则，就可能在进攻实施过程中造成"蒸馍断火，后续不继"的被动局面。

实行进攻作战必须正确选定主要进攻方向和打击目标。基本打击方向选对了，就能"预先决定整个战争十分之九的命运"。主要进攻方向和打击目标选择得当，定下决心就有了可靠的基础，兵力兵器的部署就能形成重点，发起进攻后就可以迅速打乱对方部署，获得战果；选择不当，或者选择错误，进攻的目的非但不能达到，还可能丧失主动地位。

确定进攻的主要方向后，要确定主要打击目标。主要打击目标和主要进攻方向的着眼点可以是相同的，也可以有不同。近现代战争史上通常有以下几种目标选择：一是对方的主要战略集团；二是对全局有重大军事、政治、经济意义的战略要地；三是首脑机构、指挥机构、通信枢纽；四是战略性武器、高技术武器，如核武器基地、海空军基地；五是后方基地、交通枢纽等。随着战争的发展，空间装备和设施，如卫星、空间武器平台、天地运输系统等，也可能成为战略进攻的主要打击目标。在一次战略进攻行动中，一般有多种主要打击目标，而不是单一的打击目标。

进攻作战主要有以下几种样式。

（一）**单方向进攻**。即进攻者从一个战略、战役方向上对防御者实施进攻。换句话说，从战略、战役层面看，进攻者只有一个主攻方向，而没有其他助攻方向。这种样式在冷兵器时代曾广泛使用。

（二）**多方向进攻**。即进攻者从两个或两个以上战略、战役方向对防御者实施进攻。这种样式的最大优点是便于进攻者利用主动地位，选择主攻方向和地点；对防御者来说，则难以判明对方的主攻方向，不得不多处设防，造成备多力分，顾此失彼，力量形不成拳头。由于具有上述优点，多方向进攻在战争实践中得到广泛运用，并且形成了几种具体样式，包括：向心进攻；扇形进攻；平行进攻等。

（三）**战略决战**。这是敌对双方使用主力进行最后较量、进攻者倾其全力歼灭对方主力的作战行动。战略决战有可能在战争开始时实施，也可能在战争进行到一定阶段后实施。现代条件下的战略决战是陆空或海空的立体厮杀，并由一系列进攻战役或战略性进攻战役组成。

（四）**战略追击**。战略追击是一种旨在全歼退却之敌的进攻样式。根据战场的具体情况，战略追击的方式主要有尾随追击、平行追击、大包围大迂回追击。现代战争中还经常采用立体追击扩大战果。即，使用空军实施空中机动、空中突击、空降突击；在防御者沿濒海地区退却或从海上退逃时，进攻者还进行两栖登陆堵截或海上堵截。

（五）**战略封锁**。这是一种断绝敌国、敌方战略区或重兵集团对外联系的战略进攻样式,目的是使敌孤立无援,陷入绝境,以便于最后战胜之。战略封锁通常以军事手段为主,并以政治、经济等手段相配合,从陆地、海上、空中全面切断敌人的对外联系。

（六）**空中进攻**。即以空中力量为主对防御者实施战略进攻的一种样式。这是战略进攻中比较"年轻"的样式。在高技术条件下,随着空中武器装备的高度发展,空中进攻的威力和作用在不断增强,其进攻样式也不断完善。空中进攻正呈现出作为独立的战略进攻样式来解决战争问题的趋势。

（七）**海空立体登陆进攻**。即以海空军实施对陆进攻,投送战略力量,夺占对方陆岸或大型岛屿的战略进攻样式。

（八）**核突击**。即以核武器突击对方的政治、经济、军事等方面的重要目标。随着核武器的扩散和核国家的增多,不能排除有关国家在危急情况下把核突击作为一种进攻样式来运用的可能。

（九）**空间进攻**。即以空间武器平台向地面、海上、空中投入力量,打击对方的目标。从20世纪下半叶以来,空间军事力量已经有了长足的发展,尽管国际社会一再呼吁和平利用外太空,但有关国家空间武器研制工作一直没有停止,空间军事化步伐日益加快。在未来战争中,空间进攻很可能成为未来新的进攻样式。

战争实践表明,上述不同的进攻样式往往不是孤立地运用的。特别是现代战争中,一次重大的进攻行动,有可能同时使用或先后使用两种以上进攻样式。正确选择和运用进攻的样式必须做到:符合进攻作战的基本目的;符合作战力量的实际;符合地理条件的实际。

十、防御作战有何特点与规律?

防御作战也是基本作战类型之一。防御同进攻是对立的统一,普遍存在于战争之中,是战争的产物,在战争的全过程中占有重要地位。防御成功与否,关系到攻防形势能否顺利转换,战争目的能否圆满实现和战争能否取得胜利的结局。历史证明,在大多数战争中,敌对双方都不能完全脱离同防御的关系。列宁曾经指出:"自始至终全是胜利进攻的战争在世界历史上是从来没有过的,即使有也是例外。"①防御的目的,是阻止和打破敌人的进攻,保存和积蓄力量,大量消耗和消灭敌人,为转入进攻创造条件。

防御作战的主要样式有:

(一)**坚守防御**。在主要方向上及其他重要地区,依托坚固阵地或大、中城市,进行积极的坚守作战,抗击敌人的高速立体进攻,是防御作战的主要样式之一。现代战争中,进攻一方往往武器装备先进,擅长以多种方式和从多个方向、多层空域实施快速的连续进攻,因此,实行防御的一方要成功实施坚守防御,必须正确判断敌人的主要突击方向;集中兵力于敌人主突方向,正确布设防御阵势,必

---

① 《列宁全集》第 42 卷,人民出版社 1987 年版,第 230 页。

要时利用预备队重建防线;实行积极的攻势防御。

（二）**机动防御**。机动防御,也称运动防御,是指在一定地区和时间内逐次转换阵地,节节抗击敌人进攻的一种防御样式。在战争史上,这是实行防御的一方为消耗、钳制、迟滞敌人,以空间换取时间,或吸引调动敌人,为主力歼敌创造有利条件而经常采用的一种作战方法。

机动防御作战通常是在阻敌增援或追击、钳制敌人、掩护主力集结以及诱敌深入等情况下实施。组织实施机动防御作战往往面临诸多困难,如准备时间短促,任务紧迫;侧翼暴露,易被敌迂回包围和分割;战场情况变化快,防御的应变性要求高;防御体系不完善,要保持防御的稳定性难度大等等。因此,机动防御作战的指导需要着重解决好以下几个重要问题:及时判明敌人进攻企图,迅速定下防御决心;选择有利地域,构成多道有纵深的防线,并建立多梯队有重点的兵力部署,掌握并灵活使用预备队;顽强坚守、适时反击与交替转移相结合,达成防御目的;周密计划、精心组织各部队的防御协同。

（三）**反空袭**。在现代高技术条件下,空袭不仅是现代战争的主要作战样式之一,而且已可成为一个独立的战争阶段;空袭与反空袭的对抗贯穿于战争的全过程,已成为现代战争中双方斗争的焦点。

抗击敌人空袭,一方面要严密组织防护。应充分利用有利的地形、人防工事和战场工程设施,进行疏散隐蔽,有条件的尽可能转入地下,把敌人的空袭效果降至最低程度。应重视对敌核、化学、生物武器和导弹等精确制导武器袭击的防护,及时消除空袭后果。针对敌侦察和精确打击能力显著提高的特点,应在统一计划下,综合采用动态防护和技术防护措施;还可广泛设置假目标,综合使用伪装措施。另一方面则要充分运用各种防空力量积极进行抗击。应在严密防护的基础上,积极组织各种力量进行防空作战和空中作战,逐次打击和消灭敌空袭力量,有效地保存力量和保卫重要目标。主要抗击兵力应集中于主要方向与重要目标上,以重点保护国家政治、军事指挥中心,军事部署的主要部分,核武器基地、机场、港口、重要工业基地,大城市和交通枢纽等重点目标的安全。同时,还要依据条件组织各军、兵种力量实施积极的反击。

(四)**反封锁**。反封锁,是防御一方为打破敌对其进行的封锁,保持行动自由而实施的防御作战行动。对于敌人的封锁,通常要求采取积极的攻势行动,集中兵力,袭击敌封锁兵力,打乱其封锁部署;同时实施布雷,控制敌封锁兵力必经之海峡、航道;重点使用攻击潜艇深入到敌后及海上交通线,进行设伏、游猎和袭击,破坏敌之运输补给;组织各军种协同作战,夺取重点地区的局部制空权和制海权,加强交通线和战略后方的防护;军事反封锁和政治、经济、外交斗争相结合,采取多种斗争手段,综合运用各种力量,抓住有利时机,逐步消灭敌封锁兵力,打破敌人的封锁。

(五)**游击战争**。游击战争是以游击战为主要作战形式的战争,是一种侵略者视为畏途的人民战争形式。在防御作战的全过程,游击战都起着重要的战略配合作用。游击战争作为一种非正规的、无固定的作战线的战争形式,较正规战具有更大的主动性、灵活性、进攻性、速决性和流动性。在现代条件下,由于新式武器装备不断出现,军队的火力、机动力空前增强,对游击战争提出了新的要求。

（六）**退却**。退却是放弃所据守的防线或地区实施转移的行动,是防御的继续,也是机动样式之一。退却不应是溃败或溃逃,它是"劣势军队处在优势军队进攻面前,因为顾到不能迅速地击破其进攻,为了保存军力,待机破敌,而采取的一个有计划的战略步骤","退却的目的是为了保存军力,准备反攻"①。在强敌进攻下,退却有时候是处于防御地位的国家和军队不得不采取的行动样式。退却有可能是主动采取的,也可能是被迫进行的,但通常是在强敌进攻面前,处于极为不利的地位,继续作战会危及军力保存的情况下实施的。这种退却,与全局和主要方向安危有关,又可能是在敌地面、空中突击下进行的,因而必须从全局的利益考虑,慎重地做出决定,需要精心计划,周密组织。

（七）**反攻**。反攻是对进攻之敌所采取的攻势行动,是防御中同敌人进行的决战,是防御方为粉碎敌方进攻而展开攻击的作战样式。在防御中举行反攻,从战史上看,大体上有两种样式,一种是在敌人进攻以后不久,防御者较快地在全线发起反攻,一种是防御者

---

① 《毛泽东军事文集》第 1 卷,第 723、727 页。

的反攻经历一个渐进的过程,由局部反攻累积和发展成全局的反攻。一般地,在局部战争中,出现前一种情况的可能性要大一些,但在敌人大举入侵的情况下,后一种反攻样式更值得关注。

实行反攻,需要有一定的物质基础,同时在指导上必须注意:正确把握反攻的时机;正确选择反攻方向;周密计划和部署反攻;务求反攻初战取胜,并迅速发展胜利。

(八)**核反击**。核反击是核国家在防御中不能忽略的一种极为特殊的防御样式。在世界上核武器大量存在、而一些核大国又没有承诺不首先使用核武器的背景下,现代战争依然将笼罩在核阴影下。因此,处于防御地位的有核国家,虽然不首先使用核武器,但必须防备敌人进行核打击。如果敌人首先使用核武器,应组织对核袭击的防护,采取措施消除敌核袭击后果,与此同时,要坚决实施核反击。在防御中,在敌人使用核武器的情况下施以核反击,也是粉碎敌人突然袭击、妄图速战速决的一种手段,它会给敌兵力兵器和经济力量以重大的损害;并且通过打击敌人的重要目标和政治、军事中心,给敌人以精神上的巨大震撼。

十一、我国积极防御军事战略发展的历史轨迹

积极防御,是毛泽东军事战略的基本原则之一,充分体现了毛泽东的人民战争思想和军事路线。

早在土地革命战争时期,毛泽东在分析中国革命战争规律时就指出,"敌人是全国的统治者,我们只有一点小部队",我们的命运全看我们能不能打破"围剿"。在这里,"首先而严重的问题,是如何保存力量,待机破敌"。只强调进攻而不采取防御手段,那就是"第一号的傻子"。对于革命战争来说,采取防御战略,不仅为军事上所必需,而且还有政治上的好处。"一切正义战争的防御战,不但有麻痹政治上异己分子的作用,而且可以动员落后的人民群众加入到战争中来"①,就是说,战略防御还能在一定程度上体现革命战争的正义性质,造成"哀兵"之势。所以,"战略防御问题成为红军作战中最复杂和最重要的问题",能不能正确地实行防御,关系到弱小红军的生死存亡。而正确的防御,只能是积极防御。毛泽东说:"积极防御,又叫攻势防御,又叫决战防御。消极防御,又叫专守防御,又叫单纯防御。只有积极防御才是真防御,才是为了反攻和进攻的防御。"②红军作战的基本原则是:承认积极防御,反对消极防御。毛泽东的积极防御思想,从理论上正确解决了中国革命战争的军事战略问题,为中国革命战争开辟出了一条从胜利走向胜利的道路。

作为一种战略思想,积极防御在性质上是防御的,而在作战行动的要求上则是积极的。积极防御的精髓就是它的积极性。这种积极性在中国革命战争中的发挥,其要旨有两点:一是把战略上的

① 《毛泽东军事文集》第1卷,第719页。
② 同上。

防御与战役战斗上的进攻、战略上的持久与战役战斗上的速决、战略上的内线作战与战役战斗上的外线作战紧密结合起来;二是把战略防御同战略反攻与战略进攻紧密结合起来,在敌我强弱形势发生根本变化时,适时将战略防御导向战略反攻或战略进攻。换言之,需要根据战争形势的发展变化处理好防御与进攻、内线与外线、持久与速决这三个重要关系。这里首先遇到的是进攻与防御的关系问题。毛泽东指出,从整个战争进程看,防御与进攻是两个性质完全不同的战略阶段,不能相互混淆。在敌强我弱的态势没有发生根本变化之前,中国革命战争在战略上只能是防御的;只有在取得了对敌优势之后,中国革命战争才能转入战略进攻,那时防御就是局部的了。但是,防御与进攻又不是截然分开的。积极防御的一般原则,就是以进攻达到防御目的。毛泽东的创造性在于,从战略与战役战斗的辩证关系上把防御与进攻结合在一起,提出了战略上防御和战役战斗上进攻的作战思想。其要义,就是要求利用敌人战线过长、不得不分兵把守若干战略要地和交通线的弱点,以高度机动灵活的运动战或游击战分割和歼灭敌人的有生力量,而完全避免消耗自己力量的阵地战。土地革命战争时期的"诱敌深入",抗日战争时期的敌后游击战,解放战争时期的以集中优势兵力、各个歼灭敌人为要旨的运动战,都充分体现了灵活把握防御与进攻的辩证法。同防御与进攻密切相关的是内线和外线的关系问题。毛泽东在土地革命战争时期就指出,红军的作战基地在根据地,即战略上的内线作战,但"我们可以而且完全应该在战役或战斗上,把它改变过来",

淮海战役支前车队

实行"内线作战中的外线作战",将敌军对我的大"围剿"改变为我对敌军的许多个围剿,将敌军对我的分进合击改变为我对敌军的分进合击,从而将敌军对我的战略优势改变为我对敌军的战役战斗上的优势。在抗日战争中,毛泽东进一步发展了这一思想,将战略上的内线和战役战斗上的外线相结合,规定为抗日战争战略指导的基本原则,要求采取灵活的运动战,以几个师对一个师,几万人对一万人,几路对一路,从战场的外线突然包围其一路而歼灭之,使敌之战略作战上的外线和进攻,在战役战斗上不得不变成内线和防御,而我之战略作战上的内线和防御,就变成了战役战斗上的外线和进攻。实行战役战斗上进攻的、外线的作战,要求速决。于是,实行积极防御军事战略还要求辩证地认识和处理持久与速决的关系问题。敌强我弱的态势规定了中国革命战争的持久性,因此坚持长期作战,是战略指导的重要方针之一。但是战役战斗则必须与此相反,不是持久而是速决,这同样是由敌强我弱的态势所决定的。我军的武器弹药匮乏,军队数量少于敌人,如果不能抓住战机后迅速解决战斗,就很可能反而被蜂拥而至的其他各路敌军吃掉,因此我军的战役战斗必须力争速决。实行战役战斗的速决,主要条件是准备充足,不失时机,集中优势兵力,实行包围迂回战术,有良好阵地,打运动中之敌,或打驻扎而阵地尚不巩固之敌,不解决这些条件而求战役战斗的速决,是不可能的。总之,贯彻积极防御的军事战略方针,就需要在战略和战役战斗的辩证关系中,自觉把握好防御和进攻、内线和外线、持久和速决之间的相反相成,坚持战略上的防御内线持久和战役战斗上的进攻外线速决相结合。

新中国成立以后，中国共产党领导的军事斗争由夺取国家政权向巩固国家政权和保卫国家安全转变，从此面临着一个更为广阔的军事斗争舞台。毛泽东积极防御的战略思想又有了新的发展。1955 年 4 月毛泽东在中央书记处会议上提出：中国的战略方针是积极防御，决不先发制人。1956 年 3 月召开的中央军委扩大会议正式提出，社会主义中国奉行积极防御的军事战略。20 世纪 60、70 年代，我国面临着来自东面、南面、北面的多重威胁。我国军事战略重心立足于两面以至多面作战，强调诱敌深入。1965 年 6 月杭州会议，毛泽东说："还是要诱敌深入才好。御敌于国门之外，我从来就说不是好办法。"积极防御在当时的主要表现是，力求在战争初期，粉碎敌人的战略突袭，保存我有生力量，制止敌人的长驱直入，掩护国家转入战时体制。然后，有计划地诱敌深入到预设战场，视情况的不同，通过规模不等的运动战，集中优势兵力，各个歼灭敌人。

20 世纪 70 年代末和 80 年代，国际形势趋向缓和，国家进入改革开放的新时期，国家工作重心转向经济建设，军队建设指导思想实现战略性转变。1988 年 12 月，中央军委扩大会议重新完整确立了"积极防御"的军事战略方针，强调战略指导要从立足于随时准备对付敌人大规模入侵转变为着重对付可能发生的局部战争和军事冲突，在基本稳定北线战略态势的前提下逐步改善南线战略态势，重视**经略**海洋、保卫和维护国家的海洋权益，提高武装力量的实战能力和整体威慑能力。

20世纪90年代,两极格局解体,国际形势总体上继续趋向缓和,但国际力量对比严重失衡。为适应安全环境和战争形态的变化,军委扩大会议提出,新时期积极防御的军事战略方针,要把军事斗争准备的基点放在打赢现代技术特别是高技术条件下的局部战争上,加速我军质量建设,提高应急作战能力。1995年,中央军委明确提出科技强军战略,要求军队建设实现由数量规模型向质量效能型、由人力密集型向科技密集型的转变。进入新的世纪,中央军委又确定把军事斗争准备的基点放在打赢信息化条件下的局部战争上,要求积极推进中国特色的军事变革。

回顾我国军事战略方针的演进过程可以看出,虽然由于国际战略格局的变化,我们的主要作战对象、主要战略方向、作战形式等都做过或大或小的调整,但积极防御军事战略思想始终是中国军事战略方针的基础。在新中国成立后新的环境下,积极防御战略思想的基本精神,是以捍卫国家主权、安全和领土完整为目的,坚持自卫立场和实行后发制人。其要点是:第一,在军事上坚持不打第一枪的原则。中国不会侵略他国,坚持用和平方式解决争端。这是由中国的社会主义性质决定的。第二,从军事上和政治上制止和推迟可能的战争。在战争爆发之前,我们要不断加强军事力量,继续扩大维护和平反对战争的国际统一战线,维护社会主义建设所必需的和平环境。以积极主动的军事准备和政治斗争遏制战争,是积极防御军事战略不可或缺的内容。第三,以积极的反击或进攻作战达成战略防御目的。我们在战略上后发制人,但当外敌把战争强加在我们头上的时候,我们要能够立即给予有力的反击,阻止敌人的进攻。当代,战争主要发生在边境地区、近海近岸及相关空域,作战空间有限,以空间换取时间的作战方式日益困难;高技术远程打击手段的广泛应用,使战争效能大大提高,战略、战役、战斗之间的区别越来越小,战略决策、战役指挥、战斗行动趋于一体化;战争进程日益加快,有时一场战争就是一次战役,寄希望于战争发起后从容应对,积小胜为大胜,逐步转换攻防态势,越来越困难。在上述情况下,拓展积极防御战略内涵,把战役战斗上的外线反击作战向战略外线反击作战发展,力求最大限度地发挥积极防御的积极性,达成战略防御目的就成为新时期积极防御思想的必然发展趋势。在积极防御战略下,中国承诺不首先使用核武器,不对无核国家或无核地区使用或威胁使用核武器,但对来自任何敌人的核攻击将实行坚决的报复性核反击。

积极防御军事战略思想,充分反映了为维护国家主权、安全和领土完整而在更为广阔的国际舞台上开展军事斗争的客观需求,是中国进行国防和军队建设的根本依据。

十二、"你打你的,我打我的"是我军战略指导的灵魂和精髓

"你打你的,我打我的"战略思想,是我军战略理论的精髓,是战

飞夺泸定桥

略指导的最高境界。它不仅是以往我军以劣胜优的制胜之道，也是未来展开高技术条件下的军事较量的根本指导思想。

"你打你的，我打我的"这一思想最早是毛泽东作为战役战术指导思想提出来的，随着战争实践的不断发展，它逐渐上升为一种战略思想和战略作战原则。1947年针对晋察冀野战军不为傅作义进攻冀中所动，坚决指挥主力对正太线实施攻势作战，敌不但未能调动我，反而为我所动。毛泽东在贺电中指出："你们现已取得主动权，如敌南援，你们不去理他，仍然集中全力完成正太战役，使敌完全陷入被动，这是很正确的方针。正太战役完成后，应完全不被敌之动作所迷惑，选择敌人之薄弱部分主动地歼灭之。追击何部那时再定。这即是先打弱的，后打强的，你打你的，我打我的（各打各的）政策，亦即完全主动作战政策。"①

1947年毛泽东指示华东野战军分兵四路打入敌后而置正面之敌于不顾时，再次提到这一原则："因为正面之敌极端集中，没有好打机会，故应采取先打弱敌，后打强敌，你打你的，我打我的（各打各的）方针，完全主动作战，将敌拖入被动地位。"②朝鲜战争初期，当讨论到我若出兵，美国可能向我们扔原子弹的问题时，毛泽东回答说："你打你的，我打我的，你打原子弹，我扔手榴弹，抓住弱点，跟着你，最后打败你。"（1950年9月5日在中央人民政府委员会第9次会

---

① 《毛泽东军事文集》第4卷，第41页。
② 《毛泽东军事文集》第4卷，第127页。

议上的讲话)1965年在一次会见外宾的谈话中,集军事统帅与战略思想家于一身的毛泽东,把自己一生的用兵经验,高度概括为"你打你的,我打我的,打得赢就打,打不赢就走"。毛泽东强调,打仗没有什么神秘,打得赢就打,打不赢就走,你打你的,我打我的。什么战略战术,说来说去,无非就是这四句话。他还说,我们的打法:我能吃下你时,就吃你;吃不下你时,也不让你吃了我。时机不成熟时,我主力不同你硬拼,同你脱离接触;等到我能吃了你的时候,就把你吃掉,一口一口地吃,最后把你吃掉。这是毛泽东对自己一生战略指导艺术的高度概括和科学总结。

"你打你的,我打我的",这一战略思想的核心,就是保持战争指导和作战行动的自由,以己之长击敌之短。不管你是什么样的敌人,不管是在什么时间、地点打仗,也不管是打什么样的仗,发挥自己的优势,打击对手的弱处,充分发挥人在战争中的自觉能动性,努力争取与保持战争中完全的主动权与行动自由权。正如孙子所说的,"善战者,致人而不致于人"①,德国古德里安也说,"永远要左右敌人"②,英国蒙哥马利也说,作为一名指挥官,必须"迫使战斗按自己的意愿进行,必须使敌人从一开始就按自己的曲调跳舞,而决不是跟着敌人转"。"你打你的,我打我的"基本内涵大体有以下几个方面:

---

① 见《孙子·虚实篇》。
② 见《坦克前进》。

一是弄清"你的"情况，也搞清"我的"情况，以此作为指导对敌斗争的依据。这是"打"的基础。只有这样，才能"动而不迷，举而不穷"，知彼知己，百战不殆。

二是"你"有"你的"优势，"我"有"我的"优势，任何单一因素的优劣对比都不是对战争轨迹的真实描述。对垒双方之所以成为对手，总是各有优劣。强中有弱，弱中有强，重要的在于以己之优势来化解与削弱敌之优势，转化优劣对比。

三是调动敌人，自主作战，决不以敌人限定的时间、地点、方式与敌交锋。也就是坚持以我为主，首先保持战略思维的自主权。打什么目标最有利，就选什么目标打；在什么时间、地点打最合适，就在什么时间、地点打；采用什么方法、样式打最易于达成作战目的，就用什么方法、样式，牵着敌人鼻子转，决不让敌人牵着你转。如朱德所说的，"绝对的独立自主，操纵敌人。"

四是出奇制胜，以敌最意想不到、最不情愿的方式与敌较量。出奇制胜，有计划地造成敌人的错觉与不意，这是造成优势和夺取主动的重要方法。如拿破仑所说，"绝不做敌人希望你做的事——这是一条确定不移的战争格言"，"要战胜敌人，就必须出其不意地行动"。克劳塞维茨也说，一切行动都是或多或少以出其不意为基础的，因为没有它，要在决定性的地点上取得优势简直是不可想象的。

五是抓主要矛盾，抓关节、抓要害，注重作战行动的战略效应。战争中有的行动是一般性的、从属性的；有的则是决定性的、枢纽性的,是整个战局主动与被动的关键,具有极大的战略价值。只有抓住它,才能获得主动与先机。

六是机动灵活作战,能打则打,不能打就走,通过"走"来摆脱被动,争取主动,创造战机。在许多情况下,走是脱离被动恢复主动的主要方法。不知道"游",光知道"击",硬打硬拼,很可能招致失败。这里的"走",不是消极的"逃"。一切的"走"都是为着打,我们的一切战略战术方针都是建立在打的基本点上,是为了创造战机,一旦条件具备,即应转入反攻,由形式上的被动,转化为形式上和内容上的主动。

你打你的,我打我的,在不同历史时期和战争条件下有着不同的具体形式与内容,需要根据时间、地点、对象和条件的变化而变化。面对未来我国可能面临的高技术局部战争,我们仍要以"力争完全主动"为宗旨,把定下决心的坚定性与实现决心的灵活性结合起来,根据新的历史条件和新的战争特点,大胆采取有利于我而不利于敌的作战形式与作战方法,再创战争指导的辉煌。

第一,强调敢战必胜,不被任何强敌所吓倒。不论在任何时候和任何情况下,战争指导者所面临的首要问题,就是保持对敌我双方情况和战争态势的正确认识,不因敌人一时的强大而畏缩,不为敌人一时的主动所左右,充分估计自己的优势和有利条件,坚信经过自己的主观努力,能够在一定战争物质条件的基础上,实现战争力量和主被动形势的转换,最终战胜敌人。

第二,强调战略指导的自主地位,不被敌人牵着鼻子跑。要夺取我军行动的自由权和战场主动权,必须始终保持战争指导和战略思维的自主权。战争指导者在思考战略指导问题时,必须坚持以我为主:打什么目标最有利,就选什么目标打;在什么时间、地点打最合适,就在什么时间、地点打;采用什么方法、样式打最便于达成作战目的,就用什么方法、样式打。决不在敌人期待的时间、地点,决不采用敌人预想的方法样式与敌作战。只有这样,才能把战略指导的注意力始终放在充分发挥自己的优势上,放在对全局来说最重要、最有决定意义的问题或动作上,从而逐步化劣势为优势、变被动为主动,从容地调动敌人就我范围。

第三,强调最大限度地发挥己方优势,以我之长克敌之短。战争是力量的竞赛,也是人心向背的竞赛。优劣、长短、虚实、强弱,永远是一种相互对立、相互依存并不断发展变化着的客观存在。不管战争的技术条件如何发展,也不管敌人的武器装备多么先进、实力多么强大,他的身上总有弱点存在。你打你的,我打我的,就是要全面和辩证地认识敌我双方的优劣、长短、虚实、强弱,想方设法地捕捉、制造、扩大和利用敌之弱点与错误,尽量隐蔽、弥补和克服自己的短处,同时力争在最有利的时机和地点、采用最巧妙得力的战法打击敌人的短处、虚处和弱处。消极遮短,遮不胜遮。只有采取积极主动的行动,才能真正发挥扬长避短、以长击短的威力,置敌于被动挨打的境地。

十三、我国未来可能面临的战争及其指导

进入新世纪,随着以信息技术为核心的一系列高新技术群的深入发展及其在军事领域的广泛应用,现代战争日益高技术化。未来我国一旦面临战争,将不大可能重复传统的工业时代的一般战争,而是现代条件下的信息化战争。又由于国际战略格局的演变和我国综合国力的增长,未来针对我国的全面武装入侵的可能性不大,但局部战争和武装冲突的可能性不能排除。因此,未来我国可能面临的战争形态将主要是信息化战争。

与传统战争相比,信息化局部战争的一般特点,一是战争目的受政治、经济等因素更加严格的制约;二是作战方式逐渐向非接触、非线式、非对称方向发展;三是战争要素信息化程度越来越高,信息超过作战平台作为现代战争的战略资源地位日益上升;四是战争的直接交战空间逐步缩小,战争的相关空间不断扩大,亦即战争的战役空间在缩小,而战略空间在扩大;五是战争实施的节奏加快,进程缩短,而战争准备和军事对抗的时间相对延长;六是战略、战役、战术的层次区分日益模糊,战略决策、战役指挥、战术行动一体化的趋势日益明显;七是战争力量一体化,战场对抗系统化的趋势增强;八是高技术战争也是高能量、高消耗、高风险的战争。

我国未来可能面临的战争,除了上述一般特征以外,还将具有

中国人民解放军雄姿

以下一些具体的特点：

一是战争性质的防御性。未来我国一旦发生战事，无论是反侵略、反分裂，还是反干涉，将完全是被迫的，是在国家领土主权、海洋权益和统一大业受到严重威胁的情况下，不得已而采取的行动。我们所进行的战争，将是防御性的正义的自卫战争。

二是战场环境的复杂性。未来可能发生的战争，将主要发生在我陆地边境和沿海海域、空域。这些区域远离我中心腹地，兵力投送、作战支援和后勤保障都比较困难，且战场容量小，作战行动受自然条件影响和限制较大。有的海域牵涉到多国利益，涉外交往政策性极强。

三是战略方向的互动性。由于我国安全问题的多样性与复杂性，未来安全面临的威胁不可能是单一的，而是多方向的。各个战略方向之间，尤其是主要方向与重要方向之间存在着明显的战略对应关系。

四是作战类型的多样性。在某些战略方向上，可能进行高技术条件下诸军兵种联合的以攻势行动为主的防卫作战，也可能进行以防御行动为主的联合作战，有陆地边境地区的陆空联合反击作战，也有濒海地区争夺局部制空权、制海权的海空联合作战，有传统的作战行动，也有非传统的军事行动。

五是作战力量的机动性。为了确保打赢各方向可能发生的战争，需要适时调整常规的战略部署，从全国范围向战区迅速集中精兵利器，作战的机动性和流动性强，机动与攻防作战和各类打击行动融为一体。

六是技术水平的不对称性。敌我双方在武器装备的技术水平上将可能出现三种状态：一是敌强我弱；二是敌我相当；三是敌劣我优。即使直接作战对象弱于我，但不排除强敌介入与支持的可能性。因此，我军在战略上仍应立足于以劣势装备战胜优势装备之敌。

最后一个是现代条件下的人民战争。与以往不同，我国未来可能实行的人民战争可能在远离国土纵深的战略前沿和海上空中的局部区域，在以信息技术为主导的高技术条件下进行，而人民群众的一致支持与同仇敌忾仍是战争制胜的决定性因素。

针对这些特点，我们在运筹指导未来信息化战争时，仍要着重探索我军事技术相对落后的背景下，如何开展现代条件下人民战争，如何运用好军事力量和其他力量，战胜信息化装备优势之敌的战略指导规律。

一、你打你的，我打我的，力争完全主动。强调战略指导的自主地位，始终掌握战略行动与战略指导的主动权，决不能被敌人牵着鼻子跑，坚持以我为主，把战略指导的注意力始终放在充分发挥自己的优势上，放在对全局来说最重要、最有决定意义的问题或动作上。

二、充分发挥现代条件下人民战争的整体威力。现代条件下，人民战争仍然是我军战略指导的根基。人民战争作为一种战争组织形式，其作用大小与军事技术水平高低没有必然联系。在高技术条件下,人民战争威力将更多地表现为战争力量积聚和战争基础的培植,更多地表现为政治组织力、经济科技力、舆论文化力和必要的人力物力参战支前等战争力量的综合释放。

三、确定有限目的,不打则已,打则必胜。我国未来信息化高技术条件下战争的目的制约着战争的规模、手段、时空和进程。战略指导必须与此相适应,确保战则必胜,力争以最小的代价实现战争目的。

四、以积极的战略外线反击作战达成战略防御目的。在坚持战略的防御性质的前提下,力求最大限度地发挥积极防御战略的积极性。力求先机制敌、主动迎敌、尽远击敌,最大限度地维护国家安全利益。

五、集中精兵利器,在关键时间和地点形成相对优势。这是在总体上处于劣势的情况下,在具有决定意义的时间和地点顿挫优势之敌的不二法门。

六、击节破网,连续作战,坚持实行积极的歼灭性打击。着眼于运用多种手段,破坏敌作战体系的稳定性,作战结构的完整性和作战行动的有序性,使敌丧失整体作战能力,加速敌之崩溃。

七、力争速决,准备持久。在战役战斗上一般应力求速战速决,但在涉及国家根本利益的战略作战中,当客观力量对比难以速决取胜时,则必须从思想上、物质上作好切实准备,将战争引向持久。以与敌人血战到底的气概,与敌长期较量,不获全胜,决不收兵。

八、处理好慎战、备战和应战的关系,积形造势,创造有利的战略态势。核心是审时度势,量敌用兵,遏制战争与打赢战争并重,力争形成未战而先胜的有利条件。

九、根据不同的情况,适时组织实施预防性作战、控制性作战和决定性作战。

十、打好军事政治仗,政治军事仗。军事服从政治,军事斗争与政治、经济等非军事领域的斗争密切结合,这是达成战争全胜目的的客观要求,也是实行全面的人民战争的题中应有之义。

第四章

武装力量构成规律

随着新的作战工具即射击火器的发明,军队的整个内部组织就必然改变了,各个人借以组成军队并能作为军队行动的那些关系就改变了,各个军队相互之间的关系也发生了变化。

——马克思:《雇佣劳动与资本》

马克思(1818—1883)

一、各具特色的武装力量体制

人们往往认为武装力量就是军队。其实，军队虽然是武装力量的主要组成部分，但却不是武装力量的全部。

严格说来，武装力量，是国家或政治集团的各种武装组织的总称。一般以军队为主体，还包括其他正规的、非正规的武装组织。武装力量是国家政权的重要组成部分，是国家或政治集团实现阶级统治，推行内外政策的暴力工具，具有其特有的对内和对外职能。首先，武装力量保护国家不受外来侵略，并通过对其他国家采取强制性手段来维护本国利益。其次，武装力量保护国家不受内部威胁，这种职能可被广义地界定为"国内安全"，它包括为了保护社会免受非法行为、颠覆活动和叛乱危害所采取的全部措施。维护国内安全不仅是国家正规陆、海、空军部队的职责，也可由准军事部队、辅助性部队和民兵实施。

从武装力量的发展历史看,各国武装力量虽然情况各异,但按性质和基本任务区分,大体上包括:军队、后备部队、群众武装、武装警察四种成分。

军队,或称常备军、正规军,除了个别国家外,始终是国家武装力量的主体和武装力量建设的重点,是国家推行其内外政策的重要支柱。在国家产生的同时,就出现了军队。

后备部队,有的国家称预备役部队、后备队、国民警卫队或动员部队,是军队的后备力量,主要用于战时扩编军队,还用于维护社会治安、抢险救灾等。如美国的国民警卫队、联邦后备队、志愿后备队;英国的后备队、志愿后备队;法国的后备役师、团;中国的人民解放军预备役部队。

武装警察,包括内卫部队、边防部队和宪兵等,是维护国内治安和边境安全的武装组织。如美国的海岸警卫队、俄罗斯的内务部队、中国的武装警察部队等。

群众武装,或称民兵、地方防御部队、人民抵抗部队、乡兵等,是不脱离生产的群众性武装组织,是军队的助手和后备力量。

上述四种武装组织在基本性质、主要职能、组织形式和隶属关系等方面,各有自己的特点。各国根据本国在国家政治制度、军事战略、经济条件、地理环境、人力资源和历史传统等方面的差异,按不同的结构形式,将各种武装组织有机地结合起来,从而构成国家武装力量的统一整体。

如古巴，就采取了四种武装组织；而欧洲、北美洲以及亚洲的部分国家，则采取了常备军、后备部队和武装警察相结合的武装组织形式；而有些非洲国家，如坦桑尼亚、乌干达等，则采取了常备军、群众武装和武装警察相结合的武装组织形式；非洲、拉丁美洲的多数国家和亚洲的部分国家则采用了常备军与武装警察相结合的武装组织形式。此外，也有个别国家采用常备军与民兵相结合的形式。只有少数较小的国家和地区实行单一的武装组织形式，有的只有维持社会治安的警察，有的建有少量军队，有的只有群众武装。

当代中国武装力量，由中国人民解放军、中国人民武装警察部队和民兵组成。中国人民解放军是中国武装力量的主体，由现役部队和预备役部队组成。中国人民武装警察部队是由内卫部队、机动部队、海警部队组成，由中央军委领导和指挥的重要武装力量。民兵是不脱离生产的群众武装组织，是人民解放军的后备力量。

二、"国体""政体"决定军队领导权的归属

所谓**国体**，反映的是国家政权的阶级属性，表明由哪个阶级掌握国家政权。"所谓政体问题，是指的政权构成的形式问题，指的一定的社会阶级取何种形式去组织那反对敌人保护自己的政权机关。没有适当形式的政权机关，就不能代表国家"，政体的精神"必须表

现在政府和军队的组成中"①。显然,军事组织作为政权的主要组成部分,其性质和体制必然受到"国体"和"政体"的极大影响。马克思主义的国家学说告诉我们,国家是阶级利益不可调和的产物,是实现统治阶级利益的暴力工具,军队是国家政权的主要成分。军事组织的建立、军事组织的发展,首先是为了满足国家特别是统治阶级的政治需要。被统治者夺取政权前建立军队,主要是为了夺取政权、保护自己利益的政治需要。从这个意义上讲,国家政权的阶级属性,即"国体"决定了军事组织的性质。同时,军事组织作为国家政权的组成部分,必须履行保卫国家安全、防止敌人侵略和颠覆的职能。至于采取何种组织形式以有利于完成这些职能,则又取决于"政体"。不同的国体和政体,决定了军事组织的性质和组织形式。军事组织的阶级性最主要的体现就是军事组织的领导权和指挥权的归属和实现方式。

在封建贵族专制体制下,最高统治者的军权为贵族分享。公元9世纪,古罗马查理曼大帝死后,其帝国内部出现了分裂,外部出现了北欧海盗和马扎尔人的入侵。当时无力重建罗马帝国强大的行政机器和军队来抵御敌人,各地的常备军各自构筑堡垒以防范入侵者的袭击。在这种情况下,建立在骑士和坚固堡垒基础上的封建贵族专制社会逐渐形成。封建制度确立后,虽然国王对封建贵族的军队拥有指挥权,但受各种因素的限制。各个贵族征集而成的军队既

---

① 《毛泽东选集》第 2 卷,人民出版社 1960 年版,第 638 页。

缺乏统一指挥,也缺乏对君主效忠的使命感,因而效率很低。正如恩格斯评价的那样:"封建制度虽然按其起源来说也是一种军事组织,但本质上却是和一切纪律不相容的。大诸侯及其军队的暴动和叛离是寻常的现象。给各首领下达命令常常成了喧嚷不休的军事会议,因而要进行任何大规模的军事行动是不可能的。"①有鉴于此,君主就逐渐改变了向贵族征集兵员的做法,而是向他们征收钱财(在英格兰称为兵役免除税),然后再用这笔钱武装和训练平民并支付他们的生活费。1346 年英格兰爱德华三世在克雷西战役所率军队中,有 2/3 的士兵是通过这种方式招募来的带薪士兵。

在君主专制的政体下,君主对军队的集权,使其完全享有军队的建立、军官的任命及军队运用的决定权。如在 17 世纪,法国处于封建专制的鼎盛时期,这时国王路易十四的权力发展到极致,法王取得了直接调动各省军队的权力,建立了强大的常备军。在东方,"由于封建土地国有制占优势,国家集中管理的水利灌溉设施在农业中占有重要地位,特别是从奴隶制社会承袭了庞大的国家组织和官僚机构"②,因此具备出现中央集权制国家的条件。这种管理模式应用于军队组织系统,就表现为军事上的集权。在中国古代,秦以高度集权的君主专制取代那种"松散的半封建的政府体制"之后,中

---

① 《马克思恩格斯军事文集》第 1 卷,第 364—365 页。
② 《世界通史·中世纪卷》,人民出版社 1997 年版,第 7 页。

秦陵兵马俑

央集权的政治制度和军事制度就成为中国封建王朝的主流。皇帝作为军队的最高统帅,掌握军队的最高指挥权和管理权,并且不受任何限制。在西方,早在公元 7 世纪,在横跨欧亚大陆的拜占庭帝国,皇帝通过亲自任命军官,保证了对军权的有效控制。从西欧直到 15 至 17 世纪,各国君主专制政体逐渐取代封建贵族专制政体,王权得到逐步强化。一方面,君主通过征税和贷款,建立了自己的常备军,因而摆脱了对封建贵族军队及雇佣兵的依赖;另一方面,又通过建立行政机构,强化了对军队的控制。如 17 世纪后半叶,法王路易十四不仅有专门的文职官员负责为法国军队提供给养、推动装备的正规化,而且还委派专门的监察官负责军队的正规化训练。

在资产阶级专政国家,表面上是通过选举来决定享有最高统帅权的人选,最高统帅在行使该项权力时也会在不同程度上受到民意机关的制约监督,但本质上是资产阶级通过他们的代理人行使军队领导权与指挥权。总统制国家如美国,总统为军队组织系统的最高权力枢纽,和军队最高统帅,享有军队的指挥权;在内阁制国家中,如英国,虽然名义上英国女王为三军最高统帅,但实际权力由内阁首相享有。内阁首相为英国政治制度的权力核心,拥有领导指挥三军的权力。法国,由于总统为享有部分实权的国家元首,因此军队的最高领导指挥权由总统和总理分享:总统为武装部队的统帅,但"总理对国防负责,行使防务上的一般性指挥权和军事性指挥权",并负责"作战的最高指导"。

三、军队总体结构是怎样构成的？

军队总体结构是军队的宏观构成形式。一个国家的军队总体结构是与该国的国家安全需求、军事战略思想、地缘战略环境、国家经济实力、国防科技与武器发展水平等密切联系在一起的。结构决定功能。科学合理的军队总体结构是充分发挥军队整体作战功能的重要因素。随着社会的发展与战争的演进，军队总体结构也经历了一个由低级到高级、由简单到复杂的发展过程。军队总体结构从不同角度大体可以区分为军种结构、职能结构和层次结构。

（一）军种结构

军种是军队构成的基本分类，通常包括军队的军种构成及其比例关系，以及军种内部的兵种构成及其比例关系。军种是随着军事技术的突破性进展和作战空间领域的扩大而不断分化的。历史上时间最长、最早、最古老的军种是陆军。随着造船技术的发展和海上作战的需要，在濒海国家逐渐出现了海军。20 世纪初莱特兄弟关于飞机的发明使人类开辟了新的作战空间，空军由此应运而生。第一次世界大战爆发时，法国已是头号空军强国。随即各国纷纷效法，相继组建空军。第一次世界大战末期（1918 年 4 月 1 日）英国首先将"皇家飞行部队"和"皇家海军航空兵"合编为"皇家空军"，成为一个独立的军种。核武器及其运载工具问世后，一些核大国由此组建战略火箭军。随着航天技术和信息技术的突破性进展，一些军事技术先进的国家又在着手建立航天军和信息军。

各个国家以及一个国家不同时期，其军种构成及其比例关系并不是一样的和一成不变的。一个国家究竟应当建立多少军种，各军种比例关系如何，究竟何为主要军种，何为次要军种，这要由各国的具体需要与可能而定。当代大多数国家的军队通常由陆海空三个军种构成，有的国家的军队只有陆军、海军，或陆军、空军两个军种，少数国家只有单一陆军军种。而有的国家则多达五六个军种，在陆海空之外，还有防空军、战略火箭军、航天军等。在由多军种构成的军队里，通常有一个主要军种，也有的国家的军队坚持各军种均衡发展的方针。各军种内部的兵种结构及其比例也大体如此。

值得关注的是，当代由于军事环境与作战手段的巨大变化，有的国家军队开始出现军种集成的趋势，有的主张打破传统的按作战空间和作战手段区分军种的界限，改按信息控制、远程机动、精确打击、综合保障等不同功能对军队进行军种划分。

（二）职能结构

职能结构是按不同功用而构成的军队组织体系和作战体系。现代军队职能结构通常由领导指挥系统、战斗部队系统、战斗保障部队系统、后勤保障系统、院校科研系统等五大系统组成。

领导指挥系统是军队的神经中枢，由军队各级领导指挥机构构成,对其他系统起着主导、支配和协调作用。各个国家的军队由于情况各异,其领导指挥系统的机构设置和职能划分也不尽相同。美军实行军令、军政分立制,即作战指挥与行政领导两大系统各司其职,参谋长联席会议负责作战指挥,各军种部负责本军种部队战备训练与行政管理。英国和法国军队大体分为指挥、管理、武器装备研制与采购三大系统。我军领导指挥系统主要由军事工作系统、政治工作系统、后勤工作系统、装备工作系统等四大部分构成。

战斗部队系统是军队的主体,是直接遂行作战任务的火力突击力量和火力支援力量。现代军队战斗部队系统通常包括:陆军的摩托化步兵、机械化步兵、炮兵、装甲兵、防空兵、导弹兵、陆军航空兵,海军的水面作战舰艇部队、水下攻击潜艇部队、海军航空兵、岸防兵、海军陆战队,空军的歼击航空兵、强击航空兵、轰炸航空兵、歼击轰炸航空兵、防空炮兵与防空导弹兵、空降兵,战略火箭军的核导弹部队和常规导弹部队等。加强战斗部队建设,优化部队结构,最大限度提高战斗部队在全军总体结构中的比例,对于提高军队作战能力具有决定性意义。为保持战斗部队的主体地位,通常战斗部队占全军总员额的比例应在60%以上为宜。

战斗保障部队系统是直接保障作战指挥机构和作战部队遂行作战任务的部队,是构成军队作战力量的重要组成部分。战斗保障部队按其性质和任务大体可分为作战指挥保障和作战行动保障两大类。作战指挥保障包括情报保障、通信保障、测绘保障、气象保障等,作战行动保障包括工程保障、防化保障、运输保障等。作战指挥保障和作战行动保障之间并无绝对的界限，一些部（分）队如通信部队、测绘部队、电子对抗部队等往往同时具有两种功能，担负两种战斗保障任务。战斗保障部队是军队不可或缺的作战力量，应当编配齐全，功能完整，但又应力求精干，不能无限增加，战斗保障部队一般以占全军总员额的 10％为宜。

后勤保障系统是担负军队建设和作战需要的经费、物资、医疗、技术和运输等各项专业勤务保障的力量体系，是由全军各级后勤机关、保障单位、部（分）队及后勤人员构成的自上而下、多层次的网络体系。由于现代战争中战争手段越来越多，战场越来越广阔，战争消耗越来越大，因此现代战争对后勤的依赖也越来越大。在某种意义上讲现代战争，打仗就是打后勤。谁的后勤保障充分有力，谁就有取胜的更大把握。后勤保障系统在现代军队中的地位和作用日益突出。现代军队后勤保障系统大体包括：后勤指挥系统、军需物资供应系统、财务保障系统、交通运输系统、营房和后方工程建筑系统、医疗卫生系统、武器装备储存保管与技术保障系统等。有的国家和军队将武器装备储存保管与技术保障系统从后勤保障系统中分离出来，自成一个系统。

各国军队后勤供应体制各不相同，大体有以下几种类型：一是统供与专供相结合，即通用物资由总部后勤机构直接负责，分区划片或通过战区（军区）后勤机构供应，各军种专用物资由本军种后勤机构负责供应。二是总部后勤统一领导下的各军种（军区）分供制。三是多头领导下的各军种分供制。其中，统供与专供相结合的三军联勤体制是现代后勤保障的大趋势。

院校科研系统是从事军事科学技术研究与军事人才培养的力量体系。大体包括院校教育培训系统和军事科学技术研究系统，有时这两个系统是结合在一起的。院校教育培训系统一般由军事指挥院校和军事专业技术院校组成，主要负责培训军队指挥、管理和专业技术人才。军事科研系统由各级、各类、各军兵种研究机构、研究中心组成，负责军事技术、军事学术、军事政策、发展战略研究。

（三）层次结构

军队层次结构是按照军队职权范围、隶属关系、等级序列而形成的有序结构。它主要包括军队总体层次结构、领导指挥机构层次结构、军（兵）种部队层次结构、军事院校层次结构等。各国国情、军情不同，军队规模、武器装备、作战理论各异，因而军队层次结构也不相同，就是平时战时也有很大差别。

军队总体层次结构演变至今通常可区分为总部、战区（军区）、军团、兵团、部队、分队六个层次。有些规模较小的军队没有战区、军团等层次。总部是最高统帅的军事决策、军事咨询、军事指挥机构。如美国国防部及所属参谋长联席会议，俄罗斯国防部及下设的武装力量总参谋部、武装力量装备部、武装力量后勤部、武装力量建设与营房部、总军事监察部等，我国中央军事委员会曾下设的总参谋部、总政治部、总后勤部、总装备部。战区（军区）亦即战略区，是依据军事战略和战略作战方向，为执行战略作战任务而划分的区域和设立的军事组织。如美军设有太平洋总部、大西洋总部、欧洲总部、南方总部、中央总部等,我军目前由五大战区组成,即东部战区、南部战区、西部战区、北部战区、中部战区。军团是集团军以上规模的兵力集团的统称,如陆军方面军、集团军,海军舰队、战区空军。美军称集团军群、舰队,为战略军团,集团军为战略战役军团。兵团是军、师、旅规模的兵力集团的统称,如陆军军、师、旅,海军分舰队、区舰队、特混舰队、基地,空军军、基地、航空队、师等。通常军为战役战术兵团、师为基本战术兵团、旅为战术兵团。部队是团和相当于团的建制单位的统称,是基本的战术单位。分队是营及营以下建制单位的统称,营为高级战术分队,连为基本战术分队,排为战术小分队。

领导指挥机构层次结构和军(兵)种部队层次结构与军队总体层次结构基本一致。领导指挥机构主要指军队总部领导指挥机构、军(兵)种领导指挥机构和战区领导指挥机构,其机关、部门层次依需要按性质、职能设定,一般以不超过三级为宜。

军事院校一般不按隶属关系和编制等级确定层次,而是按性质和培训任务划分。指挥院校一般分为高级、中级、初级三个层次,专业技术院校一般分为大学本科、专科、中等专业三个层次。此外还有训练士官和准尉的学校。

确定和调整军队总体结构要求从各个国家的国情与军情出发,遵循国家军事战略,充分考虑国家地缘战略环境和国家安全需求,贯彻平战结合、军民结合,精干、合成、高效的基本原则,努力做到纵向贯通，横向协调，结构优化、比例恰当、权责分明，指挥顺畅、运转灵活，最大限度地利于战斗力的生成与发挥。

四、如何确定军队总规模和总定额？

一个国家要实现其国家利益，必须有一支相当规模的军队。但是，如果规模过大，超出了一国经济承受能力，必将影响到国家经济的发展和国民生活水平的提高，甚至导致国民经济的崩溃。因此，军队总规模和总定额，既关系到国家的安全，又与国计民生休戚相关。根据国家的需要与可能，确定军队的总规模和总定额，是国防建设和军队建设的一条基本规律。

军队总规模，有狭义和广义之分。狭义通常指国家常备军的总人数。在这个意义上，军队总规模与军队总定额大体是一样的。广义的解释把军队总规模作为一个综合性指标，不仅包括常备军的总人数，还包括军队主战武器装备的数量和主要作战单位的数量。比如，现代军队除用总人数表示军队规模外，还用拥有主战武器装备的数量，如坦克装甲车多少辆、火炮多少门、军舰多少艘（多少吨）、飞机多少架、战略导弹多少枚，以及编制单位的数量，如作战师多少个等来表示军队规模。广义的军队总规模，不仅仅是反映了军队数量多少的量的指标，而且通过反映军队不同构成要素的数量及比例，也在一定程度上体现了军队的质量。

军队总规模是军队遂行作战任务、编配武器装备、确定组织编制的基础和依据，直接影响军队战斗力的强弱，是一个国家政治目标、军事实力、科技水平、经济能力的综合体现。一般来说，军队规模大、质量高，战斗力就强；规模小、质量低，战斗力就弱。但在现代高技术条件下，单纯的军队数量规模已经代替不了军队建设的质量。缩小规模、提高质量，已经成为当今世界各国军队建设的发展趋势。

军队总定额，是国家对军队总人数的限额。是军队量的规定性的主体和基本方面，衡量一个国家军队实力的重要标志之一，军队总体结构和编成的基础与重要依据。在多数国家，军队总定额仅指现役军人的员额，在有些国家还包括军队预备役和文职人员的员额。

确定军队总定额是国家重大战略决策行为之一，通常由各国的最高立法机关确定。如英美都有法律明确规定，军队总定额的增减必须经最高立法机关批准。也因此，和平时期，许多国家军队总定额具有较强的稳定性。

从战争实践看，军队总定额平战差别很大。如第一次世界大战，各参战国动员后的兵员是战前的 1.8—5.7 倍，最高动员兵员是战前的 5.5—17.5 倍；第二次世界大战，各参战国动员后的兵员是战前的 2.8—7.1 倍，最高动员兵员是战前兵员的 7.5—26.5 倍。因此，平时应根据国家安全需要合理确定军队员额，将其保持在合理够用的最低限度，以节省军费，发展经济建设；战时，根据战争形势发展的需要，将总定额不断增加到与国家战争支撑能力相适应的程度。

军队总规模与总定额的关系，按狭义的理解是同义词的关系。按广义的理解，是包容关系。军队总规模的组成，包含总定额的数量。同时，军队作为一个武装集团，离不开武器装备，它通常不会编有没有武器装备的徒手部队，因此总定额的多少，又在一定程度上决定了武器装备的数量，从而决定总规模的大小。

军队总规模和总定额受一定历史时期国际形势和国家政治、经济、军事、科技、人口、后备力量、国土面积以及地理环境等诸多因素，特别是社会生产力水平和战争规模的影响和制约。其中影响军队总规模和总定额的基本要素至少有以下几点：

一是国家安全战略需求。"国之所恃者兵"，军队是维护国家安全利益，执行国家安全战略的工具。国家安全环境与安全利益需求是确定军队总规模和总定额的基本依据。一般来说，如果国际形势相对缓和，国家安全环境相对有利，现实的和潜在的危机爆发点不多，安全压力不大，国家的主要任务是集中精力发展国民经济，改善人民生活，满足人民日益增长的物质和文化生活需要，那么军队总规模和总定额就会受到相对控制与压缩。反之，军队总规模和总定额就会相对扩充与膨胀。实行防御性军事战略的国家，兵力需求相对有限，通常军队总规模和总定额相对较小；而实行进攻性与扩张性军事战略的国家，兵力需求相对较大，因而军队总规模和总定额相对较大。第二次世界大战结束后，美国曾一度大量裁减部队员额,但为了实施朝鲜战争,又迅速扩充军队,由 1950 年的 146 万人激增至 1952 年的 363.6 万人。日本在发动"九一八"事变前的 1930 年,总兵力为 24.3 万人,为发动全面侵华战争,1937 年总兵力增至 108 万人,1942 年发动太平洋战争时,进一步扩充至 242 万人,到 1945 年彻底战败前,日本最高兵力高达 720 万人,占总人口的 9.9%,占男劳动力(12 岁—59 岁)的 35%。

二是国家经济支撑能力。国家经济实力是确定军队总规模和总定额的物质基础。作为一个特殊的社会集团,军队仅仅产出安全效益,通常情况下,它不但不能生产社会物质财富,反而要占用大量社会劳动力,消耗大量社会资源。因此,没有足够的经济实力,是难以维持规模庞大的军队的。古代奴隶社会,生产力水平低下,没有条件供养大量军队,军队规模一般较小,除了少数国家,国家军队总人数通常只有几万人。古埃及王国全盛时期,军队也只有 25 万人。公元前 334 年—公元前 323 年,马其顿国王亚历山大发动长达十年的远征,投入战场兵力最高时,步兵 3 万人,骑兵 3 万人。中国古代商王朝,有左、中、右三师,总兵力约 3 万人。周王朝以车兵为主,天子六军,每军 12500 人,计 75000 人;大国三军,计 37500 人;次国二军,25000 人;小国一军,12500 人。随着社会生产力的提高和社会物质财富的积累,军队规模也逐步扩大。封建时代军队交战,每次投入兵力往往达几十万人。中国秦汉时期,军队总兵力在几十万到百万之间。隋唐时期,总兵力约为百万左右。进入资本主义时期,工业革命和资本主义生产方式带来社会财富的激增,战场空间和战争规模不断扩大,各国军队的规模也迅速膨胀。第一次世界大战前夕,各国军队人数均达百万人。第二次世界大战后,大国军队大都保持在百万人左右。

三是国家人力资源潜力。足够的人力资源是一定的军队规模得以维持的基本前提。人力资源构成要素主要包括:1. 人口数量和质量。人口总量越多,质量越高,兵员潜力就越大;2. 人口年龄构成。在一定的人口总量内,青壮年比例越高,可动员的基数就越大;3. 社会劳动生产率。社会劳动生产率越高,为军队提供兵员的余地也就越大。人力资源丰沛的国家,可以在维持国家经济和社会正常运转的同时,抽出较多的劳动力充实军队,保持较大的军队规模。而人力资源匮乏的国家,兵源紧缺,难以维持过大的军队规模。如果不顾人力资源匮乏的实际情况,超过极限,强行征调兵员,扩充军队,不仅会给社会经济生活带来灾难性后果,而且庞大的军队最后也无法维持。恩格斯曾经指出:"近 60 年来的经验证明:在资产阶级和自由小农的制度下,在任何一个民族战争中,被召入伍的都没有超过全体人口 7%,而参战的大约只有 5%。""只有由于利用机器等,每一个工人的平均劳动生产率增加一倍,才能使一倍以上的劳动力从生产中解放出来,而这也只能维持一个短的时期,事实上从来没有一个国家能够使它 5% 的人口长期服兵役。"①从历史经验来看,军队总员额平时一般不超过国家总人口的 2%,战时一般不

① 《马克思恩格斯军事文集》第 1 卷,第 183、185 页。

超过 10％。第二次世界大战期间,日本兵力总动员量为 1000 万人,占总人口的 13.9％。德国为支撑其侵略战争,1942 年总兵力达 1050 万人,整个战争期间,兵力总动员量为 1700 万人,占总人口的 21％。这两个国家穷兵黩武,进行超限度的兵力动员,空前加剧了人力资源极度紧张的状况。德、日法西斯除不惜征召老弱妇孺充当炮灰以外,还大量掳掠被占领国家和地区的劳动力,驱使他们服劳役,试图挽救其日益走向崩溃的经济与战争。这是德、日法西斯必然覆灭的重要原因之一。

建立健全平战迅速转换机制,战时根据需要适当扩军,战争结束后立即裁减军队员额,恢复平时状态,这是使军队总员额、总规模维持合理水平的重要环节。苏联在国内战争时期,工农红军总额曾达 567 万人,内战结束后,很快就压缩到 56 万人。美国在第一次世界大战前军队总员额约为 15 万人,战争爆发后逐渐增至 280 万人,战后则迅速减为 30 万人。1940 年军队总员额为 45.8 万人,第二次世界大战期间急剧上升,最高时达 1212.3 万人,战争结束后又很快下降到 140 多万人。

由于科学技术的发展和战争形态的演变,世界大战的可能性减少,武器越来越先进、价格越来越昂贵,庞大的军队规模日益脱离当代战略现实。当代世界各国军队总规模、总员额在经历了历史上随着战争规模不断扩大而逐步扩大的发展过程后,正逐步呈现相对缩小的趋势。越来越多的国家正在选择走质量建军的精兵之路,努力减少数量,提高质量,逐步由数量规模型向质量效能型、人力密集型向科技密集型转变。这是当代军队总规模、总员额发展的一个基本趋势。

相关链接:部分国家军队人数、国土面积、总人口比较

国别	国土面积 (万平方 千米)	总人口 (万人)	现役军人 (万人)	预备役 (万人)	现役军人 占人口 (%)
美 国	937	29104	143	116.2	0.49
俄罗斯	1707	14342	121	2000	0.84
印 度	298	106440	132	53.5	0.12
日 本	37.7	12721	23.9	4.4	0.19
德 国	35.7	8255	28.4	35.8	0.34
法 国	55.1	5972	25.9	10	0.43
英 国	24.3	5928	20.7	27.2	0.34
意大利	30.1	5765	19.4	6.3	0.33
瑞 典	44.9	895.6	2.7	26.2	0.30
瑞 士	4.1	7344	0.44	17	0.06
巴 西	854.7	17447	30.3	111.5	0.17
越 南	32.9	8131	48.4	400	0.59
韩 国	9.9	4791	68.7	450	1.44
中 国	960	129227	230		0.17

(数据截止日期为 2005 年)

五、作战工具对军队组织结构有哪些影响？

马克思主义认为:科学技术和武器装备发展将引起作战方式的变化,同时又引起军队的编成、编制、训练制度、管理制度乃至整个军队组织和各种关系的变化。正如马克思指出的那样:"随着新作战工具即射击火器的发明,军队的整个内部组织就必然改变了,各个人借以组成军队并能作为军队行动的那些关系就改变了,各个军队相互间的关系也发生了变化。"

科学技术和武器装备的发展的影响首先表现在军兵种结构的变化。有些新技术的应用和新的武器装备的编配往往会在军事组织中产生新的军兵种。如火药的发明,直接导致了在陆军产生新的兵种——火器兵。明朝就成立了专门的火器部队——神机营。航空技术的发展导致了新的军种——空军的出现。而火箭核技术的发展则导致了战略导弹部队的产生。

其次,科学技术和武器装备的发展还会影响到军队的职能结构。如通信技术、测绘技术的发展对于专门参谋机构的建立和发展起到了积极的推动作用。又比如,科学技术和武器装备的发展使战勤比例也发生了变化。据统计,一战时,美国陆军战勤比例大约为$1:2.76$;在第二次世界大战中,这一比例为$1:4$;在朝鲜战争中,这一比例为$1:5$;到了越南战争,这一比例则为$1:8.5$。可见,随着科学技术的发展,后勤装备保障人员在部队的比例呈增大趋势。比如,一支机械化部队与一支只有少量或没有摩托化车辆的轻型部队相比,其所需的后勤支援量要大得多。一支部队的重型装备越多,所需的弹药量越大,也就越需要更多的运输工具和更大的后勤装备保障人员。

再次,科学技术和武器装备的发展可能影响军队的层次结构。如计算机技术和通信技术等的发展,为领导指挥机关增大指挥幅度、减少指挥层次提供了技术保证。像法军就撤销了集团军、海军舰队和空军联队司令部的建制,由战区联合作战指挥部直接指挥作战部队;美国空军也取消了航空师这一层次,由航空队直接指挥联队或大队。

此外,科学技术和武器装备的发展对军队规模也产生一定的影响。一方面,科学技术的发展提高了生产率,解放了大量的劳动力,从而使军队扩大规模成为可能。第一次世界大战、第二次世界大战各国之所以能动员数以百万甚至千万的人参战,正是科学技术发展的结果。另一方面,科学技术和武器装备的发展,又为军队缩小规模提供了有利条件。特别是随着现代高新技术武器装备的发展,武器装备质量高,即使军队规模小一些,也可以完成所担负的任务。过去那种以规模求优势、以数量胜质量的做法越来越不可取。因此,削弱数量、提高质量,成为许多国家军队的必然选择。

因此,可以说,科学技术进步和武器装备的发展必然导致军事组织编制的变革,军事组织编制的发展必须与科学技术和武器装备的发展相适应。

六、科学合理的体制编制是战斗力的倍增器

第二次世界大战中：德方拥有 136 个师，其中包括 10 个装甲师，拥有 2600 辆较小口径的坦克，虽然坦克炮初速快，但难以击穿法国坦克的厚装甲。

法方拥有 110 个师，其中每个师的火炮几乎比德军多 50％。除了拥有 5600 门 75 毫米野炮外，还装备了 6000 门 25 毫米反坦克炮和 1000 门新型的 47 毫米反坦克炮，能击穿任何德军坦克的装甲。此外法军还拥有约 3000 辆坦克。

如果仅仅通过主战武器的性能和作战师的对比，德军失败的可能性更大。但是在 1940 年，德国取得了比 1870 年普法战争更大的胜利。

德军以劣胜优的原因何在？古德里安在第二次世界大战前夕写道：我们希望将有限的兵力集中为大部队，并将这些部队组织成装甲军，以此来弥补德军在数量上的劣势。"除了良好的训练、领导，科学合理的体制编制有效弥补了德军在先进飞机、自行火炮和坦克的数量不足。

原来，法军英军虽然拥有比德军多上千辆的坦克，但是没有认识到这一新式武器的潜力，在作战思想上只是把它作为进攻作战中

步兵和炮兵的随伴兵器,因此,将这些坦克分散编配在各个步兵师中,或作为独立分队使用;而德军则进行了体制编制的改革,通过将数量有限的坦克集中编组为装甲师,有效发挥了坦克火力、突击力和机动力。

《打破方阵》一书中说:"军事历史表明,技术优势本质上是短暂的,容易被仿效和反制。真正大的回报来自于战略、作战原则和组织的改变。"其中,"组织的改变",就是指体制编制的调整。如果说军事战略主要是解决战略目标的问题,那么体制编制所要解决的就是如何通过组织设计,建立科学合理的军事力量,从而为战争提供组织保证。

那么体制编制是如何发挥作用的呢?我们都知道,人和武器是构成军队的基本要素,而体制编制,则是人和武器的构成方式。体制编制是不折不扣的"软实力"。系统论告诉我们,结构决定功能。在军事活动中,任何要素都是按照一定的秩序,在时间、空间上排列、组合。要素的这种联系,决定了系统的结构。对于相同的要素采用不同的组合方式,就会使系统的结构发生根本性变化,从而导致系统外在功能的改变。因此,结构不同,整体功能就不同,整体既可以大于部分之和,也可以小于部分之和,前者称为正整体效应,后者称为负整体效应。而体制编制不同,就意味着军事资源的分配方式、指挥方式、信息流动方式的不同,这就必然会产生大于、等于或小于人和武器之和的军事效益,这也就是科学的体制编制出战斗力的秘密。

体制和编制既有联系，又有区别。

所谓**军队体制**是军队结构形式及各个部分相互关系的制度的总称。军队体制具有全局性，属于军队的宏观构成。军队体制受国家政治制度、经济条件、武器装备、科技水平、军事战略、军事理论、战争特点、作战对象、作战方法以及历史传统、民族特点、地理环境等种种因素的影响与制约，既具有时代的特征，又带有本国的特色。其基本功能在于保证军队的各个部分达到科学合理的结合，整体效能得到充分发挥，胜利地完成作战及其他各项任务。

所谓**军队编制**则是对军队各级种类建制单位编组的具体规定。包括单位的组织系统、机构设置、隶属关系、人员数额、职务区分和武器装备的编配等，是军队的微观构成。直接影响军队编制的因素有军队的体制、编制定额、武器装备、军事战略、作战任务和作战方式等因素。其基本功能在于实现军队各单位内部的合理编组，人和武器装备的有机结合，使之成为精干、高效、充满活力的严密组织实体，经常保持高水平的战斗力。军队编制的类型很多，若按时效区分，有平时编制和战时编制；按职能区分，有机关编制、部队编制和院校编制；按战备等级区分，有满员编制和简编编制；按任务区分，有战斗部队编制、支援部队编制和保障部队编制；按服役性质区分，有现役部队编制和预备役部队编制等。军队编制是军队编成的法规，具有高度的权威性和强制性，一经颁发，必须严格执行。

目前，为应对信息化战争的挑战，各国正在积极推进体制编制改革，谋求建立以信息为中心，适应诸军兵种一体化联合作战需要的体制编制。

七、"三三制"和"五群制"的兴衰与体制编制变化 规律

所谓"三三制"编制，是以三为基数，逐次叠加的部队编组形式。如一个军辖三个师，一个师辖三个团，一个团辖三个营，一个营辖三个连，一个连辖三个排，一个排辖三个班。据考证，"三三制"始于一九一五年第一次世界大战的阵地战时期。香巴牛（又译为香槟）会战时，德军先以第二线预备师采用三团制编制。到 1915 年 10 月第二次香巴牛会战结束，德军步兵师全部改为师辖三团，团辖三营，营辖三连，连辖三排的"三三制"编制。中国军队到清朝末期开始部分地采用了"三三制"编制，如团、连两级就是如此；到了北伐战争时期，即较普遍地采用了这种编制。中国工农红军在 1930 年统一全军编制时，也明确了军团以下按三三制建立军、师、团、营、连、排、班。

所谓"五群"制，是美军在 20 世纪 50 年代实行的陆军编制。所谓"五群制"原子师跟旧编制的师，最大的不同点，就是精简指挥层次，取消了原有师下面的步兵团和营的一层组织，改为由师直接指挥的五个规模介于团、营之间的步兵战斗群，一个坦克营和师属炮兵，其中包括"诚实约翰"非制导战术导弹和核弹药发射工具203.2毫米

马其诺防线

榴弹炮。改编后步兵师的人数大为缩减。同时，由于装备了核武器，增强了师的火力。

"三三制"编制的出现，开始主要是从便于防御部署着眼的，如师防御时前面部署两个团作为主要防御力量，后面部署一个团作为预备队；在进攻作战时，两个团作为主攻，一个团作为助攻，这样无论是火力使用还是兵力机动，无论是进攻还是防御，都比较方便。经两次世界大战的检验，这种编制是合乎当时作战要求的。这就是后来各国军队采用这种编制的原因。由此可以看出，军队的体制编制必须与作战任务的要求相适应。正如斯大林指出的那样："军队的组织形式，兵种和军种，通常是和作战形式和方式相适应的。前者随后者改变而改变。"同样，"三三制"编制渐渐成为一个历史名词，也是因为战争发生了变化。随着现代科学技术成果广泛地用于军事领域，武器装备的不断发展，使军队的进攻能力不断提高，防御纵深相对增大，以及作战指挥的自动化和先进通信系统的采用，战争发生了巨大变化，如再继续沿用"三三制"，就不能适应现代条件下作战的需要了，特别是不适应于战役兵团的作战了。在第四次中东战争中，以色列军队基本上是"三三制"，战斗中既缺乏足够的火炮，又缺乏后续力量，这是其开始失利的一个原因。战后以军果断地改变了其体制编制，而"把地面部队编成一支由统一司令部指挥的庞大的诸兵种合成战斗队"。

而"五群"制师的出现，主要是科技进步和战略战术变化的产物。20世纪中叶，随着科技的发展，出现了核武器。为此，美军将军事战略调整为"大规模报复"战略,并认为,随着核武器在未来战争的广泛使用,战场的纵深变大,正面变宽,军队必须分散配置,以减少核突击的目标,因此,师的指挥层次必须精简,以加强指挥的灵活性。各战斗单位的编成不宜过大,但必须要有独立作战的能力。旧编制的步兵师、空降师已不适应新战术的要求,因此,通过不断试验和研究提出了陆军师的新编制——"五群"制师,并首先在101空降师实施。但是,由于美军认识到发生核战争的可能性不大,其军事战略也调整为"灵活反应"战略,加之"五群"制原子师在技术上还存在各种限制,因而到了1963年,美军又放弃了这一编制。

"三三制"和"五群"制这两种编制的兴衰,我们可以发现,战争实践对体制编制具有直接的影响。

除此之外,作战理论对体制编制的变化也具有先导作用。许多新的作战理论就包含着组织编制的改革或设想。如杜黑的空军理论,不仅包括怎样运用空军的内容,还涉及建设一支什么样的空军力量的内容,包括建立独立空军,空军结构模式、空军兵力编成等体制编制方面的内容。又如,90年代,美军提出"空地一体战"的作战理论,空军和陆军的体制编制也随之进行了新的调整。目前,作战理论对体制编制的影响越来越大。过去,在体制编制设计中,人们强调"技术牵动"的方针,即根据军事技术和武器装备发展的要求,制定作战理论,调整体制编制,也就是人们常说的"有什么武器打什么仗"。由于未来作战的不确定性,平时编成的军队在战时往往难以适应作战的需要。因此,又出现了根据未来作战需要,以"理论牵动"的方式,来指导武器装备的发展和军队体制编制变革。这就使军队的体制编制,由过去传统的缓慢跟踪武器装备的"适应"型,进入以"作战理论"为先导,与武器装备、部队训练同步发展的"需求型"新阶段。

八、作为"军队大脑"的总参谋部

有人曾用这样的比喻赞扬拿破仑的军事天才,"一个大脑把整个总参谋部全都装下了"。可是具有讽刺意味的是,他"所坚持的个人统一指挥的原则,曾经使他百战百胜,但是最后却终于变成了导致其败亡的因素",原因之一就是"等到战争延长了之后,战局也就变得十分广泛、复杂,参加作战的兵力也日趋庞大,所以若无一个组织良好的参谋本部,则一个人是很难作有效管理的——尽管他是天才也不中用"①。

在原始社会和封建社会,由于战争规模较小,军队数量不大,武器装备比较简单,仅靠统帅加几个谋士就可以指挥战争。自 18 世纪拿破仑战争以后,不仅军队规模进一步扩大,相继出现了军团、集团军、方面军、集团军群等更多的层级;而且军队构成也日益复杂,仅陆军就有步兵、骑兵、炮兵、工兵、通信兵等多个兵种。同时,这样

---

① 〔英〕富勒:《战争指导》,钮先钟译,内蒙古文化出版社 1997 年版,第 47 页。

拿破仑战争

的部队分布在广阔的地域中时,中、高级指挥员仅凭其个人的知识、才能和精力,已经难以实施有效指挥管理,必须依赖专门的参谋机构和参谋人员协助指挥员指挥军队、管理军队。这一点,即使是拿破仑这样的天才指挥员也不例外。这就使总参谋部的出现成为历史必然。

总参谋部这一部门,产生于16至17世纪的西欧国家,当时军队中设置了军务总监职务,负责检查地形和道路,管理军队的调动,组织侦察等。从18世纪初期开始,随着武器装备的发展,战争规模、范围的扩大,军队数量的增多,部队编组的变化,作战指挥和部队管理日益复杂,出现了辅助军事统帅指挥管理军队的机构。此时,普鲁士、奥匈帝国,俄国军队开始设立总军务司令部、总军务部等领导指挥机构。18世纪后期,普鲁士军队设立了总参谋部,负责为军事统帅搜集资料、传递命令;19世纪初,法国、普鲁士等国军队组建了独立的作战参谋机构,如法国军队设立的参谋处,下设作战侦察、装备给养、兵力编制和内部勤务四个部门。但此时它还不是真正的指挥机构。到19世纪中叶,普鲁士军事家老毛奇汲取了拿破仑大权独揽、不重视发挥参谋机构作用而导致作战失利的教训,改造了普军的总参谋部,充分发挥总参谋部在计划和进行战争方面的作用,通过制定作战计划、发布命令、监督其执行情况,并管理集团军及其下属各分队的所有方面的事宜,包括作战、情报、人事、补给和机动,使其真正成为军事统帅的指挥机关;他还在师以上部队建立了领导指挥机关——司令部,下设四个科,第一科为普通参谋科,主管作战、情报和训练;第二科为行政参谋科,主管行政管理和人事;第三科为军法参谋科,主管军纪和法律;第四科为经理参谋科,主管后勤补给和医疗卫生。由于总参谋部和以下各级的参谋人员是一个特殊的军官团,他们在 1765 年于波茨坦成立的贵族军事学院都受过共同训练,使用相同的条令和术语,因此,上下级之间的参谋部可以协调一致并保持联络,协调和管理能力得到了提高。此时的总参谋部,正如当时有人所说的:"总参谋部的目的是要把将军的指挥思想转换成各种命令,而不是仅仅……向部队转达命令(总参谋部军官还需是勇敢的骑手),而且还要拟制出所有事务的细节,以便使将军从大量的麻烦中解脱出来。"因此与上一个时期的幕僚机构相比发生了质的变化。

普鲁士军队总参谋部在普法战争中的优异表现,使这一体制成为世界范围内各国军队竞相仿效的榜样。到 20 世纪,欧洲所有国家的军队都拥有了一个由经过训练的、能够胜任的参谋人员组成的参谋机构,以协助指挥官完成其传统的拟制作战计划、作战、行军和管理人员及马匹的工作。对此,一位苏联军事专家沙波什尼科夫将之喻为"军队大脑"。

在第一次世界大战时期,西方国家军队的总参谋部形成了此后长期沿袭的 G 番号体制(G1——人事部门,G2——情报部门,G3——作战部门,G4——后勤部门,G5——民事部门等)。第二次世界大战期间,战场更加广阔,作战形式更加多样,作战指挥更加复杂,促使各参战国的领导指挥体制进一步发展和完善,形成了从方面军到营的各级司令部体制。除保持庞大的总参谋部外,指挥机构又出现了战区指挥部、盟军联合参谋部等组织形式。两次世界大战时期确立的军队指挥体制基本上延续到今天。目前,总参谋部,正进一步向联合作战指挥中心发展,成为领导指挥联合作战的最高军事机关,在联合参谋长领导下处理作战指挥上的各种问题。

九、统分结合的联勤保障体制

联勤体制是指对诸军种、兵种实施统一保障的后勤体制。

联勤体制的产生和发展不是偶然的。

第一,联勤体制是多军种体制下军队的产物。单一军种无所谓联勤的问题,只有两个以上的军种才有联勤的问题。在第二次世界大战前,美军实行的是由陆军和海军分别负责各自军种后勤供应的所谓"军种分勤"体制。在实践中,美国海军陆战队中校索普发现,这一保障体制存在着协调困难、效率低下、浪费严重等问题。而"不少后勤工作并不是陆军一家或者海军一家所独有的,而是陆、海军两个军种共同需要的。凡是可以统一完成的工作,为了节省费用和提高效率,均应组织全国性的后勤"。这就是索普在 1917 年提出的联勤理论的雏形。

第二,联勤体制是联合作战的重要保障。后勤保障体制必须适应战争形态和作战样式的变化,满足战争需要。随着科学技术特别是信息技术的发展,信息化战争将成为 21 世纪的主要战争形态。信息化战争不再是各个作战单元之间的对抗,而是建立在各种作战单元、作战要素综合集成基础上的体系与体系的对抗,诸军兵种联合作战成为基本作战形式。而后勤只有充分发挥联合保障的整体威力,才能适应联合作战的需要。

第三,联勤体制是提高军事效益的必然要求。高技术战争,同时也是高消耗战争。如:朝鲜战争,美国三年多的时间消耗 540 亿美元,平均每天消耗 0.48 亿美元;第四次中东战争,交战各方损耗 50 亿美元以上,平均每天约 3 亿美元;海湾战争,仅美军一方就耗资 611 亿美元,平均每天高达 14.58 亿美元;科索沃战争中,在北约对南联盟空袭的头 10 天中,仅美国就耗资约 5 亿美元。可见,现代战争中,效益问题成为重大的战略问题。建立联勤体制最根本的目的就是为了最大限度地提高保障效益。从实践看,实行联勤体制能够充分发挥经费、物资等资源的作用,以较少的投入,获得较高的保障效益。据统计,美军在国防后勤局成立后,头六年,物资库存量下降了 30%,等于节约了八亿美元的开支;英军 2000 年建立三军联合的国防后勤部后,在三年内,仅后勤设施和库存物资两项就节约 20 亿英镑;中国人民解放军自 2000 年正式启动联勤体制以来,仅联勤的第一年,全军就节约各种费用 2.3 亿元,减少不合理运输六千多万车千米,节约油料 1.4 万余吨。

由此可以看出,实行联勤体制,对于减少军种、兵种在后勤方面的重复建设,合理调节人力、物力、财力等资源的供求,优化资源配置,发挥整体效能,最大限度地提高军事效益和后勤效益,具有重要意义。

由于各国国情军情不同,各国军队的联勤方式、联勤结构和联勤程度也有所不同。如美军由国防部对陆、海、空三军后勤实施统一领导,并在国防部下设国防后勤局、国防给养局、国防财会局、国防合同局等通用物资和通用勤务的联勤保障机构,对三军实施统一保障;同时,在参谋长联席会议设联合参谋部后勤部、运输司令部等联勤指挥机构。而专用装备物资保障和专用勤务保障由各军种分别组织实施。而俄罗斯则是在国防部内设有武装力量后勤总局、军事建筑综合体总局和财政经济总局等,作为统管俄军的中央后勤机构,分别负责全军的通用消耗性物资和通用勤务、通用装备、营房和财务的统一保障。由于其海、陆、空有自身的后勤保障系统,除给养、油料由军区向军种部队供应外,其他物资供应和勤务保障主要由各军种自我保障。如果说美、俄尚属于部分联勤,那么加拿大则是为数不多的全面联勤的国家。由于加拿大只有 8.2 万军人,因此,自它于 1968 年 2 月实行三军一体化后,即将原来分属三军的后勤机构合并,统一组织全军后勤工作。

随着军队现代化建设的发展和诸军兵种联合作战的需要,联勤的内容和范围将逐步扩大。像美俄那样统分结合的联勤保障体制将是许多国家(地区)军队后勤改革的发展方向。同时,随着信息技术、新材料、新能源和新工艺等高技术的不断发展及其在后勤领域的推广应用,将进一步提高联勤效益和联合作战后勤保障效能。

十、军政军令分开与平战分立体制

美国学者威尔逊在研究各类组织时发现,由于军队组织在战时与平时处于完全不同的环境,因而与民间组织相比,有一个显著的特点,就是存在着平时和战时的区别:军队在和平时期属于"程序型组织"。所谓程序型组织,是指"管理人员能观察到其下属正在做什么,但看不到这些努力获得的成果(如果有成果的话)"[①]。对军队而言,由于无法直接观察到其和平时期所做出的各种努力,是否真正有利于打赢战争。因此,这种组织主要通过标准化的训练来展示其工作成果。而标准化恰恰有利于文职政府对军队的控制。但是在战争中,军队就转变为"工艺型组织"。这类组织,"他们的活动很难观察,但其成果却比较容易测算"[②]。即在战争中,"指挥官确实知道(通常很快地)他们的部队是否打胜了"。

这一特点对军队的体制编制产生了重大影响,使军队体制可划分为平时体制和战时体制(作战体制)两种基本类型。军队平时体制是其基本体制,具有持续性和稳定性的特点。而军队战时体制是为适应战争或作战任务的需要,根据预先方案建立的一套体制,具

---

① 〔美〕威尔逊:《美国官僚政治》,张海涛等译,中国社会科学出版社1995年版,第199页。

② 同上书,第202页。

有临时性和灵活性的特点,有的一俟战争或作战任务结束,即视情况停止执行,恢复到平时体制。战时体制不是完全脱离平时体制另行设立的一种体制,它以平时体制为基础,是对平时体制的完善和补充。

就目前西方发达国家通行的军政军令分开的领导指挥体制而言,其实质就是平战分立的体制。如美军平时由总统、国防部通过三军种部对各军种部队实施行政领导;战时由总统、国防部部长通过各联合司令部对各军种部队实施指挥。这种体制反映了平时、战时两种不同环境下部队的不同活动,通过军政、军令分开,有利于集中精力,各司其职,避免相互干扰,符合现代军队的发展规律。

除领导指挥体制外,部队平时与战时的体制也有很大不同。战时部队体制通常称为作战编成体制或作战编组。即根据作战任务的需要,把平时没有隶属和指挥关系的部队编组在一起,确立临时性隶属和指挥关系。目前出现了把一些部队的战时体制在平时就相对固定下来,一有作战任务即执行战时体制的发展趋势。如部分国家军队为适应联合作战的需要,而在部队中建立的矩阵式结构。像美军联合特遣部队的指挥和管理就是运用了矩阵管理方法。联合特遣部队是指为完成特定的任务,由国防部部长、作战司令部指挥官、下属联合司令部或上级联合特遣部队指挥官组建,在达成预定目的或完成指定任务后即行解散的联合部队。平时,由各军种行使领导权和管理权,自行组织军兵种专业训练,以提高部队的专业能力;有作战任务时,从各军兵种抽调部队,组成联合特遣部队,然后由联合司令部或特种司令部委派专门的指挥官,赋予指挥权,指挥该特遣部队完成相关任务。待任务完成后,各军兵种部队又返回各自的军兵种。这种管理方式的优势是:首先,可以充分发挥各军种平时在本军种建设中的特长。海、陆、空军都有其特有的装备、作战领域和基本使命,通过军种领导机构对战区内的军种部队进行纵向领导和管理,不但可以充分照顾到军种部队自身的特点和需要,而且更有利于军种的长远建设。其次,可以充分发挥联合作战的优势。矩阵式管理的一个主要优点就是在实现纵向管理的基础上,强化横向联系。通过建立联合作战指挥机构来指挥各军兵种部队,有利于打破军种界限,增强各军种之间的联系,实现军种间的优势互补。第三,适应战时作战任务多样性和不确定性的需要。冷战结束后,美军鉴于未来需要担负的任务范围广、类型多,无法针对每一种任务都建立专门的作战部队,因而采用矩阵式管理,既保证任务来临时有指挥人员和部队来完成,又不必为每一项任务组建专门的部队,因而能有效节约人力资源。

除了在联合部队的层次,有些国家在军种层次也有平时战时体制分立的情况。如陆军中的"群"①。美国陆军"65型整编目标陆军师"的"旅",也只是作为一个指挥机构和指挥层次,而不是作为一个

---

① 兵团、部队、分队,有时甚至是某些个别军人,为完成战役(战斗)中的一定任务在统一指挥下的临时编组。

行政管理层级,因而平时不辖实兵,只是在战时由师长根据情况抽调 2—5 个兵种营和相应的支援分队、临时组成旅特遣队。战斗结束后,各兵种营仍由师长管理和指挥,旅也恢复原状。海军空军也有类似的情况。如不少国家海军的舰艇部队都建立了行政编组和作战编组两种部队体制。所谓行政编组,又称舰种编组,是为便于同型舰只进行日常行政管理、兵员补充、技术保障和基本训练而设立的组织系统,不涉及作战指挥问题。这种编组在美国海军一般分为兵种司令部、大队和中队三级,所辖兵力也基本固定不变。如一个航空母舰大队由 1—2 艘航空母舰和若干警戒、补给舰船组成。所谓任务编组,主要是根据完成任务的需要从行政编组临时抽调,待任务完成后,各兵力即返回原行政建制单位。任务编组的兵力编成方案,通常事先拟好,只在特殊情况下有所调整。各国海军通常根据完成不同任务所需兵力规模的不同,将任务编组划分为不同的建制等级,并确定各建制等级的权限、基本兵力数量和各等级间的指挥关系。如美海军的任务编组,按其任务性质和所需要规模的兵力,划分为作战舰队、特混舰队、特混大队、特混小队和特混支队五级。我们常听到的第 7 舰队,就是属于任务编组,与它属于同一个层次的还有第 2、第 3、第 6 舰队。

十一、怎样走出"兵少不足卫,兵多不胜养"的困境?

各国国防建设中一直有一个两难的问题:国家武装力量的规模如果太大,不仅将增加军费开支,而且还会过多地占用社会壮劳动力,从而给国民经济带来沉重负担;但如果规模太小,则难以胜任保家卫国的责任。中国古代宋人把这个问题概括为"兵少不足卫,兵多不胜养"。

为了解决这个矛盾,历史上很早就出现了民兵制度。如中国古代很早就实行"寓兵于民、兵农合一"的兵役制度。适合服役的人员平时不脱离生产,接受必要的军事训练,战时迅速征召参战。西周时期,社会生产力发展水平低,无力维持规模庞大的常备军,为此平时军营里只保留少量贵族出身的士兵,大部分兵员名义上编入军队,但仍在原籍从事农牧生产,战时才根据需要补充到军队参加作战。周武王十三年牧野之战,周武王率领戎车300乘、虎贲3000人、甲士4.5万千人,其中大部分都是由后备力量组成的。战国时期的秦国规定,凡男子满17岁,都必须入"傅"籍,即由郡县登记在册,23岁至25岁服现役两年,此后随时听候征召。西汉初年规定男子20岁登记造册,23岁起服现役两年,尔后转为后备兵员,直到56岁才能免役。隋唐实行府兵制,男子21岁从军充当府兵,平时散居务农,定期接受训练,并轮流宿卫京师或戍守边关,可免除租税负担,战时自备兵器和口粮随军出征,61 岁方可出军。公元前 8 世纪—公元前 6 世纪,古希腊的雅典城邦规定,年满 18 岁的自由民都必须服两年现役,此后直到 60 岁都负有随时应征入伍的义务。另一个城邦斯巴达,凡男性公民一律编入军事组织,其中 20—30 岁为常备兵员,31—60 岁为后备兵员,需要时随时调服常备兵役。中世纪的英格兰规定,所有身体健壮的男性公民都有根据国王的需要而服兵役的义务。每个人都拥有自己的武器,由地方领主负责对其进行召集和训练。一旦需要,他们便应召拿起武器保卫国土。直到 17 世纪,民兵制度才被通过定期募兵而建立起来的常备军所代替,成为英格兰的第二线防御力量(第一线为海军)。

但由于民兵的训练时间不长,训练质量不高,而且往往是战时才临时组建成一支部队,战斗人员彼此也互不相识,因此,这样的部队基本上是一群乌合之众,战斗力极为低下。为此一支兼具常备军和民兵特性的稳定的预备役部队应运而生。

现代意义上的预备役部队产生于 19 世纪的欧洲。1798 年,法国《征兵法》首次提出"预备役"这个概念。当年拿破仑打败普鲁士之后,曾将普鲁士军队限制在 4.2 万人之内,还不允许拥有预备役。但普鲁士却偷偷地每月让每一个连的一部分士兵回家休假,同时用一些未受过训练的人员来填补这些位置。这样,从 1808 年到 1813 年间,共有 3.6 万未服现役的人员受到了军事训练。因此,当战争再次来临时,这些受过训练的人员回到其原先的连队参战。他们是一支事实上的预备役部队。这些士兵所组成的部队,其战斗力远胜过民兵及那些完全由被招募的大量新兵所组成的军队。他们虽然是预备役人员,但熟悉自己服役的部队,熟悉本部队的指挥军官和士官,以及许多曾与其共同服役的列兵,而且他们能够充分共享这些部队的文化。因此,这些平民士兵在不必明显降低普鲁士军队质量的情况下,使其正规军的规模几乎增加了一倍。在拿破仑战争的后期,普鲁士从根本上改变了其陈旧的长期服役的职业军队的体制,只保留军官和军士作为终身职业。取而代之的是,军队每年征召四万人,步兵服役三年,骑兵和炮兵的服役期要更长一些。每年军队都要同时征召新的士兵,与此同时那些已经完成其服役期的人员立即退役。不经意之间,普鲁士完成了兵役制度上的一项创举:建立了一支是由"职业军官和军士"和退役士兵组成的,有着较强战斗力的预备役部队。由于预备役部队有更多的职业军官和军士,他们构成这支后备军各级的领导和骨干,并且保持着与常备军基本相同的编制,加上士兵刚刚退出现役不久,既年轻又身强力壮,并且还要继续接受训练。他们与常备军的差别只是所配备的职业军官和军士的数量相对较少、战时完成动员的时间相对较长而已。而其优点是以往的民兵以及其他形式组成的后备力量所没有的。这一改革的结果是,普鲁士依托现役部队发展出一支高效的预备役部队,并使现役部队与预备役部队在数量上持平,而质量上则胜于过去现役部队和民兵两者临时结合,从而以较小的代价把职业化军队的战斗力强的优点和民兵庞大数量的优点有机地结合起来。此外,"因为政府不必向征召的新兵支付工资来将其从地方工作岗位上竞争过来，……预备役人员的大部分时间是在从事平民的职业"，这种方法还节省了军费开支。

普鲁士与欧洲大陆其他军事强国相比，面积小，人口少，但在1870年能在一个星期之内击败法军，除了其参谋部的高效指挥外，一个重要原因就是通过兵役制度的创新，为战争提供了一支近50万人的经过训练的、可与其强大的邻国相媲美的军队。对此，恩格斯也给予了很高的评价。他指出："在普鲁士，……为转入战时编制做好了一切周密准备。因而平时编制的军队就像一所学校，国民在这里学习使用武器，进行操练。……采用这种制度，只能使国家拥有比在采取法国或奥地利的征兵制几乎多50%的兵员。正因为如此，一个人口不超过1700万、领土不大、既无海军又不直接进行海外贸易的农业国家，一个工业不太发达的国家，才有可能在一定的程度上保持欧洲大国的地位。"

同时，普鲁士这一新的兵役法，也创造了武装力量建设的新形式——基干制。即国家在和平时期维持一支缩编的军队的体制，这支军队保有最低数量的兵团、部队，以便培训出受过军事训练的预备役兵员，在战争开始时实行动员，扩充军队，使之投入作战。在两次世界大战中，大多数欧洲国家都采用了普鲁士军事制度，而没有采用这种制度的英国和美国都延迟了参加战争的时间，他们的军队也因为缺乏充分训练的人员而受到影响。

第五章

武器装备演进规律

暴力的胜利是以武器的生产为基础的,而武器的生产又是以整个生产为基础,因而是以"经济力量",以"经济状况",以暴力所拥有的物质资料为基础的。

——恩格斯:《反杜林论》

恩格斯(1820—1895)

一、武器装备的构成与分类

"武器"又称"兵器",即直接用于杀伤敌有生力量和破坏敌军事设施的作战工具。

武器装备是指武装力量用于实施和保障作战及其他军事行动的武器、武器系统和保障系统的统称。所谓武器系统是为遂行作战及其他军事任务,由若干功能上相互关联的武器及其配套技术装备组成的有机整体。主要包括武器本身及其发射或投掷的运载工具、观瞄装置和指挥、控制、通信等技术装备,如现代武器系统有导弹武器系统、舰载武器系统、机载武器系统等。凡不包含武器的一般军事技术装备系统不能称作武器系统。保障系统主要指各类保障装备和相关配套器材。例如,现代运输装备中的军用运输船、运输直升机、加油机、地面运输车辆等,工程装备中的渡河桥梁器材、军用工程机械、工程伪装器材、地雷爆破器材等,测绘装备中的军事大地测量装备、军事地形测量装备、航空摄影测量装备、军事航天测绘装备、地图制图印刷装备、海道测量装备、军事工程测量装备等。防险救生装备中对人员和装备进行救援或自救的设备、器材等,各类维护、检测、修理装备和维修器材等。

武器装备通常包含战斗杀伤部、运载投掷部、控制导引部等三个基本组成部分。例如冷兵器时代的弓弩,箭头是战斗杀伤部,弓是运载投掷部,弩机是控制导引部。火器时代的步枪,弹头是战斗杀伤部,枪管、枪托、弹壳、弹匣等是运载投掷部,准星、表尺、扳机是控制导引部。现代的导弹虽然技术结构复杂,远非昔日冷兵器和一般热兵器可以相比,但总体上也是由这三大部分构成的,只不过其中每一部分又都可以单独构成一个相对完整的系统。

武器装备的三个基本组成部分相辅相成,密不可分,其中战斗杀伤部是武器装备的核心,承担着武器装备的主要功能,运载投掷部和控制导引部则服从与服务于战斗杀伤部,共同实现作战效能。在长期的发展过程中,武器装备的三个基本组成部分相互促进,共同提高,整体作战效能实现了一次又一次的飞跃。火药的发明及其军事应用,冷兵器时代由此进入热兵器时代,武器的毁伤力大幅度提升,这是武器装备战斗杀伤部的一次重大飞跃。核武器这一巨大毁灭性武器的诞生则第一次使作战手段的无限使用不仅可以摧毁对手,而且也将祸及自身,以致给人类社会带来难以估量的灾难,从而形成作战手段与作战目的的悖论,这是武器装备战斗杀伤部的又一次质的飞跃。随着蒸汽机、内燃机、电机、火箭发动机的相继发明,以及冶金、化工、电子、机械制造等工业的发展,武器装备的运载投掷部也一步步得到极大的发展。射程有的可达数千乃至上万千米,做到"无远弗届",射速有的接近光速,武器装备的作用空间下至深海,上至太空,真正实现了"动于九天之上","藏于九地之下"。现代信息技术和精确制导技术的发展,更是大大提高了武器的命中精度,圆概率偏差几乎可以为零。先进的洲际导弹,射程达万余千米,圆概率偏差可以做到以米计。而且当代信息技术革命则大大提升了控制导引部在武器装备中的地位作用。

随着社会生产力的发展,科学技术的进步和战争的需要,武器装备经历了冷兵器、热兵器到机械化武器装备、核武器等发展阶段,20 世纪末逐渐进入信息化武器装备发展阶段。武器装备发展到今天,已俨然成为一个体系庞大的大家族。对这个大家族可以从不同角度进行区分。

按作战效能,可区分为战略武器、战役武器、战术武器及装备;

按主要装备对象可区分为陆军、海军、空军、战略火箭军等军兵种武器及装备;

按能源和构造原理可区分为射击武器、爆炸武器、生物武器、化学武器、激光武器和粒子束武器及装备;

按功能用途可区分为压制武器、反坦克武器、防空武器、反舰武器、反潜武器、反导武器和反卫星武器及装备;

按杀伤威力可区分为大规模杀伤破坏性武器装备(核武器、化学武器、生物武器等)和常规武器装备等；

按对人体的伤害程度,可区分为致命性武器装备和非致命性武器装备；

按适用程度,可区分为专用武器装备和通用武器装备；

按操作人员数量可区分为单兵武器装备(手枪、步枪、手榴弹等)和兵组武器装备(火炮、坦克等)；

按可携行程度可区分为轻武器装备(枪械、火箭筒、榴弹发射器等)和重武器装备(坦克、火炮等)；

按技术现代化程度,可区分为高技术武器装备(含新概念武器装备)和一般技术武器装备,等等。

武器装备作为暴力对抗的手段,是一种特殊的商品。它具有特殊的使用价值,武器装备的消费是一种特殊的非生产性消费,它不直接为社会再生产过程提供生产要素。武器装备主要用于进行战争,直接为国家安全利益服务。因此,武器装备的生产、分配、流通和管理,主要由国家统一组织,按国家指令性计划统一实施。武器装备的流通有其专门渠道与形式,通常由国家统一采购、统一定货,不进入一般商品市场,并受国家法律、法规的严格管控,未经法律许可,禁止私人制造、买卖、拥有、使用武器。仅个别国家允许私人在国家监督管理下拥有轻武器。

二、为什么说武器装备是战争的物质基础

武器装备是军队战斗力的基本要素，是武装力量建设和进行战争的物质基础。

武器装备对于战争的基础性作用首先表现在武器装备是预防战争、慑止战争、实施战争的基本物质手段。

战争是对立双方的暴力行动。恩格斯指出："暴力不是单纯的意志行为，它要求促使意志行为实现的非常现实的前提，特别是工具。"这里的工具就是作战手段，就是武器装备。武器装备是战争得以进行的客观基础，是人的暴力意志得以实现的基本物质手段。虽然在战术战斗上有所谓"徒手格斗"和"肉搏战"，但就全局而言，没有武器装备或不以武器装备为后盾的对抗不能称之为本义上的战争。在汉字里，"战"字，以"戈"为偏旁，戈是古代冷兵器的代称，战与戈是紧密联系在一起。可见中国古代先哲对于武器与战争的关系早就有着十分深刻的认识。战争的每一步发展，既要以新武器的运用为前提，又为武器的进一步发展提出新要求。恩格斯明确指出："暴力的胜利是以武器的生产为基础的。"《李觏集》称，"兵矢者，军之神灵也；甲胄者，人之司命也"，认为武器装备是军队生死存亡所系，关系每个军人的身家性命。唐太宗称，"甲兵武备，诚不可阙"，强调武器装备实在是不可或缺的物质要素。唐代李筌《太白阴

经》称,"器械不精,不可言兵;五兵不利,不可举事",也就是说精良的武器装备是进行战争的前提,否则就根本没有资格谈兵论战。即使是威慑对手,遏制战争的非实战对抗,也必须有一定的实力,其中核心是以足够的武器装备为后盾。《管子·兵法》载,"制适,器之至也",意思就是要想实现制约敌人的目的,关键在于充分发挥武器装备的威慑作用。没有大棒在身后,任凭你怎样虚声恫吓,也是无济于事的。

诚然,武器装备并不能在战争中自动地发挥作用,因为"枪自己是不会动的,需要有勇敢的心和强有力的手来使用它们"[1]。武器装备受人支配,没有人,再好的武器装备也只不过是废铜烂铁一堆。我们必须反对战争问题上的"唯武器论"。另一方面,我们也反对战争问题上的"唯意志论"和"武器虚无论"。人不能离开武器装备,任何人都不可能仅仅凭借赤手空拳玩战争"空手道"。我们在强调人在战争中的主导作用的时候,决不排斥或否定武器在战争中的基础性作用。在军队战斗力的构成要素中人和武器装备是两个最基本的物质要素,两者相辅相成,缺一不可。只有人和武器装备的有机结合才能形成战斗力。无论人离开武器装备,还是武器装备离开人,都将导致军队战斗力的丧失。

其次,武器装备的发展是推动作战方式变革的重要动力。

---

[1] 《马克思恩格斯全集》第16卷,第211页。

列宁曾经指出：“战术是由军事技术水平决定的。”[①]武器装备从问世之日起，就对作战方式的形成与发展产生直接的影响。我国春秋战国时代，由于战车的兴起，车战成为主要作战方式，车为基本作战单位，下有徒卒，上有甲兵，车左为弓箭手，掌远射，车右为长矛手，掌近刺，车中为御者，主御车。车战风靡了当时的战场。后来由于弩的发明增强了步兵的远战能力，使步兵能在宽大正面有效地阻止密集的车阵进攻，动摇了战车的地位，于是车战逐渐为步战所取代。冷兵器时代，军队作战的基本阵形是密集的方队。如雅典方阵，由装备有盔甲、盾牌、长矛和短剑的重步兵编成，队列纵深有八、十二、二十五列等。作战时，方阵居中，士兵一手伸出长矛，一手向前举起盾牌掩护着整个方阵队列的正面，向敌人的方阵进行正面攻击。又如斯巴达方阵，一般纵深有八列，有时可把一翼配置在另一翼之后，使方阵纵深增加一倍。斯巴达方阵和雅典方阵一样，主要用于正面攻击。方阵的两翼以骑兵支队或轻装部队掩护。统帅军队的国王和他的侍从武士位于方阵的中央。公元前 359 年，马其顿国王菲利普二世即位后进行军事改革，组成一种更为密集、纵深更大的作战队形，号称马其顿方阵。中国古代阵法更是丰富多彩。《孙膑兵法》中记述有十种阵，即方阵、圆阵、疏阵、数阵、锥行阵、雁行阵、钩行阵、玄襄阵、火阵和水阵等，根据敌情地形灵活运用。一般说来，方阵是用以截断敌人，圆阵是集聚兵力进行坚守，疏阵用以

---

① 《列宁军事文集》，战士出版社 1981 年版，第 105 页。

马其顿方阵

虚张声势,伺机攻击,数阵不易被敌人侵入分割,锥行阵用以突破和切断敌阵,雁行阵便于使用弓矢远射敌人,钩行阵便于在情况变化时改变作战计划,及时调整部署,玄襄阵用以迷惑敌人,火阵用来拔取敌人营寨,而水阵则用来加强防守。

相关链接:马其顿方阵

马其顿方阵是著名的古典作战阵形。这种方阵最初是效法斯巴达方阵而编成的。亚历山大即位后,马其顿方阵得到进一步完善。方阵通常有16384人组成,纵深16列,每列1024人。每一纵行16人叫作一洛赫,两个洛赫为一个第洛赫,两个第洛赫为一个泰特拉赫,两个泰特拉赫为一个塔克色阿赫,两个塔克色阿赫为一个克森纳加,这就形成一个纵横都是16人的方块队形。行军时,按克森纳加排成纵队前进,正面16人。16个克森纳加,又组成一个小方阵,两个小方阵组成一个中方阵,两个中方阵组成一个大方阵,所有这些单位都有自己的指挥官。右翼的中方阵叫方阵之首,左翼的中方阵称方阵之尾。当方阵需要特别稳定时,方阵之尾在方阵之首的后边占领位置,排成横512人、纵32人的队形。有时,方队的后八列也可以展开在前八列左侧,使正面加宽一倍,纵深则减为八列。交战时,方阵各单位之间不留间隔,使方阵形成一个绵密的正面,以人墙向敌人推进。

随着火枪的发明,"市民的枪弹射穿了骑士的盔甲,贵族的统治跟身披铠甲的贵族骑兵队同归于尽了。"利于发挥火枪火力的宽正面、浅纵深的线式战术应运而生。早先那种列阵作战,过渡到了线式队形作战。所谓线式队形,一般是将参战的全体步兵横排成三线,也有将步兵分成两线居中,骑兵分成两线或三线置于两翼,尽量使全体士兵能同时开火射击,以便于充分发挥步兵的火力和骑兵的突击力。在欧洲1618—1648年的30年战争中,线式战术大显身手。为了使大量火枪同时实施集火射击,军队交战时通常选择平坦开阔地,沿正面浅纵深排成二、三条线,线与线之间距离50—200步,步兵居中,骑兵配置在两翼。1789年法国资产阶级革命以前,这种线式战术在欧洲战场一直占统治地位。恩格斯曾经指出当时滑膛式武器决定了"唯一战术就是线式战术"[①]。

18世纪末、19世纪初,线膛枪取代了盛行三百年之久的滑膛枪,线膛炮取代了滑膛炮,武器的射速和杀伤力提高,18世纪末,精度和射速都有很大提高的后装线膛枪出现,线式队形受到了严重威胁,线式战术逐步让位于散兵战术。在小规模的战斗中,散兵火力发挥了极大的作用。北美独立战争中,新大陆的民兵巧妙地运用在山岳森林地带作战的地形地物,以敏捷的散兵群荫蔽敏捷地袭击线式队形的英军,显示了新的散兵战术的优越性。拿破仑战争中,为抗击欧洲封建势力结成的反法同盟,法军新招的志愿兵一入伍就上

---

① 《马克思恩格斯选集》第3卷,人民出版社1972年版,第207页。

拿破仑

战场,没有时间按照传统的线式战术进行严格训练。他们仿照美国人的散兵群作战,采取以长纵队支援散兵。加之当时的法国经济困难,部队没有庞大的辎重,使得法军能够轻装上阵,巧妙地运用并逐步完善了散兵战法。后来,拿破仑把这套散兵战法及其他一些军事改革,编成教材、条令等,作为一套正规制度固定下来。散兵群战术成了世界各国军队所普遍采用的作战方式。普法战争中,在线膛枪的密集弹雨下,普军士兵为了减少伤亡,被迫成疏开队形行动,自行以散兵群进行战斗。尽管上级军官认为这种行为破坏了传统作战队形而加以反对,但"兵士又一次表现得比军官聪明"。散兵线便于隐蔽、便于火力机动、便于发挥膛线速射武器的战斗力。恩格斯由此得出结论:"一旦技术上的进步可以用于军事目的并且已经用于军事目的,它们便立刻几乎强制地,而且往往违反指挥官的意志而引起作战方式上的改变甚至变革。"

1915年,英国人发明坦克,1916年9月15日在法国索姆河畔的英法会战中首次投入战斗。英国军事理论家富勒敏锐地看到"军队的摩托化和机械化改变了组织战斗的程序和思想方法"。为此他提出了坦克集群作战、以高速机动进行奇袭的作战思想。第一次世界大战结束后,坦克和飞机得到迅猛发展。1939年欧战爆发,德国装甲兵的创始人古德里安,把高速作战的新理论进一步具体化和系统化。希特勒把坦克和飞机联合高速作战的新理论用于实践,创造了疯狂一时的"闪电战"。

苏军也提出了以大纵深作战为代表的快速突破、大纵深进攻等大纵深作战理论,强调摈弃线式作战,借助坦克、飞机,向敌防御地带全纵深突进,在敌全纵深同时消灭、压制、牵制、合围和全歼敌主要集团。

20世纪80年代以后,现代高技术精确制导武器和自动化指挥设施得到迅速发展,美军装备了性能先进的空中预警机和联合监视目标攻击雷达系统飞机,形成了可以进行实时指挥的空中C^3I中心,使其空中协同作战能力大大提高。由此美军提出了"空地一体战""非线式作战""诸军种联合作战"等新的作战方式。

再次,武器装备的发展是军队结构和体制编制调整的重要依据。

军队结构和体制编制是实现人和武器装备有机结合的媒介和黏合剂。有什么样的武器装备就有什么样的军队结构和体制编制。古代军队之所以有步兵、骑兵、车兵之分,步兵又分编为弓箭手、长矛队、短剑队、狼牙棒队和投石队等,是由当时拥有的不同冷兵器类型所决定的。飞机、坦克、大炮、舰艇、导弹等现代化的武器装备的出现,也是现代空军、海军、导弹部队、装甲兵、炮兵等一系列新的军兵种产生的根本原因。坦克问世后,为使坦克更好地发挥其突击力,德国装甲兵的奠基人古德里安提出组建有坦克兵、摩托化步兵、炮兵、工程兵、通信兵合成的装甲师。第二次世界大战前夕组建的德军装甲师,编1个坦克旅、1个摩托化步兵旅和炮、工、通信等独立分队,共装备375辆坦克和130辆装甲汽车。其他国家也相继建立了这种合成兵团。英军的装甲坦克师,编1个轻坦克旅、1个重

坦克旅、1个支援群,群内包括步、炮、工、通等兵种分队,全师有260
辆坦克。直到今天,俄军的坦克师和美军的装甲师,都仍沿袭着这
种编组方法。军事高新技术投入现代战场,展现出的巨大毁伤力、
远程机动力、精确打击力、信息控制力等效能,迫使军队结构日益向
扁平化、小型化、精干化、一体化方向发展。武器装备发展变化了,
军队结构形态和体制编制也必然会发生相应变化,新的武器装备的
应用,旧的武器装备的淘汰,都必然会给军队结构和体制编制带来
相应的调整。

三、矛和盾的演进反映了武器装备内在运动规律

矛与盾是冷兵器时代的主要兵器。矛主要用来进攻,盾主要用
来防御。古往今来两军交战不外乎进攻与防御两大类作战行动,因
此矛与盾也逐渐成为进攻与防御两类武器装备的代名词。古代的
矛与盾如今作为文物已被送进了历史博物馆,取而代之的则是高科
技时代的"矛"与"盾"。矛与盾的演进,反映了武器装备对立统一的
内在矛盾运动规律。

纵观武器装备的发展,它始终是围绕着战争的目的,即"保存自
己,消灭敌人"进行的。武器本身有三个基本要素——打击力、防护
力和机动力。武器的每一步发展,实际上都是对这三个要素分别的
或综合的提高和加强,使其不断地更有利于实现保存自己消灭敌人

的战争目的。武器的性能,是这三个基本要素的具体化。

武器装备发展史上,总是先有矛后有盾,进攻性武器装备往往先于防御性武器装备问世,或者说防御性武器装备的发展通常相对滞后于进攻性武器装备的发展。但是一旦一种进攻性武器装备出现,就必然会随之产生相应的防御性武器装备与之抗衡,也就是有什么样的矛就必然有什么样的盾,并反过来进一步刺激新的进攻性武器装备的发展。从而形成矛与盾、干与戈相生相克,相反相成、相促相长、互相竞争,水涨船高,逐步升级,不断发展的过程。

冷兵器时代有斧钺戈矛、弓弩枪戟等句兵(同钩)、刺兵和远射兵等进攻性兵器,因而也就有盾牌和甲胄之类防御性武器和装备。火药的发明和冶炼技术的进步,使"矛"与"盾"的矛盾运动有了新的表现。在火药的故乡,中国古代火攻器具多姿多彩,早期有代表性的火攻器具如弓弩火药箭、火兵(亦称火人)、火禽、火牛等,后来还逐步研发出火铳、铁火炮、飞火枪等。与此相对应的一些防御性器具,如火器盾牌、火器战车、地雷、水雷等武器装备也应运而生。其中,明嘉靖年间出现的火箭车,前面盾牌面用于防御敌人的火器攻击,盾牌面上留有发射孔,便于发扬己方火力。这种攻中有防,防中有攻,攻防结合的思路,或许正是后来坦克发明的先驱。

到了现代,科学技术的迅猛发展,为现代"矛"与"盾"的分化、"繁衍"提供了条件和可能。"矛"与"盾"的竞争越来激烈。现在,从地面到海上、空中,甚至外层空间,各种对抗性武器比比皆是,充分体现了武器装备发展过程中无处不在的矛盾与竞争。轰炸机空袭的巨大破坏性,直接导致了高射炮和防空雷达的诞生;为了对抗雷达侦察,又发展了雷达干扰设备,而为了消除雷达干扰,又有了反干扰技术装备。潜艇在水下神出鬼没,于是有鱼雷和反潜机与之抗衡;导弹入主现代战场后,反导弹导弹又成为人们追逐的新宠。总之,有其"矛"必有其"盾",真是"道高一尺,魔高一丈"。随着坦克这种陆军主战兵器问世,战场上不断出现各种坦克的克星。远距离有战术导弹,稍近有反坦克直升机、火箭布设的反坦克地雷,再近则有火箭炮、加农炮和火箭筒等步兵对抗兵器等。第四次中东战争中,作战双方损失的坦克 70% 是被反坦克导弹、火箭、地雷等击毁的。

现代战场上,在科学技术的直接作用和推动下,现代"矛"与"盾"换代周期越来越快,"矛"与"盾"质量越来越高。资料表明,目前全世界大约有 50 万名科学家在直接从事武器装备方面的研究和开发工作,约占全世界科学家总数的 25%;直接投入现代武器装备研制、生产方面的财力和物力,数字大得惊人。这使得现代战争"矛"与"盾"的更新换代速度由 20 世纪前期的二三十年,加快到目前的十来年,甚至更短时间。现代"矛"与"盾"的发展逐渐呈现三个明显的趋势:一是攻防一体化。许多武器装备不只是具有某种单一的进攻或防御功能,而是攻防兼备,既可用于进攻也可用于防御。坦克就是把矛与盾、进攻与防御合为一体的典型。二是体系化。与以往一人一矛、一人一盾的单一技术结构不同,现代武器装备,无论是进攻性武器还是防御性武器,日益向多种技术的组合发展。现代武器装备已不只是孤立的某种单一武器、单一装备,而是一个武器装备系统,或武器装备群。有的还发展为由若干分系统组成的大系统,如预警机系统就是集雷达分系统、指挥分系统、通信分系统、情报分系统等集于一身的大系统。三是信息化与智能化。信息化时代武器装备的发展不只是人的体能和技能的延伸,而是人的智能、人的大脑的延伸。现代军事信息技术的崛起与广泛应用,具有精确制导功能的"矛"与"盾"大量涌现。它们与非制导武器相比,耳聪目明,能观察,会"思考",命中率提高了上百倍,而使用弹药的消耗量则降低到原来的几十分之一,甚至几百分之一。如作为现代主要兵器的导弹,是第二次世界大战后期才出现的。但这种"矛"在技术性能上,已由原来的单弹头变成多弹头;从发射准备时间几小时缩短到现在的几秒钟;从原来的固定发射到机动发射,圆公算偏差几乎为零。与之相对的"盾"也有长足进展,现代反导导弹,作为空中"盾牌",具有跟踪、捕获目标能力强,能同时掌握、跟踪上百个目标,制导多枚导弹;攻击范围大,同时具备高中低空、远中近程攻击能力;抗干扰能力强,制导精度高,以及发射系统自动化程度高、反应快等特点。

四、需求牵引与技术推动是装备发展的两大基本动力

所谓**需求牵引**指武器装备发展总是为了满足战争和一定的军

事需要,在战争与军事需要的呼唤、刺激、推动与引导下而展开的。军事需求是进行战争,实现战争目的所需的客观条件与基本物质保障。武器装备作为战争和军事活动的客观基础和物质手段,是为了适应战争和军事活动的需要而存在,并随着军事需求的不断增加而发展的。军事需求是牵引武器装备发展的基本动力。满足军事需求是武器装备发展的目的所在。没有军事需求,武器装备的存在与发展就失去了它本来的价值与意义。军事需求决定着国家战略资源与科技力量的投入方向与投入力度,决定着武器装备的研发重点,决定着武器装备的类型、品种、性能和数量。战争与军事需求愈迫切,国家经济与科学技术向武器装备发展投入的力度就愈大。哪种武器装备在战场上最需要,国家人力、财力、物力就会向那种武器装备发展倾斜。

在武器装备的发展中,军事需求牵引的因素是多方面的。不同的军事需求,在不同的历史条件下和国际环境中,对武器装备的牵引作用是不同的。历史上一些濒海国家为了争夺制海权,大力发展海上力量,各种舰艇由此得到迅速发展。拿破仑为了征服欧洲,在欧亚大陆建立拿破仑帝国,特别重视发展在陆战中具有快速突击力和打击力的骑兵与炮兵。冷战时期,美国奉行全球战略,为了控制全球海上咽喉航道,对苏联进行全球遏制,美国大力发展便于公海航行的远程多用途舰艇,建立了大型航母战斗群。而苏联强调实施海岸防御,因此其舰艇中多数舰艇都是反潜舰艇。苏联先于美国发射第一颗人造地球卫星,震动美国朝野,为了弥补所谓美苏"导弹差距"，美国不惜动员一切战略资源，奋起直追，很快就建立起了庞大的导弹核武库和军事航空航天技术优势。

技术推动是指科学技术的发展推动了武器装备的发展。武器装备实质上就是科学技术的军事应用与物化的表现。科学技术是武器装备形成和完善的前提条件和物质基础，是推动武器装备发展变革的重要力量。科学技术的每一个划时代进步，都会导致武器装备的飞跃性变化，引起武器装备体系的重大变革。迄今人类历史上所发生的金属化革命、火药化革命、机械化革命和信息化革命都在军事领域引起相应的军事技术革命和武器装备革命。从物质手段上讲，战争就是交战双方所拥有的科学技术的较量。在军事活动中，敌对双方都力图抢先使用技术最先进的战争工具，以获得优于敌方的作战力量，进而在军事竞争中最终获取主动权。对武器装备先进性和最大效能的追求，使得武器装备与科学技术之间建立起一种天然的内在联系。

一部武器装备发展史就是新的科学技术在军事领域应用，并推动武器装备不断发生革命性变化的历史。每一次新的科学技术出现，就会相应地产生与之相关的武器装备。石器技术推动产生了石斧、石炮等石兵器，冶炼技术的出现推动产生了大刀、长矛等冷兵器，火药技术的发明推动产生了火枪、火炮等热兵器，蒸汽机技术的问世催生了现代军舰，内燃机技术出现催生了坦克、装甲车，航空技术直接产生了军用飞机，核技术的研发带来了原子弹、氢弹，信息技术则导致精确制导武器以及信息化作战平台的出现和整个武器装备的划时代革命。

科学技术的演进还引起武器装备作用机理的改变。建立在冶炼技术之上的冷兵器,实际上是将人的体能转化为杀伤力以杀伤敌人,冷兵器本身是不产生能量的战争工具。建立在火药技术之上的热兵器,其作用机理则不再完全依赖人的体能,而主要是以自身的火力杀伤敌人,热兵器成为以火力为基础的具备热能的战争工具。建立在工业技术之上的机械化兵器,使火力与机动力成为武器装备杀伤力的两大基本要素,是物质与能量两大要素相结合的战争工具。建立在信息技术之上的信息战兵器,则从追求物质、能量两大要素的有机结合,进而追求物质、能量、信息三大要素的有机结合,信息化兵器成为"以物质、能量为基础,以信息为核心"的"聪明"的战争工具。

武器装备发展的历史证明,军事需求的牵引,技术进步的推动,都是武器装备发展的基本动力。武器装备是在不断增长的军事需求的牵引下,在不断加速的科技进步的推动下,由简单到复杂,从低级到高级,不断地发展和完善,并逐步完成了从古代武器装备到近代武器装备,再到现代武器装备的革命性转变,实现了武器装备发展史上一次又一次的飞跃。在武器装备的发展过程中,军事需求与科学技术推动是相互结合、共同作用的。需求牵引与技术推动这两大基本动力有机结合,推动着武器装备的持续发展。

五、冷兵器发展的历史轨迹

纵观武器装备发展的历史，大体经过了冷兵器、火器和现代武器装备三大历史发展阶段。作为人类社会兵器发展史上第一个历史时期，冷兵器阶段大体经历了石兵器、铜兵器和铁兵器等三个小的阶段。

（一）石兵器阶段

人类社会最早的兵器与劳动工具是分不开的。考古发掘表明，距今五六十万年前的"北京猿人"已能用多种方式打造不同类型的粗糙石器，包括砍砸器、刮削器、尖状器等。原始社会的主要工具就是石工具。在距今约七千年以前的新石器时期，石器制作日益进步。人类不仅会制造和使用磨制精良、平泽锐利的石刀石斧，还发明了原始的弓箭。这些石器（包括竹、木、骨、角、蚌、玉器等），既"是打猎和捕鱼的工具，而同时又是武器"①。石器与石兵合而为一，以石斫物则为器，以石格斗则为兵。石器开始主要用于猎获生活必需品，防御其他兽类的侵袭，随着生产力的发展和私有制的出现，也逐渐用于部落之间的冲突与争夺中。人与野兽斗争的工具逐渐同时

---

① 恩格斯:《劳动在从猿到人转变过程中的作用》。

成为人与人斗争的工具，并从生产工具中逐渐分离出来，按照战争的需要向前发展。中国古代文献《易·系辞·下》中就有伏羲氏"弦木为弧，剡木为矢"，以及黄帝"弧矢之利，以威天下"的记载。自20世纪以来，中国的考古发掘中均有大量石刀、石刃、石棒、石斧、石镞、石戈、石钺、石枪、石匕首、石矛头等石兵器出土。石兵文化遗迹，几乎遍及全国。1963年山西省朔县峙峪村发现的距今28000年前旧石器晚期的"峙峪文化"遗存中有弓用石镞出土。这比传说中的黄帝发明弓箭还要早得多。石兵器虽然是武器装备发展史上的幼年时期，但它标志着人类社会的一个重要开端，而且它经历了一个漫长岁月。在铜兵器阶段，我们仍然可见铜石并用，直至铁兵器时期，石兵器才逐渐淡出战场。

（二）铜兵器阶段

在石兵器阶段后期，即有铜兵器与石兵器并用。铜兵器的问世与制陶技术的发展是分不开的。烧制陶器有时需达上千度的高温，这已接近青铜的熔点。正是在制陶技术的基础上发展起来了早期的冶金术，而且首先在天然存在、熔点较低、易于冶炼的铜金属上取得突破。一种名为孔雀石的铜矿石，与木炭一起燃烧，加热至一千度就能炼出铜来。在掌握炼铜技术的基础上随即实现铜、锡、铅等金属合成，由此而进入青铜时代。多年来，我国考古工作者相继在河南、湖北、山东等地发现大量商代青铜冶炼遗址。其中，湖北省大冶县铜绿山古铜矿遗址是公元前13世纪殷小乙时期的遗存，矿区面积约 8 平方千米,地表积存约 40 万吨古代炼铜渣,遗址中井巷纵横重叠,已发掘炼铜炉 8 座,被誉为世界铜文化发源地。1939 年 3 月在河南安阳出土有"中华第一鼎"之称的商代司母戊大方鼎,含铜 84.77%,锡 11.64%,铅 2.79%,高 133 厘米,长 110 厘米,宽 79 厘米,重 832.84 公斤,器制古朴精美,形体庞大浑厚,其工艺之高超,令人叹为观止,显示了中国商代高度发达的青铜铸造水平。冶铜术的发展几乎立即不可避免地广泛应用于军事领域。铜兵器应运而生并以其锐利坚固的特性逐步取代石兵器。中国古典文献有"禹穴之时,以铜为兵"之说,三千多年前的《诗经·郑风》也有"驷介旁旁,二矛重英",歌颂战马披甲、战士执锐的诗句。殷商是我国青铜技术的成熟期,也是青铜兵器发展的鼎盛时期。从河南安阳殷墟出土之青铜兵器看,最具代表性的商代青铜兵器主要有:1.铜戈,即上古之勾兵或啄兵,装有长柄,可钩可啄,用以钩挽或啄刺敌人。有两种装柄方法:一种是内安秘(bì,即柄)将戈的内插入木柄槽孔,一种是銎(qióng)安秘,将木柄插入戈的銎孔里。2.铜矛,又称鏦、稍、铍,直而尖形,殷墟出土之铜矛均系双锋,矛为刺杀兵器,主要用于冲杀;3.铜矢镞,以弓弩弹射,利于远击;4.铜刀,一种为直背凸刃,一为凸背曲刃,主要用于砍杀。1975 年在甘肃东乡县马家窑遗址和甘肃永登连城蒋家坪马厂文化遗址分别出土的铜刀,距今四千多年,是目前我国发现的最早的两件青铜兵器。5.铜斧与铜钺,斧和钺形制相同,大者为钺,小者为斧,斧钺之刃与柄平行,由上而下用力,用于劈砍。及至周代,青铜兵器无论是种类上还是形制上都进

春秋吴王夫差矛

一步丰富与完善。1965 年湖北江陵望山出土的越王勾践铜剑，出土时光彩照人，锋刃锐利，剑身布满菱形暗纹。1974 年秦始皇陵兵马俑坑出土的铜兵器，历二千年，锋利如新，经化验，其表面经过铬化处理，而铬化工艺在美国直到 1950 年才正式列为专利。

在殷墟五兵（戈、矛、斧、刀、镞）之外，令人注目的是周将铜戈与铜矛合二为一而成铜戟。青铜戟前有直刃可以刺敌，侧有横刀可以勾敌，兼具勾、割、啄、刺四大功能。河北藁城台西村商代遗址发现戈矛联装在一个木柄上的铜兵器，似为戟的雏形。山东、北京等地的西周和春秋墓葬中出土的青铜戟已经是整体铸成的。

（三）铁兵器阶段

由于铁的发现和使用，中国在战国时期进入以铁兵器为主的时代。20 世纪 70 年代，在河北藁城台西村和北京平谷刘家河的商代中期遗址、墓葬中都发现了铁刃铜钺。铁刃虽然是天然陨铁制成，但也说明早期人们对铁已有一定的认识与利用。至少在西周与春秋之交，人工冶铁技术和铁兵器已十分普遍。《史记·范雎传》载，"昭王曰：吾闻楚之铁剑利……夫铁剑利则士勇"，秦昭王对楚国铁剑之锋利赞不绝口，说明此时铁兵器已经达到一定水平。《吕氏春秋·贵卒》篇记载："赵氏攻中山，中山之人多力者曰吾丘鸠，衣铁甲操铁杖以战。"说明铁兵器此时已广泛应用于攻防作战。人类冶铁技术的发展一般经过熟铁（块炼铁）、生铁和钢铁三个阶段。熟铁缺乏碳素，性柔软，不宜用于制造硬度要求较高的兵器；生铁又含碳过

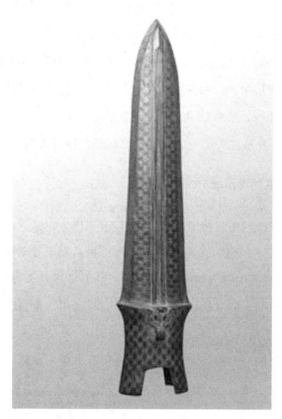

战国楚式青铜矛

多，性硬易脆，也不宜用于制造兵器；只有钢铁才是制造兵器的理想材料。春秋末期我国已开始应用钢铁制造兵器。尤以钢铁铸造的剑，质量有极大的提高。吴、越、韩、楚地带，锻造锋利宝剑的盛名，已经广为流传。干将、莫邪、湛卢、鱼肠、太阿、龙泉都是当时的名剑。《战国策·韩策》载，韩国制造的剑戟"龙渊、太阿，皆陆断马牛，水击鹄雁，当敌即斩"。《吴越春秋》载越人干将、莫邪夫妇，均是铸剑能手。他们动用三千人装碳鼓风，剪爪发投入铁炉，造成稀世宝剑，百战而不卷刃，异光花纹，十分精美。河南西平县有著名的龙泉水，以此水淬炼的钢铁刀剑尖利无比。古楚国南阳盛产钢铁，据说当地制造的矛刺人像"蜂虿"（音 chai，毒蝎）惨毒。1974 年山东苍山县出土一把东汉永和六年（公元 112 年）打造的钢刀，上有错金铭文"卅湅大刀"，即反复折叠锻打达 30 余次的"三十炼大刀"，经检测含碳 0.6%—0.7%，碳分布均匀，质量上乘。而后来还曾出土过"百炼"钢刀，质量比"三十炼大刀"则更胜一筹。

　　秦汉时期我国基本完成由铜兵器向铁兵器的转变，而臻于全盛。公元前 119 年，汉武帝推行御史大夫桑弘羊所主导的盐铁官营的政策，加强统一管理，实施行政干预，使冶铁业和铁兵器得到迅速发展。作为冷兵器的最高阶段，从春秋到盛唐，铁兵器阶段在中国持续了上千年。

相关链接：何谓十八般兵器？

南宋华岳所著《翠微北征录》载："臣闻军器三十有六，而弓为称首；武艺一十有八，而弓为第一。"明代曾将"十八般武艺"作为武举的考试科目。《五杂俎》载：明英宗正统十四年（1449年）"土木之变"，明军大败，遂急开武科招募天下勇士，有山西李通"行教京师，试其技艺，十八般皆能，地人可与为敌，遂应首选"。这里"十八般武艺"具体指：弓、弩、枪、刀、剑、矛、盾、斧、钺、戟、鞭、锏、挝、殳、叉、钯、绵绳套索、白打。前17种是兵器名称，第18种是徒手拳术。清代《坚瓠集·续集》中记"十八般武艺"为"矛鎚弓弩铳，鞭简剑链挝，斧钺并戈戟，牌棒与枪杈"。有些史料中按九长九短分，九长为枪、戟、棍、钺、叉、镗、钩、槊和环；九短是刀、剑、拐、斧、鞭、锏、锤、棒和杵。关于"十八般兵器"的说法不一。较常见的是：刀枪剑戟，斧钺钩叉，镗棍槊棒，鞭锏锤抓，拐子流星。实际上中国古代兵器远不止18种。所谓"十八般兵器"，只是一种泛称，源于古代中国尚九及九的倍数的习俗。

六、火器发展的历史与特点

北宋初年，中国军事技术专家和军事将领在唐代以来炼丹家创制的原始火药的基础上，改进配制成火球、蒺藜火球、毒药烟球，用于作战。北宋庆历四年（1044年）曾公亮和丁度等编撰刊行的《武经总要》一书刊载了这三个配方，并正式使用"火药"一词。以此为标志，人类进入武器发展史上的火器时代。就技术水平而言，火器的发展经历了从最初的燃烧性火器逐步发展到爆炸性火器，再发展到管形火器，最后发展为机械化火器，即由低级阶段向高级阶段不断发展的过程。

（一）燃烧性火器

火器的产生来源于火药的发明。我国是世界上最早发明火药、最早使用火器的国家。早在公元前150年左右刘安编《淮南子》一书就有硫黄的记载。公元前后问世的《神农本草经》除收入硫黄外，还明确将硝列为"上品药"中的第六种，而欧洲人和阿拉伯人直到13世纪还不知硝为何物。

公元682年（唐高宗永淳元年）唐代炼丹家们在师承前辈炼丹术的基础上首创"伏火硫黄法"。其生成物虽然还不是火药，但已是以硝、硫、碳为主要成分的火药问世的前夜。公元808年（唐宪宗元和三年）炼丹家金华洞方士清虚子所撰《太上圣祖金丹秘诀》一书公布一种新的"伏火法"及其配方，即"伏火矾法"。"伏火矾法"在"伏火硫黄法"的基础上前进了一大步。该法将含碳物料马兜铃粉，同等量的硝石和硫黄均匀拌和，成为完整的自供氧燃烧体系。这种以硝、硫、碳依一定比例混合，生成具有燃烧爆炸性质的物质，就是火

明朝火炮

药的雏形。人们通常认为这是火药起源的一个重要标志。火药的发明是人类认识和利用火的第二次革命。人类认识和利用火的第一次革命是上万年前对自然火的发现和利用。这次革命使人类结束了茹毛饮血的"野蛮时代"。对火药燃烧后所产生的化学能的利用的第二次革命,使人类征服自然和改造社会的能力得到旷古未有的提高。硝、硫、碳三者合烧易燃易爆性质被炼丹家们发现后,立即为兵家大胆利用,制成具有燃烧与杀伤作用的火器。据路振《九国志》载,公元 904 年(唐哀宗天佑元年)郑璠攻打豫章(今南昌),"发机飞火",把龙沙门烧了。所谓"飞火"就是火药火器。这是历史上第一次火药应用于战争的记载。到北宋时,火器有了迅速发展,并广泛应用于战场。作为最先问世的燃烧性火器,从宋代至元、明,种类达五六十余种。《中国军事史》按其使用方法不同,将其分为火箭、火枪、火球、喷筒、火禽火兽等五类。1. 火箭类是用纸将火药包裹起来,绑在箭杆上,点火后用弓或弩射向目标,以引起燃烧。在公元 1083 年宋抗击西夏的兰州战役、公元 1363 年朱元璋与陈友谅决战鄱阳湖战役都曾大量使用火箭。到 14 世纪中叶(明朝初期)发明以火药为动力的火箭,这已是现代火箭的雏形。2. 火枪类是以纸筒或竹筒装上火药,绑在长枪枪头下面,交战时先发射火焰烧灼敌人,再以枪刺敌。宋人称火枪,金人称飞火枪。3. 火球类包括各种火球、火炮、火砖、火桶等,一般以抛石机抛送,也可人力抛送。如北宋的毒药烟球、蒺藜火球、霹雳火球,明代的神火混元球、烂骨火油神炮、万火飞沙神炮、西瓜炮等,除了具有燃烧功能外,有的还有毒气、杀伤、障碍、烟幕功能。4. 喷筒类是将燃烧药、喷射药、毒药饼等依次装入筒内,向敌引燃,有的可远达数十丈,烧灼与毒杀敌人。如毒药喷筒、满天喷筒、毒龙喷火神筒、一把莲、钻穴飞沙神雾筒、神火神筒。5. 火禽火兽类是利用野鸡、麻雀等禽鸟携带火药,飞往敌阵,或在牛尾系以艾火,牛首牛身绑扎短刀长矛,点火后奔驰敌阵,以"火牛阵"对敌发起攻击。

13世纪初年,成吉思汗崛起于蒙古草原。成吉思汗不仅组建了一支骁勇善战的骑兵,而且还用当时中华民族创造的最先进的火药箭、火球、铁火炮等火器装备了他的铁甲骑兵。成吉思汗及其继承者拔都、旭烈兀率领蒙古骑兵在欧亚大陆的三次西征中,把中国发明的火药与火器首先传播到了阿拉伯,阿拉伯人在与西班牙人的作战中,又把火药与火器带到了西班牙,并进而传遍欧洲,推动了世界性的火药化军事技术革命。

(二)爆炸性火器

爆炸性火器,是在火药不断改进的基础上产生的。主要依靠弹体爆炸杀伤敌人。事实上在北宋时期的燃烧性火器中,已有了爆炸性火器的萌芽。弹体最初有纸弹、石弹、陶弹等,后来逐步发展到铁弹。根据性能和作用,爆炸性火器大体可分为炸弹、地雷和水雷三类。

炸弹类。这类火器是由燃烧性的霹雳火球和霹雳炮发展而来的。公元1126年(宋钦宗靖康元年)金军围攻汴京之役,守军就曾使用过霹雳炮。公元 1189 年（金世宗大定二十九年）阳曲（今山西太原）人铁李制成陶质"火罐炮"。13 世纪初年，金人在陶火罐的基础上发明了用生铁铸成外壳，内装火药的爆炸性火器，金人称为"震天雷"，宋与元均称作"铁火炮"。这是世界上最早的金属炸弹。南宋与元代，都曾大量制造和使用这种火器。据《金史·赤盏合喜传》记载，1232 年蒙古兵以"震天雷"进攻金南京（今开封），"铁罐盛药，以火点之，炮起火发，其声如雷，闻百里外，所爇围半亩之上，火点着铁甲皆透。""震天雷"有罐子式、葫芦式、圆体式和合碗式（两碗上下相扣状）等各种不同样式。明代闻名于世的铁质炸弹有"击贼神机石榴炮"，状似石榴，外以生铁铸就，内装火药与毒药，并内置酒杯一个，杯内有特制的长燃不熄的火种。如摇动火种，可立即爆炸。此外，还有类似地雷的"威远石炮"，以石挖成，内装火药与石子，置于要道，用长绳拉发。"慢炮"则类似现代的定时炸弹，状如圆斗，外饰五彩花纹，内装火药与发火装置，点燃后延迟三四小时可自动爆炸。

地雷类。此种火器以明代为盛。《武备志》记载这类火器达十余种。雷体有铁、石、陶、瓷诸种，引爆方式有踏发、绊发、拉发、点发等多种不同方式。其中"炸炮"就是一种踏发式地雷，有铁制与石制。数十个"炸炮"为一组，以空竹管相连，空竹管内安装引信，埋于地下，并与"钢轮发火"装置连接，如敌踏动钢轮机，即刻引起爆炸。"万弹地雷炮"则是绊发雷，将大坛装满炸药，以土掩埋，同时埋设钢轮发火机一个，地面安放绊索。或主动拉发，或敌人触动绊索，以杀伤敌人。"无敌地雷炮"通常事先将引信置于长竹竿内，埋于地下，当敌临近时，点火引爆。

水雷类。水雷主要用于炸毁敌人战船。明代水雷常见的有采用定时发火装置的"水底龙王炮"，采用拉火装置的"混江龙"，以及"水底雷"和"既济雷"等。

（三）管形火器

原始的管形火器，其管身是用竹子做的。1132 年（宋高宗绍兴二年），陈规发明一种火枪，以巨竹作枪管，内装火药，临阵点放，喷发火焰以制敌。这可以说是世界上管形火器的鼻祖。1259 年（宋理宗开庆元年），寿春府（今安徽寿县）人发明"突火枪"，虽然依旧以巨竹作枪管，但不同的是管内除装填火药外，还装有石子、碎铁子一类的"子窠"，从而具备了射击性管形火器的三大构成要素——身管、火药和子弹，是完整意义上的射击性管形火器。随着冶炼技术的日益成熟，管形火器的管身逐渐向金属化发展。中国国家博物馆收藏的一具铜火铳，铳身刻有"至顺三年二月十四日，绥边讨寇军，第三百号马山"等字。至顺三年是元文宗年号，为公元 1332 年，距今近七百年。这是迄今发现的世界上最早的金属管形火器。14 世纪初，火药从阿拉伯人那里传到了西欧，1364 年，在意大利的佩鲁贾城，制造出了 500 支枪身长约 8 英寸的轻火器，这就是手枪的前身。15 世纪欧洲出现了火绳枪、滑膛枪和其他明火枪。起初的明火枪，是一个铁制的短圆筒，固定在一支坚硬的木托顶端，枪尾有个导火管。作战时，由后排士兵把枪身放在前排士兵的肩膀上向敌人射击,存在着射速慢、射距短、准确性差等弱点。1620年左右,法国人在明火枪的基础上,几经改革,发明了撞击式燧发枪,燧发枪不同于用燃着的木炭点火发射的火枪和用火绳点火发射的火绳枪,而是利用击锤撞击燧石或钢火镰,产生火花,引燃火药。燧发枪的问世完成了从冷兵器向火器的历史性转变,装有刺刀的燧发枪最终把弓箭与长矛从步兵装备中挤了出去。

　　早期金属管形火器没有一定的制式和标准,没有枪与炮的明确区分,一般情况下大者为炮,小者为枪。从形制和性能上讲,金属管形火器经历了前装、后装和自动化三个阶段。早期的金属管形火器基本上都是前装枪炮。弹药均由枪炮口装入膛内,而且大都没有膛线,为滑膛枪炮。17世纪,丹麦军队开始率先装备使用线膛枪,也称来复枪(refile),由于螺旋形膛线的作用,弹丸可在空气中稳定地旋转飞行,提高了命中率和射程。1840年,普鲁士人德莱赛(Dreyse)发明从枪尾用撞针撞击弹壳内的起爆药而使装药起燃的方法,并据此设计制成撞针击发后装枪。普鲁士对这一发明曾一度秘而不宣,直到1848年才为外界所知。随即很快风靡欧洲乃至世界各国。普法战争时后装枪已成为交战双方的主要作战兵器。后装枪炮或后膛枪炮的发明,是兵器发展史上的又一次重大变革。19世纪后期,枪炮技术开始向自动化方向发展。由于自动装填和自动发射装置研制成功,包括重机关枪、轻机关枪、机关炮、冲锋枪、自动步枪等在内的各种自动化火器相继问世。世界上最早的机关枪是1722年,英国伦敦一位律师詹姆斯帕克尔发明的帕克尔式机枪。

枪上有一个发射子弹的弹匣,匣内装有事先上好11发子弹的弹膛,射击时,射手用手转动弹膛。在实弹射击中,7分钟打了63发子弹。帕克尔式机枪标志火枪的发展飞跃到了一个新阶段。1860年、1867年,美国人斯宾塞(Spencer)和英国人温彻斯特(Winchesther)先后研制成功后托弹仓和前托弹仓的连发步枪。19世纪末、20世纪初,闻名于世的连发枪有英国1895年李恩飞式十连发枪,法国1888年莱贝尔式五连发枪,俄国1891年纳甘特式五连发枪,德国毛瑟式系列连发枪等等。1883年美国人马克沁(Maxim)利用火药气体能量实现自动装填动作,试制成第一代自动步枪,1884年研制成功著名的马克沁重机枪。1892年德国人肖伯格发明自动手枪。1893年丹麦人麦德森研制出轻机枪。几乎与此同时,火炮制造技术也有了较快发展。15世纪,欧洲出现了巨型火炮制造热。如1411年德国不伦瑞克制造的巨型青铜炮"法乌尔·迈特炮"。约于1420—1430年间制造的"罗独斯"铜炮、"克斯特"铸铁炮以及用熟铁制造的巨型火炮"巴赛尔炮"。1453年穆罕默德二世用长达五米多的"穆罕默德二世巨炮"轰开了君士坦丁堡的大门,拜占庭帝国由此灭亡。1907年法国制成有半自动炮闩的155加农炮,该炮被认为是世界上第一门现代化火炮。

(四)机械化火器

由于近代工业革命的推动,19世纪后半叶至20世纪初,铁甲舰、潜艇、飞机、直升机、坦克和航空母舰等机械化作战平台陆续研制成功并大量投入使用,开启了机械化火器时代。

1860 年英国第一艘装甲舰下水,1862 年美国制造出第一艘铁甲战列舰。

1897 年爱尔兰人约翰·霍兰建成"霍兰"号潜艇,装备艇艏鱼雷发射管,可水下发射鱼雷 3 枚,"霍兰"号被认为是现代潜艇的鼻祖。在此之前,1620 年荷兰物理学家曾制成木质结构的潜艇雏形。1776 年美国独立战争中也曾建成以人力驱动的"海龟"艇。

1903 年 12 月 17 日,美国莱特兄弟研制的第一架以内燃机为动力的飞机"飞行者一号"试飞成功。1909 年,美国陆军装备了第一架军用飞机。从此,战争空间从地面、水面扩展到空中。

1907 年 9 月 11 日,法国人布雷盖研制成功四旋翼直升机,首次载人离地升空;同年 11 月 13 日,法国人科尔尼驾驶自己研制的双旋翼直升机,保持了约 30 秒的自由飞行;1923 年,西班牙人西尔瓦发明带有铰接桨叶的旋翼机。

1915 年英国制造出世界第一辆坦克,1916 年 9 月 15 日英国在第一次世界大战的索姆河战役中,首次将马克Ⅰ型坦克投入会战。由于坦克集进攻与防护于一身,具有强大的防护力和攻击力,迅速成为地面作战的主要突击兵器,从此揭开陆军机械化时代的序幕。

1917 年 3 月,英国海军将"暴怒"号巡洋舰改装为世界上第一艘搭载常规起降飞机的航空母舰,航母从此诞生。第二次世界大战中,航母一举取代战列舰成为海上霸主,夺取海上制空权成为夺取制海权的关键,"大炮巨舰"时代的海战方式被彻底变革。

1954 年 1 月 21 日,美国建造的世界上第一艘核潜艇"鹦鹉螺"号下水,并于同年 9 月 30 日正式服役。1959 年 12 月 30 日,美第一艘弹道导弹核潜艇"华盛顿"号服役,并于 1960 年 7 月 20 日水下发射导弹成功。由此揭开潜艇发展史的新篇章。

1942 年 7 月 18 日,德国研制的 Me-262 歼击机首次试飞成功,成为世界上第一种用于实战的喷气式飞机。喷气式飞机的出现使飞机的飞行速度和升限有了显著提高。1954 年 9 月,美国装备超音速战斗机 F-100,突破了"音障";60 年代后期,美国的 SR-71 侦察机和苏联的米格-25 截击机的最大速度达到 3 倍音速。1981 年 6 月 18 日,美国的第一架预生产型 F-117 隐形战斗轰炸机首飞成功,1982 年 8 月,F-117A 首次交付美国空军。

1944 年 6 月 13 日夜,德军用 19 枚 V-1 导弹对伦敦进行齐射,4 枚击中。1944 年 9 月 6 日,德军又向法国巴黎发射 V-2 导弹。导弹的使用改变了战争的时空观念,给现代战争带来巨大而深远的影响。1957 年 8 月、1958 年 11 月,苏联和美国分别成功地发射了洲际弹道导弹。迄今,战略弹道导弹已发展了四代。

第二次世界大战以来,由于核能、电子计算机、航天技术以及激光、红外和新型材料等现代科技成果在军事上的应用,引起了武器装备的巨大变革。新式武器装备层出不穷,原子弹、氢弹、中子弹、洲际导弹等先后出现。现代武器装备朝着综合化和与高技术相结合的方向不断发展。电子信息技术的含量,越来越成为武器装备总体实力的决定因素。新的杀伤机理和新型结构的弹种,轻质高强度合金和纤维增强工程塑料等非金属材料,高压电能、声能或激光等非火药能源的武器都在研制之中。军用飞机机动性、高敏捷性、超音速巡航能力及"隐身"技术,导弹分导式多弹头、机动式弹头、新型普通装药弹头和中子弹等新型弹头等日益发展。定向能和动能武器技术,如激光武器、非核拦截导弹、中性粒子束武器、微波束武器和电磁炮等的发展,正在提供新的攻防系统。航天技术的发展,为建立航天站和载人航天器进行军事活动创造了条件。电子计算机技术的进一步发展,将使武器装备进一步实现高度自动化和智能化。随着新型材料、生物工程等新技术成果在军事上的应用,未来有可能出现基因武器、环境武器等新型武器。

七、坦克:矛和盾的统一体

第一次世界大战时,凭借机枪等新式武器掘壕据守,实行阵地战与堑壕战,密集的弹雨犹如绞肉机曾经使进攻一方伤亡惨重,寸步难行。如何突破这一困局,成为摆在军事统帅和军事技术专家面前的一道重要课题。

正是这种作战需求,催化了集进攻力、防护力、机动力于一体的坦克的诞生。1915年,英国人制成第一辆坦克——"小游民"。"坦克"英文原文为"Tank",意为油箱或水柜,因为它的外形很像一个英国式的大水柜。最初的坦克采用1905年开始出现的履带式拖拉

世界第一辆坦克

机的底盘,以内燃发动机为动力,武器是机枪。后来几经改进,改装了火炮。1916 年 9 月 15 日,英国坦克在法国索姆河附近,首次参加战斗共出动 48 辆,实际参加战斗 18 辆,被德军击毁 10 辆。这是人类历史上第一次把坦克投入实战。1917 年 4 月 16 日,法国人在与德国人的交战中也使用了坦克。随后的康布雷战役、亚眠战役,英军使用了几百辆坦克,在苏瓦松战役中,法国也使用了大量坦克。1917 年 11 月 20 日康布雷战役中的英军坦克突破敌方前沿的步兵线,摧毁了铁丝网障碍物,穿过了散兵堑壕,对于敌方防御起了压制和瓦解的作用。当时参战的坦克,主要是马克Ⅲ式,装有两门 57 毫米火炮和 4 挺机枪,乘员 8 人,装甲厚 6 至 12 毫米,最大时速约 5 千米,最大行程 24 千米,越壕宽 4 米。

坦克的出现瓦解了靠堑壕构成的防御体系,打破了所谓"堑壕战"的迷信,推动了陆军机械化的发展,标志着机械化战争时代的来临。

1939 年 9 月 1 日,德国法西斯在空中飞机掩护下,地面集群坦克向波兰发动"闪击战"。德国坦克在数量和质量上并不如法国,但德国集中使用坦克,在主要攻击方向上形成装甲优势。仅仅 18 天便灭了波兰,并接连占领挪威、荷兰、比利时、法国,横扫欧洲。

第二次世界大战,坦克战几乎统治了战场。1943 年 7 月库尔斯克会战,苏军配置在库尔斯克突出部的两个方面军,集结了 3300 辆坦克。当时德军也拥有 2700 辆坦克。在库尔斯克反攻中,苏军为歼灭德军奥廖尔集团,又集中了 3000 多辆坦克。1941、1942 年的非洲战场,德意军与英联军的交战,1944 年在法国诺曼底,德军与美英军的交战,双方都投入了上千辆的坦克。大战末期,德苏英美等国的坦克在战术技术性能上都有很大提高。如苏联的 T34、德国的"豹"型、美国的"谢尔曼"、英国的"克伦威尔"坦克等,在火炮口径、发动机功率、装甲厚度、时速等方面都有所改进,坦克的火力、机动力和装甲防护力都达到了较高水平。

苏联在第二次世界大战结束后,继续大量发展坦克部队,到 50 年代初,已有 50 个坦克师,约占陆军师总数的 1/3。苏联一直是世界上拥有坦克最多的国家。

1973 年 10 月的第四次中东战争打了 18 天,阿方先后使用坦克 3800 辆,以方投入 1700 辆。双方损失坦克总计近 3000 辆。

当代,各国新型坦克相继诞生。如美国的 M-1、西德的"豹"Ⅱ、俄罗斯的 T90、中国的 99 式、英国的挑战者、以色列的梅卡瓦等。这些坦克大都采用了大威力火炮,口径 120—125 毫米,并配备包括激光瞄准测距机,红外、微光夜视夜瞄火炮双向稳定器,火控计算机等装置的先进火控系统;发动机功率增大到 1000—1500 马力,坦克行驶时速高达七十多千米;为提高装甲防护力,多采用了复合装甲。

八、火炮为何誉为"战争之神"

现代火炮是以加农炮、榴弹炮和迫击炮三大火炮系列组成的大家族。若从抛石机算起,火炮家族到现在已经有几千年的历史。

13 世纪末,在中国南宋时期创制的突火枪与竹火筒的基础上创制了金属管形火器"火铳"。火铳有大有小,小火铳逐步发展为现代的枪,大火铳则向火炮的方向发展,因而可以说,大火铳就是火炮的前身。

公元 1368 年到 1389 年,明太祖执政期间,把京军分为:五军(步骑军)、三千(公安军)、神机(炮兵)。明成祖时,又正式编制为三大营,即五军营、三千营、神机营。神机营的出现,标志着中国首次把炮兵编为独立兵种。

公元 1661 年,郑成功收复台湾时,荷兰军在台湾赤嵌城,企图依托堡垒进行顽抗,郑成功集中 28 门火炮轰击敌垒,给荷军以重创。

15 世纪 50 年代初,法国国王查理七世建立了破城炮队。查理八世铸造了完整的青铜火炮,采用了炮耳轴和带车轮的炮架,统一了火炮口径。每门火炮都固定有一组炮手,炮兵勤务有了专门组织。公元 1495 年 7 月 6 日,法国与意大利在意大利北部福尔诺沃会战,法军强大的炮兵给意大利的长纵队造成极大损失。恩格斯曾指出:"法国人依靠野战炮兵取得了胜利的福尔诺沃会战,震动了整个意大利,于是这一新兵种便被认为是无敌的。"[①]

查理八世的继承者路易十二世和弗朗斯瓦一世在继续改进野

---

① 《马克思恩格斯全集》第 14 卷,第 197 页。

炮的同时,把炮兵组成一个特殊部门,由炮兵总司令指挥。公元1515 年 9 月,在意大利北部马里尼亚诺地区,法军炮兵配合步兵,以强大的火力击溃了号称无敌的瑞士长矛队。17 世纪以来,火炮在欧洲得到了新的发展。1671 年法国建立了炮兵团,把炮手编入军队作为基干兵。野战炮兵成为一个独立的兵种。1690 年,法国还创办了世界上第一所炮兵学校。

18 世纪末,拿破仑发展了炮兵战术。他用配属步兵师的轻炮诱使敌人暴露兵力,而把大部分炮兵留作预备队。拿破仑在有决定意义的大规模会战中,重大的战果都是靠预备队炮兵取得的。

19 世纪中期出现了线膛炮,这是火炮在经历了抛石机、火枪、火铳、滑膛炮后的第五次突破;1897 年,法国研制成功水压气体助退复进式 75 毫米野炮,作用在炮架上的后坐力大大减少。随后炮身和发射药的制造也取得了新的突破,火炮的射程由过去的 2000米迅速增至 7000 米。不久,法国即开始批量生产现代火炮,一批正式定型的 75 毫米火炮登上了历史舞台,1900—1905 年,俄、美、德、日、英等国也纷纷制成现代火炮。

1904—1905 年日俄战争中,日俄两军在旅顺口展开激烈炮战,开现代火力战之先河。战争初期,俄军现代火炮给日军以重大杀伤。1904 年 10 月 1 日,日军 474 门火炮开始对旅顺口要塞实施炮火准备,向旅顺发射炮弹 150 万发,一举攻陷旅顺口。

20 世纪的一系列重要战役战斗中,炮兵歼敌占歼敌总数的56.9％。

第一次世界大战开始前,军事强国的主要作战部队均编有炮兵营(连),统帅部预备队还编有炮兵旅,火炮数量迅速增加。其中,俄国装备 7000 多门,法国装备 4300 多门,美国装备 1300 多门,德国装备 9300 多门,奥匈帝国装备 4000 多门。因此,战争中各国普遍运用了集中大量炮兵实施长时间火力突击的战法,火炮密度不断增大,重要突破地段上每千米正面平均密度达 120—160 门。炮火准备的时间通常达数小时甚至几天以上。1916 年的凡尔登战役创造了人类战争史上空前规模的火力战,战役初期,德军集中各类火炮 1400 多门,以每小时 10 万发的速度将 200 万发炮弹倾泻到法军阵地上,炮火所到之处,战壕被完全摧毁。在德军进攻过程中,法军也不失时机地进行炮火反击,德法两军进行了一场长达 10 个月的火力绞杀战,双方共发射炮弹 4000 多万发,法军伤亡 30.8 万人,德军伤亡近 60 万人。

20 世纪 30 年代,火炮性能进一步改善,普遍实现了开架结构和机械牵引,火炮更新换代,数量急剧增加,第二次世界大战爆发时,德国已装备火炮 50000 多门,苏联装备 67000 多门,英、法、美、意各装备 10000—25000 门。战争初期,希特勒运用强大的坦克集团在炮火掩护下实施快速突击,"闪击"波兰,横扫欧洲。"闪击战"理论在某种意义上也可以说是一种炮坦协同作战的理论。斯大林格勒会战中,参加反攻的火炮多达 13500 门,炮兵被斯大林称为"战争之神",苏联把斯大林格勒反攻开始的日子——11 月 19 日规定为炮兵节。1943 年 7 月,斯大林格勒会战结束半年之后,为挽回败局,德军集中了1万多门火炮,企图在库尔斯克方向打开缺口,但苏军集中了2万多门火炮严阵以待。7月5日2时20分,德军进攻前40分钟,苏军实施了30分钟的炮火反准备,打乱了德军的进攻计划,迫使德军进攻发起时间推迟了两个多小时。在整个防御作战中,苏军大胆实施炮兵机动,在敌可能突击的主要地段上始终保持火力优势,最终粉碎了德军的进攻行动。战役中,苏军反坦克炮击毁德军坦克1000辆,占德军损失坦克总数的60%,苏军压制炮兵也取得了大胆实施炮兵兵力和火力机动、组织完善的炮火反准备和适时使用炮兵预备队的成功经验。在攻克柏林的战役中,炮兵更是尽显"战争之神"气概,创造了人类战争史上空前规模的火力战。在这场战役中,苏军三个方面军集中了45000门火炮,炮火准备阶段万炮齐轰,仅第一方面军在第一天就发射炮弹1236万发,在强大炮火的打击下,第一线阵地德军损失达30%—70%,基本上失去了抵抗能力。

第二次世界大战期间,苏、美、英、德、日5个主要参战国共生产各类火炮261.24万门、炮弹30多亿发,按11000万参战军人计算,每位军人平均要遭到300发炮弹的打击。炮兵在编制数量上已成为第一大兵种,其中以苏军炮兵最为强大,共编有10个炮兵军、105个炮兵师、166个炮兵旅、1199个炮兵团、238个炮兵营,平均歼敌占整个战争歼敌总数的54.4%。

20世纪70年代末期,炮兵进入到火力系统、火控系统、指挥系统的系统化发展阶段。火力系统以战后30年的成果为基础,统一型号、缩小范围、重点提高,美军的 105 毫米榴弹炮、155 毫米榴弹炮、227 毫米多管火箭炮成为世界各国统一炮兵火力系统的样板;火控系统即从发现目标到火炮发射的控制系统,主要是研制各种信息接口,力求使雷达、声测、机械信息不经人工判读直接进入射击指挥系统;指挥系统即在指挥机关建立人机系统,实现指挥自动化,并且指挥控制火控系统,炮兵进入了指挥自动化的时代。

九、从划桨战船到航空母舰

战船是从一般的木板船分化出来的。公元前 1000 年至 500 年左右,古希腊的划桨战船盛行一时。为了提高战船速度,多采用交叉或重叠设桨的办法,有两层桨、三层桨甚至更多层桨的布置形式。作战方式一种是用船首包铁"冲角"撞击敌船;另一种是抵近接舷,靠近厮杀。公元前 480 年,波斯和希腊在萨拉米海峡交战,双方都使用了三层桨战船。战斗中,希腊军队佯装退却,把波斯军队引入狭窄水道内,然后用带有包铁"冲角"的快速小船撞击波斯舰只,大败波斯舰队。

我国春秋战国时期,临江傍海的吴、越、齐、楚等国制造了大量战舰,组建了专门从事水战的舟师。据记载,长江下游的吴国,拥有余皇、三翼、突冒、楼船、桥船等多种型号的舰船,其中"三翼"分大、中、小三种,大的长十丈,宽一丈五尺。

秦汉时期,木帆船臻于成熟,并出现以楼船为代表的大型战船。通常楼船甲板上建有几层高楼栅寨,帆、舵、锚等船用设备齐全。而当时西方国家,大都只有一层甲板或平台的划桨船。我国到公元3世纪的三国时代,出现4帆至7帆的多桅多帆战船。帆把兵士从笨重的划桨中解放出来,并且适应不同风向,取代或部分取代人力推进。

宋、元时期,我国最先发明了航海罗盘,又发明了火药,给航海业和舰船兵器带来了巨大变革,1161年,南宋大臣虞允文率领舰队在采石矶(长江岸边)与金军交战,使用了一种霹雳炮,这是最早的关于舰用火炮的记载。随着火炮装上军舰,传统的接舷战被打破了,远海奔袭和远程交战逐渐被采用。如1661年,郑成功率领战船350多艘,进行远程奔袭登陆作战,从荷兰殖民主义者手中,收复我国神圣领土台湾。

16世纪,英国改造老式帆船,组成以几百吨小船为主的舰队,配备长射程重炮。1588年,英国新式舰队发挥灵活机动、速度快的优势,打败前来进攻的西班牙132艘重型帆船组成的"无敌舰队"。1805年,实力进一步增长的英国舰队在纳尔逊指挥下,与西班牙、法国联军在直布罗陀海峡激战,赢得胜利,奠定了英国海上霸主地位。

19世纪初期起,英、法等开始应用工业革命的新成果、新技术,制造机械动力装甲舰。1862年春,美国南北战争期间,南军将一艘蒸汽机三桅船改成装甲舰,命名为"密里马克号",接连撞沉北军的木壳蒸汽机船。为此,人们开始重视炮弹的穿甲能力和装甲厚度,战列舰应时而生。20 世纪初,已出现排水量达 20,000 吨的巨型战列舰。多达 80—120 门火炮分三层装在炮台甲板上,其中口径为305—406 毫米的特大口径炮,约有 8—12 门,分别装在 3—4 个炮台上。这种竞相追逐厚装甲、多火炮和大口径,以取得海战胜利的观点,被称为"大舰巨炮主义"。第二次世界大战之前,"大舰巨炮主义"风行一时,战列舰被称为"无敌的海上力量"。

第一次世界大战中,钢铁外壳的先进舰艇开始崭露头角。日德兰海战之后,德国重点发展潜艇,并曾使用 100 多艘潜艇袭击英国航运商船队,封锁英伦三岛,给英国以很大的打击。1916 年末至1917 年初,英国及其盟国损失船只每月达 30 万吨左右,最多的一个月竟损失舰船 350 多艘,约 85 万余吨。第二次世界大战期间,德国故伎重施。1940 年秋天,德国海军指挥官邓尼茨使用潜艇密集协同、集群攻击的"狼群战术",在海上为祸一时。

1909 年法国发明家克雷曼・阿德在《军事飞行》一书中提出飞机与军舰相结合的设想,并第一次使用"航空母舰"的概念,为航空母舰的发展奠定了理论基础。1917 年,英国海军由客轮改造而成的军舰"百眼巨人"号,具有全通飞行甲板,被认为是现代航空母舰的雏形。1918 年英国海军动工建造"竞技神"号航空母舰,1923 年完工,可载 20 架飞机。1922 年美国将运煤船"木星"号改装成"兰利"号航空母舰,日本也建成"凤翔"号航空母舰。第二次世界大战时,航空母舰得到进一步改进,舰载机可以直接在舰的甲板上降落,

福特号航母

速度、航程和载重量都大为提高。1941 年 12 月 7 日早晨,日本以 6
个航空母舰编队,366 架舰载机(包括轰炸机、鱼雷机和战斗机)起
飞,突然袭击珍珠港美国海军基地,仅 95 分钟,就摧毁包括 9 艘战
列舰、6 艘巡洋舰在内的美国太平洋舰队近 100 艘战舰、400 多架飞
机。1960 年,美国建成世界上第一艘核动力航空母舰"企业"号。
当代军事世界,美国、俄罗斯、法国、英国、印度、西班牙、意大利、巴
西、泰国等都拥有不同型号和数量的航空母舰,其中美国拥有大型
现代核动力航空母舰 10 艘,是世界上拥有航空母舰最多的国家。

　　20 世纪 50 年代中期起,导弹逐步装备到舰艇上,导弹驱逐舰、
导弹巡洋舰、导弹快艇和导弹核潜艇等相继问世。1967 年第三次
中东战争时,埃及海军导弹艇使用"冥河"式飞航导弹,击沉 2500 吨
的以色列驱逐舰,揭开海战史的新篇章。1972 年,印度海军使用苏
制导弹快艇上的"冥河"式导弹,击沉巴基斯坦驱逐舰"科海巴尔"
号。舰对舰导弹研制进程加快,法国"飞鱼"导弹,意大利"奥托马
托"导弹,挪威"企鹅"导弹,美国"鱼叉"导弹,以色列"迦伯列"导弹
相继问世。1973 年第四次中东战争中,以色列的导弹快艇,应用
"迦伯列"导弹,一举击沉了 16 艘埃及的苏制导弹快艇。1982 年 5
月,马岛战争中,阿根廷发射"飞鱼"导弹,击沉英国"谢菲尔德"号驱
逐舰,成为现代战争史上的重要战例。

　　第二次世界大战以后,核动力潜艇出现。1954 年 1 月,美国第
一艘核潜艇"鹦鹉螺"号试航成功。核潜艇可以长期在水下航行而
不需要加燃料;下潜深度、艇速也大大增加。1960 年 7 月 20 日,美

国潜艇"华盛顿"号在水下发射了一枚北极星弹道导弹。潜艇从海军战术武器发展为全球战略武器,核动力弹道导弹潜艇和攻击型潜艇,已成为现代化海军基本力量的标志。

十、飞机开拓立体作战空间

1903 年 12 月 17 日,美国的莱特兄弟在北卡罗纳州的基蒂·霍克地区,驾驶他们发明的第一架飞行器——"飞行者",进行了人类历史上第一次有动力的持续飞行。

1911 年墨西哥革命战争中,农民军雇请一名美国民间飞行员,驾驶美制寇蒂斯式飞机与政府军的一架侦察机用手枪互相射击。这次空战,揭开了世界空战史的帷幕,人类战争进入了第三维空间。

如果说墨西哥大革命中出现的只是一次象征性空战,那么歼击机的出现和完善,则标志着人类空战史的真正开始。第二次世界大战中为保障地面部队大规模突击行动实施了空中战役,大编队大机群空战成了歼击航空兵这一时期作战的主要形式。1943 年 7 月,苏德双方在库尔斯克战役的第一天,就进行了 250 多次空战。一次空战,有时投入 200—250 架歼击机。

第二次世界大战后,歼击机由活塞式进入到喷气式,飞行速度很快由近音速突破音障而达到超音速。歼击机的空战从原来的密集大编队大机群作战,变为疏开的小编队组成的小机群作战。

莱特兄弟发明飞机

飞机早期,集侦察、空战、轰炸于一身,空战主要表现为飞行员持枪对射,轰炸则主要靠飞行员用手往下推炸弹。为适应各种战斗任务的需要,执行专门任务的侦察机、轰炸机、强击机和歼击机等先后应运而生。

世界上最早的轰炸机,是俄国人于 1914 年 10 月制成的"依里亚·莫洛米茨号",携带 500 公斤炸弹,有用以防御的机枪,飞行时速 100 千米,高度 3800 米,飞行的最长时间为 4 小时。法、德、意、英等国家也先后制成轰炸机。第一次世界大战结束时,轰炸机的飞行速度、高度以及载弹量等都有了很大提高,而且开始使用机械式瞄准投弹装置,提高了投弹的准确性。

与此同时,强击机也逐步出现。1918 年,德国人制造出了有防护装甲、腹部有机枪的"容克"式和 AE·G 式飞机,专门用来进行低空攻击,这就是最初的强击机。

1909 年,飞机刚刚问世,意大利人朱里奥·杜黑就以惊人的军事远见论述飞机在战争中的使用前景。1921 年,杜黑出版《制空权》一书,提出了战争中航空兵和快速部队作用上升的思想,在决定性方向上密集使用航空兵和快速部队的思想,以及夺取和保持制空权的思想等。这些对近现代军队建设和作战理论的形成产生了重大影响。

虽然飞机用于作战以后,战争就从传统的陆地空间、海上空间,进入了第三维立体空间。但人们通常认为完整意义的立体战争是从空降作战开始的。其实飞机问世不久就有了一些小规模的、试验

隐形战机

性的空降。1918 年春,法国人就曾用降落伞向德军后方空降过由两人组成的爆破小组,以破坏敌人的交通线。随着飞机的载重能力提高,降落伞技术不断改进,开始发展规模较大的跳伞技术。1927年,9 名意大利伞兵在锡尼塞洛机场进行集体跳伞表演。1933 年苏联首次举行航空表演,46 名伞兵从两架大型飞机上跳出,打破了集体跳伞的世界纪录。这次表演还伞降了一辆小型作战坦克,开创了空投重型装备的先例。

真正大规模的空降作战始于第二次世界大战,从 1940 年 4 月 9日德军向挪威伞降一个团,到大战结束,交战双方共进行了 30 余次空降作战。1944 年 6 月 6 日凌晨 1 点 30 分,盟军为支援诺曼底登陆战役进行大规模空降作战。近千架 C-47 运输飞机,载美军第 101和 82 空降师 13000 名伞兵在法国科坦丁半岛北部瑟堡周围的丘陵地上空空降。1944 年 9 月 17 日,盟军向荷兰实施的军级规模(2 万人)的空降,总共使用了 1545 架运输机和 478 架滑翔机,并有 1131架战斗机掩护,彻底剥夺了德军制空权。这是战争史上规模最大的一次空降。

第二次世界大战后,航空技术进一步发展,空降作战的样式也发生了变化,除了伞降与机降外,还出现了直升机机降。它使立体战争的内涵更加丰富了。第二次世界大战期间伞降和机降(指滑翔机机降)夺取目标后即转入扼守,缺乏灵活性。直升机出现后,可以持续不断地进行空中机动。空降作战从传统的攻占——扼守,逐渐向机动进攻发展。

空降部队的使用和实施空降作战依情况不同,分为不同等级。如苏军分为四级:战略空降,纵深 1000 千米以上,兵力至少 2 个师;战役空降,纵深 100 至 200 千米,兵力 1 至 2 个师;战术空降,纵深 30 至 50 千米,兵力为 1 个营至 1 个团;特种空降,一般不超过 1 个连。

十一、导弹核武器的划时代影响

战争的发展,要求武器的打击力要相应增强,一是加大杀伤威力,二是提高命中精度,三是增大射程。导弹的出现,就是武器的打击力在命中精度和射程方面的飞跃。

导弹是由火箭发展而来的,通俗地说,就是能够制导的火箭。

早在 1898 年,俄国科学家齐奥尔科夫斯基就在《用火箭推进飞行器探索宇宙》一文中提出火箭运行的设想。第二次世界大战期间,火箭的发展进入到一个突飞猛进的时代。当时,苏联研制并大量装备的"喀秋莎"火箭炮,成了威力很大的压制火力。德国于 1944 年制成并投入使用的 V-1 和 V-2 型"飞弹",开创了战争史上首次使用导弹的记录。此外,德国还研制了空对空、地对空、反坦克导弹以及射程达数千千米的远程导弹。只是由于希特勒发动的侵略战争很快宣告彻底失败,这些导弹还没有研制完成或没有能大量投入实战。大战结束后,一些国家,尤其是苏美两国,大力开展导弹

导弹部队

的研制工作。美苏两家瓜分了德国研制导弹的图纸、资料、设备和专家人才，与他们本国研制的经验结合起来，很快出现了一个蓬勃发展的局面。

导弹一般分为战略和战术两大类。这两类中又分弹道式和飞航式两种。通常把射程 1000 千米以上的，即中程以上的划入战略导弹；1000 千米以下的属战术导弹。战略导弹中，有陆上机动和井中发射的弹道导弹，潜艇发射的弹道导弹，陆上、海上和空中发射的飞航式导弹。战术导弹种类比较多，其中有打陆上固定目标的，有打坦克的，有打飞机的，也有打舰船的。从单兵到集团军、方面军，从吉普车到装甲车，从飞机到舰艇，都能够使用不同类型的导弹作战。据统计，世界各国研制的各种类型的导弹共有 300 多种，总数达 200 多万枚。未来战争无论以什么样式出现，无论在陆地、海洋，还是天空，导弹都是必然的参加者，是战争的主角。

在导弹问世的同时，核技术、核武器也取得重大突破。1905 年物理学家爱因斯坦提出著名的"狭义相对论"和质能方程 $E = MC^2$，阐述了质能互易律，为原子能的发现和利用奠定了理论基础。1938 年德国科学家发现铀原子核裂变现象，1939 年德国成立铀学会，并秘密实施"U 计划"。1942 年德国布劳恩发射 V-1、V-2 飞弹成功。1942 年 8 月美国秘密开展"曼哈顿工程"，该工程以格罗夫斯少将为总负责人，罗伯特·奥本海默为技术顾问，并由美国总统直接领导，先后投入 25 亿美元，制造出代号分别为"大男孩""小男孩""胖子"的 3 枚原子弹。1945 年 7 月 16 日，随着"大男孩"降临美国新墨

原子弹爆炸

西哥州阿拉莫戈多沙漠试验场上空,"1000 个太阳"同时闪耀,巨大蘑菇云腾空而起,宣告了核时代的来临。1945 年 8 月 6 日、9 日美军分别在广岛、长崎投下各约为两万吨左右的"小男孩"和"胖子",核武器正式走进了现代战场。1952 年美国氢弹试爆成功,当量达1000 万吨 TNT。核武器的出现是人类战争史上一件划时代的大事,武器战斗部由利用化学能进入利用核能的新时期。

核武器问世以及与导弹的天然结合,极大地改变了现代战争的面貌,改变了战争的时空观。无论是射程、打击精度,还是毁伤力,当代导弹核武器几乎都达到了物理极限。射程上,可以打到地球上任何一个角落;精度上,真正可以实现万步穿杨,几千千米外只不过几米的误差;在毁伤力上,核武器爆炸后除巨大的冲击波外,还有光辐射(热辐射)、早期核辐射(也叫贯穿辐射)、核电磁脉冲和放射性沾染,所过之处,一片焦土。仅早期投向广岛的 2 万吨级原子弹就令数十万人丧生。据核科学家演算当今世界现存核武器足以毁灭人类数十次。

十二、当代世界新军事革命与信息化战争

20 世纪 70 年代以来,人类社会技术形态酝酿着重大的时代性转变。以信息技术为核心的一系列高新技术群迅猛崛起。其中主要有以微电子技术、计算机技术、人工智能技术、通信技术为基础的

信息技术群，以人造地球卫星、航天飞机、宇宙飞船、空间站为代表的航天技术群，以核聚变为代表的核能源技术群，以复合材料和耐高温材料为代表的新材料技术群，以遗传工程为代表的生物技术群，以海洋工程为代表的海洋开发应用技术群等，这一系列高新技术群的出现及其在军事领域的广泛应用，同时引发了人类历史上一场涉及全球，影响深远的新军事变革。这场世界新军事变革无论在深度上和广度上都是历史上冷兵器时代军事变革、热兵器时代军事变革和机械化时代军事变革所无法比拟的。如果说，冶金技术的发展带来的是农牧时代的体能革命，机电技术的发展带来的是工业时代的技能革命，那么当代信息技术的发展则带来的是智能革命，它不是以往历次军事变革中作战效能的物理性扩张（作战工具投射距离更远、速度更快、破坏力更大），而是作战效能的智能性扩张（更聪明）；不是人的肢体的延伸，而是人的大脑的延伸。它本质上是智能化革命。是人类文明由工业时代向信息时代转变的产物。当代世界新军事变革的根本动因是实现军事效能质的飞跃，以支持在 21 世纪的国际战略格局中争取有利地位和战略优势。它的基本目标是以人类社会由工业社会向信息社会的转型为背景，以信息技术为核心的高技术的发展为直接动力，以信息为基因，以信息化建设和"系统集成"为主要手段，把适应打机械化战争的工业时代的机械化军队，建设成适应信息化战争的信息时代的信息化军队，最终形成以信息化为基本特征的新军事体系。信息化是新军事变革的本质与核心，信息是当代世界新军事变革的新质与基因。在构成战争的

美国网络战部队

人流、物流、能量流与信息流诸要素中,信息流日益成为驾驭与支配人流、物流、能量流的核心要素。人类社会的战争形态将由机械化战争转化为信息化战争,工业时代的机械化军队转化为信息化军队。建立在新的物质技术基础上的新军事变革,将导致军队建设和作战方式等一系列方面发生革命性变化。信息化武器装备将成为军队作战能力的关键因素,非接触、非线性作战将成为重要作战方式,体系对抗将成为战场对抗的基本形态,网络将成为战略较量的新领域,太空将成为国际军事竞争新的战略制高点。这是迄今人类历史上影响最深刻最广泛的军事领域的一场革命。

对于广大发展中国家来说,由于经济技术发展水平所限,现在仍处于机械化半机械化的发展阶段,面临机械化尚未完成,又需要努力实现信息化的困难局面。这些国家既不能脱离现实,企求一步登天,直接向信息化迈进,也不能走西方发达国家国防与军队建设的老路,跟在别人后面,亦步亦趋,按部就班地等完成半机械化到机械化的转变后再进行信息化建设,而只能发挥后发优势,充分利用时代赋予的一切有利条件,坚持以机械化为基础,以信息化为主导,以信息化带动机械化,以机械化促进信息化,努力推进机械化和信息化的复合式发展。这虽然是一项极为艰巨的任务,但只要抓住当前的宝贵时机,以改革为动力,以科技创新为杠杆,以信息化为目标,认真借鉴发达国家军队现代化建设的有益经验,保持较快的发展速度,最终实现国防和军队的信息化还是可能的。

首先,军事形态的时代性转变通常建立在不同的物质基础之上，新旧军事形态不存在必然的逻辑关系。这为相对落后的国家在新的物质基础上实行跨越式发展提供了可能。例如金属化军事变革并不是以木石兵器的充分发展为基础，而是以铜铁等全新的技术为基础的。火药化军事变革的核心要素也不是冷兵器的高度发展，而是火药的发明与应用。同样，信息化军事变革的主导因素是当代的信息技术。尚未完成机械化变革的国家和军队，并不一定非要等到机械化任务全部完成后才能进入信息化变革，而可以在由半机械化向机械化的过渡中同时启动信息化的进程。

其次，世界先进军事技术的充分发展和相互交流为相对落后的国家和军队实施跨越式发展提供了必要的参照系和外在条件。已有的先进的军事技术的充分发展，及其世界性交往，是后发国家与军队实施跨越式发展的必要前提和客观环境。后发国家可以通过军事技术、军事思想的交流、学习、借鉴、引进，而缩短自己独自摸索演进的过程。没有这种外在的大环境，跨越式发展是不可能实现的。

其三，当代信息技术本身所特有的开放性、扩散性、渗透性、共享性与兼容性，为信息化建设提供了有利的技术条件。信息社会是不受地域限制的无国界社会，信息技术第一次作为一种物质载体，把人类社会连为一体，信息的流动与传播是不可阻止的，信息技术手段运载信息，信息不流动就失去任何价值。信息及其技术的这种特性使相对落后的国家可以在新的高起点上进行发展。

当代军事变革，核心内涵就是推进军事理论、军事技术、军事组织和军事管理创新。确立与信息化战争相适应的现代军事理论,是当代世界军事领域深刻变革的灵魂。理论牵引与技术推动是当代军事变革的两大动力,也是当代世界新军事变革区别于历史上的军事变革的特征之一。它既是新军事变革本身的内涵之一,也是引导新军事变革走向深入的必要条件与动力。在当代世界军事变革中,各国都在努力探讨信息化战争理论,新思维、新概念、新理论层出不穷。例如全维一体化作战理论、信息威慑与信息攻防作战理论、快速决定性作战理论、网络中心战理论、制信息权与制天权理论、非接触、非线式、非对称作战理论等等,都反映了与信息化战争相联系的新的理论思维。早在 20 世纪 90 年代初,当新的战争形态与战争方式刚露端倪的时候,中国就率先提出了"打赢现代技术特别是高技术条件下的局部战争"的战略概念,作为指导全军建军作战的战略方针。近年来,随着新军事变革实践的深入发展,又进一步提出把军事斗争准备的基点放到打赢信息化条件下的局部战争上来。中国军事理论创新的基本方向是在继承毛泽东优秀军事战略文化遗产的基础上,从中国新世纪战略环境与战略需求的实际情况出发,努力突破传统军事思维模式的束缚,更新战争与战略观念,确立信息化时代的多维一体作战思维、基于能力的联合作战思维、中远程精确作战思维、高度智能化作战思维,确立信息化时代新的战争胜负观、战争效益观、战争时空观、战争控制观、战争能量观、战争体系观等,进一步探讨在信息化水平不对称的条件下实行"你打你的,我打我的",完全主动作战的作战样式与行动规律,探讨人民战争与信

太空战

息技术相结合的新战法、新思路。

推进军事技术创新，建立信息化的武器装备体系，是实现军事变革的物质形态与客观基础。对于经济技术基础相对薄弱，军队现代化水平相对较低的国家来说，大力发展以信息技术为基础的先进的军事手段和武器装备，实现军事能力质的跃升显得尤为迫切，尤为重要。80 年代邓小平就曾指出"中国必须发展自己的高科技，在世界高科技领域占有一席之地"。在他的推动下，采纳了王大珩等四位老科学家《关于跟踪世界战略性高技术发展的建议》，组织全国200 多位知名科学家进行论证，于 1986 年推出了《高科技研究发展计划纲要》，即"863"计划。该计划实施以来，在生物、航天、信息、激光、自动化、能源、新材料等高科技领域，取得了一批重要成果，其中许多项目达到了世界领先水平。"863"计划为中国国防科技事业的发展注入了新的生长素和推动力。随后中国又推出了"超级 863"计划，和其他高新军事技术计划。为适应现代条件下信息体系对抗和不对称作战的要求，中国在推动军事变革的进程中，进一步实施科技强军战略，把提高军事技术和武器装备的自主创新能力，作为国防和军队现代化建设的战略基点，坚持军民结合、寓军于民，坚持原始创新、集成创新、引进消化吸收再创新相结合，力争在一些基础性、前沿性、战略性技术领域取得重大突破，推动高新技术武器装备的自主式发展、跨越式发展、可持续发展。瞄准世界高新技术发展前沿，抢占一些关键技术的制高点，掌握有自主知识产权，有战略威慑力与实战力的新手段，形成和保持相对优势与局部优势。

推进军事组织体制创新,努力锻造 21 世纪的信息化军队,是军事变革的组织表现与制度保障。当代世界各国军事体制革新的共同趋势是在信息化目标牵引下,深化军队结构改革,以便于信息的快速流动,实现人与武器的最佳结合,最大限度地发挥作战效能为目标,压缩规模,优化结构,缩短信息流程,简化指挥程序,提高军队信息技术含量,努力实现作战编成由传统合成化向模块化、一体化、多样化转变,指挥体制由垂直树状式向扁平网状式转变。建立适应信息化战争要求的指挥体系、作战体系、保障体系、教育训练体系,实现军队结构的全面转型;抓紧实施信息化时代的人才战略工程,培养造就一大批驾驭现代战争的高素质军事人才,包括高素质的复合型指挥人才、智囊型参谋人才和专家型科技人才。

世界新军事变革不仅是一场军事理论、军事技术和军队组织体制的革命,也是一场军事管理的革命。科学高效的管理,对于降低军队建设成本、提高军事系统效率、增强军队战斗力,具有非常重要的作用。新世纪新阶段,随着武器装备现代化水平日益提高,部队编成结构发生重大变化,军事管理内涵大大拓展,对军事管理提出了新的更高要求。推动军事管理创新,就是要适应军队现代化建设的新形势,更新管理观念,加强战略管理、部队管理和资源管理,创新管理机制和管理方式,不断增强科学管理能力,提高现代管理水平。

相关链接：

古代中国未能率先完成火药化军事革命的原因与教训

所谓**军事革命**就是推动战争形态发生完整剧烈质变的特殊社会活动。迄今，人类社会历史上曾经发生过的军事革命包括金属化军事革命、火药化军事革命和机械化军事革命，当前正在深入发展的是以信息技术为核心的信息化军事革命，也叫新军事革命。

在人类的原始战争中，长期占统治地位的是木石兵器。大约在公元前 4000 年至公元前 3000 年，埃及、西南亚、中国以及南欧、中欧等地先后开始炼铜，人类进入到金石并用时代，开始了青铜兵器投入使用的历史。公元纪年前后，金属化军事革命有了较大发展，到了中国汉、唐时期，这场革命达到高峰。金属兵器的产生和发展，促进了奴隶社会和封建社会前期步兵、车兵、骑兵和古代海军（水军）等多兵种的诞生，与之相适应的作战方式得以产生和发展，并诞生了朴素、直观的军事理论。漫长的金属化军事革命发展过程中，受生产力发展水平的限制，人类作战武器的金属化是与生产工具的金属化基本同步的，人的军事能力在体能素质的基础上借助金属兵器的威力得到提高和发挥，并凭借舟船、马匹的机动能力、集团冲击能力大大拓展了战场空间和战斗距离。

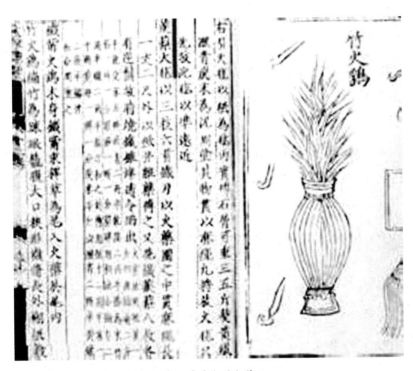

中国最早发明火药

　　在历次军事革命中,古代中国曾经创造过许多辉煌的成就。当金属化军事革命在世界各个古老文明发源地展开后,是古代中国将冷兵器时代的军事效能发挥到极致,在汉、唐时期把这场军事革命推向完备。

　　北宋初年(公元 10 世纪),中国的军事家们开始试制最初的一批火药火器。以《武经总要》三个火药配方的公布和北宋靖康元年(1126 年)宋军对围攻汴梁的金军使用火药火器进行作战为标志,又是中国,最早完成了军用火药的定型发明,在世界范围内率先开始火药在军事领域的应用,成为第一个萌发火药化军事革命的国家。古代中国在火器研制和冷热兵器并用的战术水平方面,一直保持着世界领先地位,宋(北宋、南宋)、金、蒙(元)、明、清(后金和清初)各代,对初级火器、火铳火枪、火箭类火器、火炮、地雷水雷等火器的研制和发展做出了自己程度不同的贡献,分别进行了适应火器应用的有关军队编制装备结构调整、火器军工生产、军事训练内容更新和边关城防设施改善,形成了内容比较丰富的火器技术理论体系。与古代中国经历过的火药武器发展的每一个历史时期(包括军用火药的首次出现至金属枪管的问世各阶段)相对应,欧洲各国都还停留在单纯的冷兵器时代,出现了三四百年的认识空白。14 世纪初,中国发明的火药、火器经由阿拉伯人西传,在欧洲播下火种,引发了西方火器研制者们近两个世纪对东方火器技术的悉心模仿和改进。火药与火器的发明,不仅直接推动了人类历史上的重大军事革命,而且大大推动了人类的文明与进步。恩格斯在《反杜林论》中指出:"火器一开始就是城市和以城市为依靠的新兴君主政体反对封建贵族的武器。以前一直攻不破的贵族城堡的石墙,抵挡不住市民的大炮,市民的枪弹射穿了骑士的盔甲。贵族统治跟身穿铠甲的贵族骑兵同归于尽了。"马克思在《机器·自然力和科学的应用(1861—1863 年经济学手稿)》中指出:"火药、指南针、印刷术——这是预告资产阶级社会到来的三大发明。火药把骑士阶层炸得粉碎,指南针打开了世界市场并建立了殖民地,而印刷术变成新教的工具。总的来说变成科学复兴的手段,变成了精神发展创造必要前提的最强大的杠杆。"日本学者称,没有四大发明的西传,就没有欧洲的文艺复兴运动。

但是,正当欧洲火药化军事革命轰轰烈烈展开的时候,从 17 世纪到 19 世纪,古代中国火器研制一路领先的势头出现由盛转衰的重大变化,火药兵器一直未能在战争中占主导地位。清代康熙后期,火器制造由兴旺转向缓慢,到了雍正朝,火器制造出现滑坡,到了道光年间,火器制造完全衰萎,清军只能使用明末清初常用的红衣炮、兵丁鸟枪,以及大量过时落后的刀矛弓矢冷兵器。当 1840 年鸦片战争清王朝与大英帝国两军对垒时,所谓"天朝上国"的军队其武器装备水平竟落后对方一两百年,遭遇了前所未有的奇耻大辱,使中华民族跌入长达一个多世纪的半封建半殖民地社会。

古代中国挟着达成金属化军事革命最高阶段的余烈率先开始火药化军事革命,却在这场能够实现军事能量形式质的突破的大变革中逐渐落伍,并在最后遭到来自西方的"文明人"拿着最早发端于中国的火枪火炮进行的最为野蛮血腥的侵略,开启了一个百孔千疮的近代社会,历史的教训发人深省。这其中重要的原因包括以下几个方面:

第一,长期落后的封建生产方式制约了火器生产技术的改进,阻碍了古代中国火药化军事革命向更高的发展阶段推进。明代嘉靖年间,长江下游和东南沿海一些地区开始出现资本主义萌芽,工场手工业规模有较大扩展。但这种工场手工业始终处在强大的封建生产关系严密包裹当中,全国范围内的小手工业生产方式很难转化为大工场手工业。从明末天启年间至清代康熙时期,在长期小手工业生产的基础上,古代中国既没有从自身的火器制造部门中产生火器研制的先进技术,也没能将国外引进的先进技术转化、巩固为自身的能力,建设新型的火炮制造工场,最终不能推动火炮制造业向近代化方向发展。

第二,封建专制制度的严密控制是古代中国火药化军事革命不能深入发展的政治原因。当火药化军事革命在中国萌生时,中国的封建社会进入中后期发展完善阶段,专制主义控制更为严密。为了防止火器的流失和私制私有成为威胁自身统治的因素,封建统治者运用统治手段严格控制全国的火器制造,并不热衷火器制造水平的提高和应用技术的推广,使古代中国火药化军事革命受到极大的束缚。

第三，古代中国重道轻器的传统观念和轻视发明创造的政策阻滞了火药化军事革命的健康发展。中国古代兵学在封建社会后期很大程度上束缚于儒家教条，空言性理，虚拟理想，严重阻碍了军事学术合乎自身逻辑的成熟，对火器的研制及其在战争中的运用等新问题反应不热络，研究欠深入。火器研制者的创造性劳动也得不到统治者的政策扶持，得不到应有的社会尊重。

第四，火器研究理论的陈旧和指挥、体制编成的落后未能充分挖掘出古代中国火药化军事革命应有的军事技术效能。明清火器研制仍沿用"阴阳五行化生"和"君臣伦理"学说，不能用精确数量概念的理论方法研究火药、火炮的设计、生产问题，性能得不到优化，安全系数不高。反观此时的西方，17世纪上半叶，欧洲打开了近代自然科学的大门，火器技术出现大踏步地前进。由于康熙乾隆以后推行闭关锁国政策，与世界潮流的高涨脱节，欧洲近代火器先进理论传入中国的机会也就此中止。从指挥、体制编成情况来说，清朝推行"只有马上枪箭熟悉者"才被"勉以优等"的政策[①]，操枪弄炮之事日见废弛，火器运用之术无人考究，直到1840年鸦片战争，清军的野战战术仍沿用明末清初传下来的鸟枪三叠阵战法，海岸防卫作战充分暴露

---

① 《清史稿》卷139，《兵十·训练》。

了岸防体系错漏百出、士兵缺少实弹训练、军事主官临阵无谋的败象。

第五，危机意识淡漠、战略需求不足使古代中国火药化军事革命缺乏足够的推动力。明代火器运用曾经达到较高水平，但明军长期没有遇到火器上能与之匹敌的对手。等清军入关后，发展势头强劲，迅速统一中国，后来康熙年间又连续平定三藩之乱、收复雅克萨城、平定噶尔丹叛乱，取得了一连串的胜利。于是在很长的一段时期，清朝统治者有足够的理由满足于鸟枪火炮和弓箭刀矛等冷兵器并用的现状，自诩"以武功开国，弧矢之利精强无敌"①，反复强调"骑射……乃满洲之根本"②，不愿组织新型火器研制，去改善国防军事装备。乾嘉、道光年间清军进行的战争，全都是镇压农民起义、镇压少数民族起义、平定少数民族上层分子的叛乱，由于双方实力对比悬殊，这些战事也没能触动清朝统治者思考推动火药化军事变革的神经。危机意识的淡漠和战略需求的不足使古代中国的火药化军事革命再难开展下去。

---

① 《清朝文献通考》卷 194，《兵考》16。
② 《清朝文献通考》卷 192，《兵考》14。

第六章

军队建设与管理规律

一只由驯鹿统帅的狮子，决不可能再是狮子。

军队的光荣高于一切。

——拿破仑

拿破仑(1769—1821)

一、军事职业有何特点？

虽然军人这一职业有着古老的历史，而军队职业化却伴随民族国家的兴起与演进只走过了几百年的历程。

一般讲，军事职业和职业军人主要是指军官队伍和职业士官，但军事职业的形式和本质及其同社会的关系则主要取决于军官队伍。战时，军官是作战行动的组织者、指挥者，是部队统一意志、统一行动的核心；平时是部队战备、训练、生活、工作等各项活动的领导者、管理者。在所有情况下，军官都是军队管理工作的决策者、组织者、控制者、协调者，是军队凝聚力、向心力、影响力形成的关键因素。

军事职业的特征与社会上任何其他职业一样，有职业的共性，也有其不同的个性。军事职业的共性主要体现在以下几方面：一是具有"团体—行政"机构的特征。通过确立一系列的规章制度,用以规范从事该职业的人们的行为,并制定相应的工作标准。二是需要专门知识并进行专门教育。需要有一般人员所不具备的某些专门技能,并进行本职业所特有的继续教育。三是要进行职业的自我管理。职业的高级领导和部分管理人员,决定人员的晋升和各级人员的地位。四是要有敬业精神和职业责任感。除经济需求外,专业人员的工作动力和敬业精神主要来自内在的自我意识与信仰,来自服务精神和对社会的责任感。

军事职业有别于其他职业的特征,一是它的高风险性,军人随时都可能面临牺牲生命的危险,因此它比任何职业更加要求具有自觉的奉献精神和牺牲精神。二是它要求更加严格意义上的"自觉服从",不讲任何价钱,坚决执行命令。三是军事职业的服务对象是国家。这一特性要求军人忠于职守,忠诚于国家,以维护国家利益为最高准则。此外,作为职业军官队伍是一个自觉的、有凝聚力的团体,它有其自己特殊的任职方式和任期规定,有自己的敏感问题和内部语言。这些特征对于规范军人的思维方式和行为,对于表达军事职业的意义,确立该职业同国家的关系,至关重要。

而军事职业的总特征是由"国家"这一概念决定的。这些决定性的因素包含了军事职业的地位与意义,军事职业所服务的国家和政治制度的性质。国家的性质决定了军事职业的性质和整个军事制度的性质。

马克思主义认为,军队是执行政治任务的武装集团,是国家政权的主要成分,是国家和占统治地位的阶级的暴力工具。有什么样性质的国家和占统治地位的阶级,就有什么样性质的军队。奴隶社会,奴隶主占统治地位的军队必然是维护奴隶主利益的工具。封建社会,封建主的军队必然是维护封建主的封建特权的工具。资本主义时代,资本家占统治地位的国家的军队必然是维护资本家的垄断利益,维护资本主义秩序的铁血机器。尽管有些国家标榜实行文官领军,文官领导根据实绩和专业技能来任命高级军官,不考虑其政治倾向,坚持军队不介入政治和军队与社会相分离的准则,但这并不影响他们捍卫资本家的特殊利益,用血与火为资本的扩张开辟通道,为资产阶级服务的政治本质。即使在社会政治生活中,他们也完全可以凭借自己的特殊发言权和专门渠道,直接参与决策,或通过与政治决策人员之间的联系施加政治影响。

某些政治不稳定的国家的军队同政治之间的联系反映了军队同该国国内政局和政治权力结构变化之间的复杂关系。由于这些国家的制度具有浓厚的"人治"特点,因此军事领导人同统治者之间存在一种私人效忠关系。在这些国家往往通过军事政变实现政权更迭。在这种情况下,军队在国家体制中的地位和作用很大程度上取决于同统治集团成员之间的个人关系。

中国共产党领导的人民军队除了一般军队的共性外,它从不讳言自己鲜明的政治属性。中国共产党是全中国人民根本利益的忠实代表。中国共产党的核心领导作用是历史的选择,时代的选择,人民的选择。作为人民民主专政的坚强柱石,中国共产党对军队的领导是人民军队性质在管理上的集中反映和体现。军事职业是作为执政党的中国共产党领导下的一支中坚力量,它是制度化的政治组织,又是一个军事系统。中国共产党对军队的领导主要体现在政治领导、思想领导和组织领导上。军事职业的政治性决定了它与人民民主政权和社会主义制度利害攸关,军队同执政党及其核心领导保持高度的一致性。

尽管军事职业具有很多特点与区分,但就其为自己的国家和社会提供服务的方式而言,每一个国家的军事职业都不能完全脱离它所服务的制度。军队是历史的产物,有特殊的组织形式,要求强制执行组织纪律,这些都体现了所有军事职业的共同特性。可以说,军事职业凭借对武器使用的垄断为国家服务,它是一种目的专一的政治—军事组织,并在政治制度和统治集团所规定的范围内发挥作用。

二、为什么说军队管理出战斗力?

管理是协调使用一个组织的所有资源,以达成该组织目标的过程。而军队所要实现的目标艰巨宏大,它需要协调各方力量,组织和落实各项工作。只有充分发挥军队管理职能的功用,才能不断增进军队管理的效益,提高军队战斗力。

军队管理的基本职能主要包含有:计划、组织、指挥、控制和激励。

（一）计划

计划是管理的首要职能,是启动管理过程的动力。在军队管理中,计划工作是对决策内容的具体化并增进其操作性的活动。一般而言,计划主要包括确定目标,规定优先顺序,分配任务,提出要求等项内容。它主要涉及六个"W":一是做什么(what),即要达到的目标及其内容;二是为什么做(why),即工作的原因和目的;三是何时(when)做完这些工作,完成整个任务的时限和各个阶段任务的时限;四是由谁做(who),包括实施者、指挥者、监督者等;五是怎么做(how),采取什么手段和方法;六是在什么地方做(where)。

根据情况的不同,计划有战时计划与平时计划;具体计划与指导性计划;战略计划、战役计划与战斗计划;中长期计划、短期计划与应急性计划等。例如,第二次世界大战期间,德、意、日法西斯集团和反法西斯同盟双方都制定了一系列作战计划,实施了一系列重大战役。包括德国入侵波兰的"白色计划",德国入侵法国的"黄色计划",德国试图对英国本土实施登陆作战的"海狮计划",德国入侵苏联的"巴巴罗萨计划",以及苏联对德作战计划,美国陆海军联合制定的对不同国家交战的"彩虹计划",美、英盟军制定的在法国西北部诺曼底地区实施大规模登陆作战的"霸王行动"计划等。

计划寓于军队管理工作的整个生命周期,在军队管理的全过程都离不开这一重要职能,它对于保证管理活动的有序发展具有十分重要的作用。一是可以使军队工作具有更加清晰的方向，更有预见性和有序性；二是可以协调一致地行动，使军队管理者和被管理者人人都明白自己的职责、所要达到的目标以及达到这一目标的具体途径，从而提高行动的自觉性；三是掌控工作进程，利于及时修正工作中可能出现的偏差，保障军队工作目标的实现。

（二）组织

组织是管理的第二大职能，管理也必须在一定的组织中才能进行。组织既是管理的客体，也是管理的主体，还是管理的手段。它包含了双重含义。一是静态的组织系统，即为实现一定的目标，依照一定方式构建而成的集体。例如，军、师、旅、团、营、连、排、班各级组织。二是动态的组织活动，即为实现一定目标，调配人力、物力，使之协调一致地行动的过程。

一般而言，组织活动主要包含以下内容：一是对任务进行分解，使之具有可操作性；二是根据任务进行合理分工，选拔、配备人员，建立合理的群体结构；三是明确职责与权限，明确上下级之间的从属关系和同级之间的协作关系，实现集权与分权的平衡；四是提供相应的资源保障。艾森豪威尔在实施诺曼底登陆计划时，要求美军在 2 个滩头（犹他和奥马哈滩头）登陆，英军在 3 个滩头（哥尔德、朱诺和斯沃德滩头）登陆，为此，美、英军进行了具体的兵力区分和组织协调工作，充分发挥各级指挥官的作用，保证了全线登陆的成功。

组织活动与计划同样贯穿于管理工作的全过程。计划是组织活动的依据,组织活动是计划的推动。通过军队管理中的组织活动,才能落实正确的决策和计划。正是由于组织工作的重要性,人们常常将组织看作管理的代名词。

(三) 指挥

指挥主要是指军队指挥员及其指挥机关对所属部队的作战和其他行动的领导活动。北约(NATO)对"指挥"下的定义是:"对武装力量中某个人赋予的指导、协调和控制部队的权力。"美国参谋长联席会议下的定义是:"军队中的指挥官依据军衔或职务对下属行使的法定权力。"指挥的实质就是"凭权力进行指导",即积极思考,作出判断,运用智慧,行使职权,要求被指挥者贯彻落实自己的决心和意图,包括做什么和不做什么。

根据不同范围和权限,指挥可分为战略指挥、战役指挥和战术指挥;按指挥方式,则有集中指挥和分散指挥,按级指挥和越级指挥,直接指挥和间接指挥之分。通常情况下,职务与军衔低的军官不能指挥职务与军衔高的军官,参谋人员和助手不能行使指挥官的权力,专业军官不得在军事指挥官不在时行使指挥权。

作为军事领导的主要职能,指挥活动主要包括:一是进行军情分析与判断,包括敌情判断、我情判断、社情判断、作战空间与时间判断、气象水文情况判断等;二是定下决心,重点是确定主要行动方向、作战样式、行动时机等;三是拟定具体行动计划,详细反映行动决心,明确行动顺序、方法、时限,协同动作、保障措施等;四是下达任务;五是组织协同;六是监督检查,把决心、意图、计划落到实处。

指挥活动必须遵循以下几个最重要的原则:一是主观指导符合客观实际的原则。全面了解与把握客观情况,充分利用一切有利的客观物质条件,充分发挥指挥员的主观能动作用;二是集中统一指挥原则。集中统一指挥的基础是目标与意志的统一。必须在统一的意图下,围绕统一的目标,按照统一的计划,实施统一的行动。三是不间断地指挥原则。在指挥中,指挥员要意志坚定、冷静沉着,不怕困难,密切关注事态的发展变化,坚决贯彻既定决心,及时不间断地下达指令,坚持到底,直至胜利。四是灵活主动原则。力争完全的主动,力避被动,坚持主动性、灵活性、计划性的高度统一。

(四) 控制

控制是指对计划目标的完成情况进行监控。在军队管理中,控制过程大体有三个相互关联的环节:一是对计划执行情况进行检查评估;二是将评估结果与计划进行比较,判断是否得到预想结果;三是采取措施纠正计划执行中出现的偏差或调整修正计划。

控制有主动控制(或监督控制)与被动控制(或反馈控制)之分。主动控制(或监督控制)是最基本、最有效的控制方式。控制在军队管理中具有重要作用。通过控制,可以保证计划的实现,提高组织活动的成效,辅助指挥的实施。例如,在中国人民解放战争时期的辽沈战役中,为坚决贯彻落实中央军委制定的关于置长春、沈阳两地之敌于不顾,我军主力南下北宁线,首歼锦州之敌,割断东北和华北之敌的联系,形成"关门打狗"之势的作战方针,毛泽东密切关注作战进程,对东北我军作战行动给予及时指导与调控,战役进行过程中往来电报达数十次之多。特别是当锦西方面敌情发生一些变化,东北野战军领导人攻锦决心"一度发生顾虑",毛泽东再三电令东北野战军领导人坚定决心,坚决执行既定作战方针,指示"迅速攻克锦州,望努力争取十天内外打下该城"。有效的指挥控制确保了战役的最后胜利。

(五) 激励

激励,是通过满足人们一定程度的物质或心理需求,激发或引导人们的行为动机,调动其本身的内部动力去积极进行实现管理目标的活动。美国哈佛大学教授威廉·詹姆斯的研究结果表明,如果没有受到激励,一个人通常只能发挥其能力的20%—30%,如果受到有效的激励,就能发挥其潜能的80%—90%。激励在军队管理中具有重要作用,激励工作做得好,可以激发军人积极性和创造性,排除困难,勇往直前,自觉贯彻上级意图,出色完成各项任务。

根据激励的手段,激励通常可分为精神激励和物质激励。精神激励是针对军人在精神情感方面的需要调动其积极性的措施。如授勋授衔,战时杀敌立功运动,广泛开展军事民主,鼓励参与管理等内容。物质激励是针对军人在物质方面的需要而调动其积极性的措施。如,给予物质金钱奖励,提高生活待遇等。

奖励是一种正激励,旨在提倡做什么;惩罚则是一种负激励,其目的在于约束军人行为,使其不做什么,否则就要承担不利于自己的后果。惩罚重在惩前毖后,点到即止,防微杜渐,而不是为惩罚而惩罚,更不是滥施淫威,滥施杀伐。

三、军队人事管理有何特点?

军事活动既是资本密集型活动,更是人力密集型活动。一支军队少则几万人,多则几十万、几百万人。尽管军队管理是一个由人流、物流、货币流、信息流等构成的复杂的动态系统,但人是军事实践活动的主体,因而也是军队管理的重点与核心。人事管理是军队重要的管理职能。无论是平时还是战时,军队都要进行经常性的人事管理工作。军队人事管理的对象是军队的所有成员,包括对军官、文职人员的管理和对士兵的管理两大类。其内容主要包含有:人员征募,选拔,资格审定,晋升,任免,调配,档案管理,教育与培训,制定与执行军事纪律与军事法规,处理退役、退休事宜,确定预备役,以及实施动员等。军队人事管理的目标是确保军队人员活动与流动的有序性,最大限度地调动全体成员的积极性与创造精神,提供适当数量的具有必要经验与技能的人员,保持与提高军队的战斗力,保证军事任务的完成。

人事管理系统在对每个人员从加入到离开的全过程中,主要涉及以下六项基本职能:一是招募,即吸引或在某些时候某种特殊情况下强制人们加入军队,包括征召义务兵,招募志愿兵、军官和文职人员;二是训练,即进行基本的职业教育,使之具备完成既定工作的能力,实现一个人从平民到军人的身份转换;三是补偿,即按其所做的工作付给一定津贴与报酬;四是职业发展,即安排培训和调整工作岗位,为晋升打下基础或满足编制需要。经验表明将新兵培养成初级战斗指挥员约需要五年时间,新提升的军官培养成熟练的高级军官需要长达二十多年的时间;五是晋升,即提升到责任更大、职级更高的位置上去;六是退役,即脱离军队,包括因年龄、服役年限、身体状况以及部队体制编制调整等原因而退役,也包括淘汰被认为不合格或违反纪律的人员、不符合晋升条件的人员。武装部队人员的数额会随着战争时期向和平时期的转换,政局的变化以及预算的增减而发生频繁波动。军人退出现役是一项重要的经常性工作。退休是一种特殊的离队形式,通过退休程序,使一些圆满结束军事职业生涯的人退出现役,并领取退休金与养老金。

在大多数国家,军职人员和文职人员是两套不同的管理系统,两种人员管理存在较大差异。

军职人员人事系统包括军官系统和士兵系统。"军队的基础在士兵。"[1]士兵不仅是完成军事任务的有生力量,而且是军队人员构成的基本要素,也是军队人事管理的基础。军职人员人事系统很大一部分工作是接纳适龄青年作为军队中战斗员的主体,并在他们整

---

① 《毛泽东选集》第2卷,人民出版社1991年版,第511页。

个服役期间给予训练和培养。士兵管理水平直接关系军队的素质和战斗力的高低。而军官队伍的管理则是军队人事管理的重点。军官是治军建军的骨干,是军事活动的决策者、组织者、指挥者、协调者,处于军队活动的中心位置,是军队凝聚力、向心力生成的核心。因此军官队伍的管理始终是军队管理的关键所在。许多国家实行义务兵役制,士兵是义务兵,而军官则是职业军人。两者有不同的管理规律。

军官队伍的管理涉及许多方面,最重要的是建立和完善军官队伍的管理制度,实现军官管理的制度化、科学化。

一是军官的选拔。选拔是军官队伍管理的第一道门槛,它决定军官队伍的基础素质。选拔途径一是从优秀士兵中选拔,二是招收青年学生经初级军事院校培训后提拔为军官。选拔方法通常实行推荐与考试相结合。选拔条件注重综合衡量被选拔者的思想素质、身体素质、文化素质、心理素质及发展潜能等。

二是军官的培养。军官的培养是军队发展的百年大计和战略工程。不少国家的军队都实行指挥军官三级培训体制。即从初级军官成长为高级军官必须接受初级、中级、高级三级指挥院校的正规教育,从制度上保证军官的知识、能力、素养与职务的提升相匹配。军官的培养有多种渠道、多种层次、多种方式。除了院校培养教育外,军官交流、代职、演习、参战、出访、留学、客座研究等都是锻炼提高军官素质的有效措施。

三是军官的任用。安邦定国,贵在用人,建军作战,要在选将。

古往今来,就任用形式而言,军官的任用有委任制、选任制、考任制、荐任制、聘任制和世袭制等,就任用时效而言,有任期制、合同制、署任制和终身制等。各国情况不同,军官的任用方式也有很大的差异。但从趋势看,单一的任用方式正逐步向多样化任用方式并存的方向发展,以适应对各种不同类型军事人才任用的要求。例如,指挥军官实行委任制,有利于作战指挥和管理;技术军官实行聘任制,有利于专业发展。考任制有利于择优录取,任期制有利于调节军官队伍的更替速度,保持军官队伍的活力。

四是军官的考核。军官考核是反馈原理在管理中的应用。我国古代称之为考绩、考课,是识人、用人的重要依据。考核一般涵盖德、能、勤、绩四个方面,其中绩最为重要。通过考核,奖勤罚懒,奖优罚劣,"高课者升,庸碌者退",以保证"殊才不滞,治绩可著"。

五是军官的等级。等级制是军官管理的重要手段。它不仅有利于调节军官的社会地位和物质待遇,调动军官的积极性,激励军官不断进取以外,还有利于明确权责,提高作战指挥和管理效能。军官等级有职务等级和军衔等级。职务等级是权力和责任的委托,主要反映的是能力和现实贡献,关系军官的使用;军衔等级是国家给予军官个人报偿的标志,关系军官的社会地位、政治荣誉和生活待遇,反映的是历史贡献和现实贡献的总和。职务等级根据形势和任务的需要,可以随时调整,可上可下,可任可免,而军衔等级非经法律程序不得剥夺。

六是军官的储备。平时现役军官数量毕竟是有限的。为了满足战时扩建部队的需要,各国通常实行预备役军官制度,进行军官储备。战时他们可以充当部队的军职人员,和平时期则参加地方工作。寓官于民间,储将于平昔。

军职人员的人事管理通常由相应的干部部门和军务部门等职能部门负责,西方军队实行军令军政分立制,军职人员的人事管理一般由军种司令部集中掌握。由于现代战争技术含量日益提高,战场空间日益扩大,战争相关因素日益增多,对军人的要求越来越高,当代军职人员人事系统管理工作日益趋向标准化和复杂化。

文职人员人事系统与军职人员人事系统不同,在级别上常常把雇员的级别与职务本身联系在一起。对文职人员的人事管理,首先,是雇用。在美国,是以分散的方式进行的。美国国防部下辖几百个文职人员人事办公室,它们一般在各个大的军事基地或司令部,为某个指定的地理区域提供所有的文职人员人事服务。其次,是雇员的保留。文职雇员随时都可以辞职,他们的雇用合同一般没有时间的限制,因此,留住雇员是文职雇员人事管理部门的一个难题,特别是在战时,面临着来自战场危险和企业的竞争,能否留住雇员,是一个十分尖锐的问题。再次,文职人员离开军队,既可以基于政治方面的原因,也可以基于健康或自愿退休的原因。雇员退休,基本上不涉及年龄限制,而军职人员的年龄要求较严。

四、军队管理法规体系

军队管理法规,是军事法的组成部分,是调整军队管理活动中各种关系的行为规则,是军队管理的基本依据。

军队管理各个层次、各个方面的法律规章制度构成了军队管理法规体系。它可以从纵向层次和横向分支两个方面进行划分。

(一)军队管理法规体系的纵向划分

军队管理法规体系在纵向上可分为军事法律、军事法规和军事行政法规、军事规章三个层次。根据法律"效力等级原则",不同层次的社会关系要由不同层次的法来调整,这样才能保证法律规范的稳定性和适用性。

军事法律是由国家立法机关根据宪法准则及其相关军事条款精神,按照立法程序,就国家安全和军队建设方面的重大问题所制定和颁布的法律、法令。中国的国家军事基本法或军事法律就是由全国人民代表大会制定,经由国家主席颁布的,具有在全国一体遵行的法律效力。如,1997 年 3 月全国人民代表大会审议通过的《中华人民共和国国防法》,1988 年 9 月第七届全国人大常委会第三次会议审议通过、1994 年 5 月第八届全国人大常委会第七次会议修订的《中国人民解放军现役军官服役条例》,以及《中华人民共和国兵役法》《中国人民解放军军官军衔条例》《中华人民共和国香港特别行政区驻军法》等。这些法律规范在军队管理法规体系中,居于最高层次。

军事法规或军事行政法规,通常是由国家最高行政机关和国家最高武装力量机构根据宪法和军事法律规定,对国防和武装力量建设的重大问题所制定的条例、条令。一般情况下,调整对象属于军队领域的军事法规,由军队最高领导机关单独制定,如中国军队的《内务条令》;调整对象涉及地方政府、社会团体、企业事业单位和公民的军事法规,由军队和政府联合制定,如《中国人民解放军现役士兵服役条例》就是中央军委会同国务院联合制定的,具有在全国一定范围内和全军中一体遵行的法律效力。在军队管理法规体系中,军事法规和军事行政法规居于中间层次。

军事规章制度,通常是由各总部、各军兵种、各军区等军队职能机关为贯彻执行军事法律和军事法规在职权范围内制定和颁布的规则和章程,具有在军队或军队一定范围内一体遵行的法律效力,是军队管理的具体规范。如,美军各军兵种的《军官手册》,我军总部颁发的《军队党组织发展(党员工作规定)》《军队法律服务工作暂行规定》等。这些军事规章,与军事法律或军事法规比较,内容更具体,操作性更强。在军队管理法规体系中,居于最低层次。

(二)军队管理法规的横向划分

虽然总体上,军队管理法规都旨在调整军队管理领域内的社会关系,但就某一部法规而言,它只能调整军队管理领域中的某一特定社会关系。根据各个法规的不同内容和不同作用领域,可以把军队管理法规划分为若干个门类。

一是共同性管理法规。如,《中国人民解放军内务条令》《中国人民解放军纪律条令》《中国人民解放军队列条令》等,它们对军队的内务建设、纪律建设、队列活动做出了全面系统的规定。内务条令是军队内务建设和行政管理的基本依据,它规范了军队最基本的活动,反映了军队作为武装集团不同于其他行业的基本属性和基本要求。纪律条令规定了军队纪律的基本内容,是维护纪律、实施奖惩的基本依据。队列条令规范全体军人和部队(分队)的队列动作、队列队形和队列指挥,是军队队列生活的准则和队列训练的基本依据。共同性管理法规覆盖所有武装力量部队,是从上层统率机关到普通士兵必须共同遵守的基本法规。

二是司令部(参谋部)工作管理法规。它主要规范司令部(参谋部)机关工作的法规。在这一法规中,第一层次是统管全军司令部工作与建设的基本法规,如《中国人民解放军司令部条例》。第二层次是各级各类司令部工作条例,如《中国人民解放军集团军师旅团司令部工作条例》等。

三是后勤装备管理法规。它们是规范军队后勤与装备管理工作的法规。包含有:综合性的军队后勤与装备管理法规,如中央军委颁发的《中国人民解放军后勤条例》《中国人民解放军武器装备管理工作条例》;后勤专业法规,如卫生条例、油料条例、工程建设管理条例、审计条例、车辆管理条例等；后勤部（分）队条例，如后方基地条例、后勤分部条例、军队仓库条例等；装备工作法规，如装备设施管理法等。

四是军队作战管理法规。军队在作战中实施管理的法律规范。作战管理，按时间可分为战前管理、战中管理、战后管理等；按类型可分为作战人员管理、作战物资管理、战场管理等。此类法规的目的在于维护战场秩序，保全和发挥战斗力，保障战斗任务的顺利完成。

五是军队训练管理法规。是对军队训练活动实施管理的法律规范。如《中国人民解放军军事训练条例》，各总部颁发的训练大纲、教令、教范，以及各军兵种制定的一些区域性、专业性的训练规定等。

六是人事管理法规。是对军队人员进出去留、考核任免、选拔培训、调配升降、抚恤优待、奖惩等事项进行管理的法律规范。其内容包括现役军官服役条例、军官军衔条例、文职人员条例、现役士兵服役条例等。

七是其他管理法规。如在军旗管理、安全保密、军事刑事、军事司法等方面做出的专门规定。

（三）军队管理法规的作用

军队管理法规作为调整军队管理领域内社会关系的一种手段，具有重要的作用。

一是巩固和提高部队战斗力。军队战斗意志的培养和战斗力的生成，涉及各种因素和错综复杂的社会关系，妥善地调整这些关系，离不开法律规范。军事法规是保障军人权益、规范军人行为、激励军人战斗意志、培养军人爱国情操、养成良好的战斗作风，令行禁止，一往无前的重要手段，从一定意义上讲，军队管理法治化程度，本身就是军队战斗力的体现。

二是维护军队正规化秩序。没有规矩，不成方圆。一支现代化的军队，必然是一支正规化的军队。军队正规化的直接目的，是形成正规的秩序，包括正规的战备秩序、训练秩序、工作秩序、生活秩序。这些方面的正规秩序实质上都是军事法律秩序，都离不开军队管理法规的制定和实施。

三是确保部队正常运行机制。通过各种法律规范建立上下贯通，左右协调，生机勃勃，灵活有序的系统。对管理者而言，军队管理法规规范各级各类管理主体在各个方面的职权和相应的责任。对被管理者而言，一方面，军队管理法规要确保被管理者服从命令，听从指挥，履行职责，完成任务，同时又要尊重与保证被管理者应有的正当权利。例如纪律条令中规定被管理者具有"控告和申诉"的权力就是对被管理者民主权利的保护性规定。

五、部队条令是军队生活战斗的行为准则

条令是用简明条文规定并通过命令颁发的关于军队生活、战斗

等的行为准则。它是军事法规的重要组成部分。"条令"一词,在中国最早见于南宋。《宋史》载,1096年宋高宗赵构曾"班大宗正司条令"。所谓"大宗正司",是掌管皇族事务的机构,其职责是"敦睦皇族,教导宗子"。这里的"条令"与军事并没有多少关系。《元史》载,1234年窝阔台曾"大会诸王百僚谕条令"。这一次窝阔台所颁十条"条令",包含军事官员进宫随从人数的严格限制,以及出入宫禁的纪律规定。这是中国历史上第一个与军事有关的"条令"。

尽管"条令"一词平时并不多见,有关军事法规,通常称作"律""令""条例""规则"等,直至1931年,刘伯承、叶剑英等翻译《苏军步兵战斗条令》,"条令"一词才逐渐成为我军军事术语而广泛使用,但是相当于条令的军事法规,早在战国时期就有了。成书于两千多年前的《司马法》可以说是我国最早的一部高级军官使用的军事法规汇编,是世界军事史上第一部有文字记载的车兵、步兵战斗条令。《司马法》强调"以礼为固,以仁为胜",明确规定了一系列军事制度,如誓师制度、战车制度、赏罚制度、旌旗、徽章制度、凯旋制度,以及出兵程序、对违禁诸侯动武的九条禁令等。在其《严位篇》中严格规定了"等道义,立卒伍,定行列,正纵横,察名实",即区分等次,建立作战编组,整齐作战队形等为战之道。其后,我国历代法规、法典中都有不少涉及当代"条令"所包含的内容。如,战国时期的秦国颁发的《军爵律》《屯表律》《戍律》《公车司马猎律》,三国时期魏国曹操发布的《步战令》《船战令》《阵法》,唐代颁发的《军防令》《擅兴律》,宋代颁发的《赏格·罚条》《行军约束》,明代永乐年间颁发的《行军号令》等对士卒训练、战场纪律、营区管理等军队生活各个方面均有明确规定。

及至清代,仿效西方,改革军制,先后建立湘军、淮军、新建陆军、新建海军,制定颁发了一批类似现代共同条令、战斗条令的军事法规。如 1888 年颁发的《简明军纪》,1895 年新建陆军制定的《夜战防务章程》《操场暂行章程》,1906 年颁发的我国军事历史上第一部专门内务法规《内务条例》,和我国第一部近代化战斗条令和队列条令《步兵暂行操法》等。这些条令与现代战斗条令和队列条令已十分接近。

国内革命战争时期,我军曾于 1933 年颁发《中国工农红军纪律条令》,1936 年颁发我军队列条令的前身《步兵操典》。新中国成立以后,为适应军队现代化、正规化建设的需要,于 1951 年修订试行《纪律条令草案》《内务条令草案》和《队列条令草案》,1963 年正式颁发我军自己的第一代战斗条令,包括《合成军战斗条令概则》《合成军军师战斗条令》《合成军团营战斗条令》《步兵战斗条令》等。

条令是军人行为的规范和军队管理的依据,它在维护军队高度的集中统一,严密部队组织,巩固纪律,提高战斗力,加强战备,保证军人按自己职责完成各项任务等方面有着重要的作用。

六、军纪与军人有着天然的联系

纪律,是社会各种组织为了维护集体利益和保证各项活动的正常进行,而制定的要求其成员共同遵守的行为规则。实际上,纪律对每个人来说,并非陌生,因为每个人一生都受到纪律的约束。比如,当父母和老师教你服从和尊重他人的权利时,你已经受到了纪律的约束;当你在一个团队中活动时,你要遵守某些规定,这就是在培养自己的纪律性。而在众多的纪律中,最严格的纪律是军事纪律。特别是在战争环境中,必须要求绝对地服从命令、听从指挥、令行禁止,不然就会导致作战失利。军纪是军队战斗力的重要因素,是团结自己、战胜敌人和完成一切任务的重要保证。军队这种特殊的组织及其所担负的特殊职能,决定了纪律与军人有着天然的联系,为军队建设所不可或缺。可以说,没有纪律,没有权威和服从,军队一天也生存不下去。

纪律的核心内容就是,绝对服从和团队精神。明确和坚守了纪律的核心本质,纪律方才发挥作用。

"军令如山倒""军中无戏言""师出以律""令当先严纪律"这些治军古训,反映了军纪建设的客观规律。古今中外一切有战斗力的军队,都是军纪严明之师。"令严方可肃令威,命重始足于整纲纪"。历史上孙武演阵斩吴姬,诸葛亮挥泪斩马谡,岳家军"冻死不拆屋、饿死不掳掠"的遵纪美谈,至今仍脍炙人口。军纪严明的军队"居则有礼,动则有威,进不可当,退不可追",严明的军纪是战斗力的源泉,是夺取胜利的保证。

纪律具有把众多人员联结成一个整体的功能。它能够使分散的个体力量变成强大的集体力量。拿破仑曾描写过骑术不精但有纪律的法国兵，和当时最善于单个格斗但纪律薄弱的马木留克兵之间的战斗力情况。他写道："2 个马木留克兵绝对能打赢 3 个法国兵，100 个法国兵与 100 个马木留克兵势均力敌，300 个法国兵大都能战胜 300 个马木留克兵。而 1000 个法国兵则总能打败 1500 个马木留克兵。"这种随着人数增多所出现的力量对比的变动，揭示了军纪的巨大作用。可见，纪律是军队战斗力的基石。

军纪状况如何，直接关系到政令、军令是否顺畅，关系到军队战斗力的强弱，关系到国家的安危和事业的成败。严明的军纪能把严格执行纪律的部队送到胜利的彼岸。军人有着共同的利益、共同的使命、共同的核心价值观、共同的奋斗目标，其纪律是建立在每个军人高尚的道德品质、崇高的职业精神，具有自觉性的特征，它能够把严明的纪律转化为官兵的自觉行动。

中国人民解放军一贯重视纪律建设。早在建军之初，毛泽东就亲自制定了《三大纪律八项注意》。无论是在艰苦的战争年代，还是在和平建设时期，中国军队都以军纪严明而著称。从红军时期不拿群众一个红薯，到解放战争时期露宿上海街头；从邱少云用鲜血和生命捍卫战场纪律，到老山前线执行潜伏任务的勇士在大蟒缠身、毒蛇进裤、腿被炸断的情况下，仍忍受巨大痛苦严守潜伏纪律，完成奇袭歼敌任务，这些严守纪律的感人事迹，正是对我军坚强战斗力的诠释。

七、军衔制:不要闹"文职少将"的笑话

军衔是根据军人的职务、军政素养、资历贡献等条件,授予军人的等级称号。1578 年法文中首次出现"军衔"一词,意思是"等级的台阶"。军衔制度,是运用军衔等级确定军人之间的关系,确定与军衔相应的职务,规定军人服役的年限,以及荣誉、报酬等一系列规章制度的总称。军衔制有四个要点:一是军衔是用来区分等级的;二是军衔只适用于军人;三是用称号来区分等级;四是覆盖全体官兵。只覆盖官,而不覆盖兵,不是真正的军衔制。这四个要点中,"区分等级"是军衔制与其他等级制度的共同点,而"军人"和"称号"则是军衔制区别于军队其他等级制度的两个基本要素。只有等级,而无称号,如我军实行的军队行政等级制度,无论是一、二、三、四、五,数字序列排级,还是军、师、旅、团、营,职务序列排级,都不属于军衔制度。

根据我国军衔理论专家的研究,虽然中国实行军衔制比较晚,但自从战国时代文武分立后,我国武职官员就设置了等级。秦汉以"石"区分,魏晋以"品"区分,隋称"散官""散号将军",唐建立起从"大将军"到"将军""校尉",三等 45 阶的武职官员官阶体系。最高一级为"骠骑大将军",最低一级为"陪戎副尉"。宋代设"骠骑大将军"至"陪戎副尉"共 31 阶。元代设龙虎卫上将军至进义副尉共 34

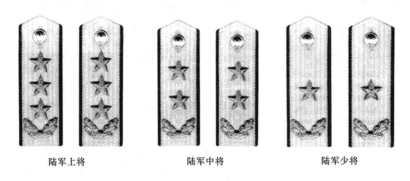

陆军上将　　　　　　　　陆军中将　　　　　　　　陆军少将

中国陆军将官军衔

阶。明代设初授特进荣禄大夫至升授忠武校尉共30阶。清代设建威将军至修武佐校尉共18阶。同时,不同品阶的武职官员佩戴不同颜色和图案的冠服佩饰。

但是,这仍然不是完全意义上的军衔制,因为它只有官衔,而无兵衔;只涉及军官,而不涉及兵卒,未能涵盖全体官兵,它只是中国封建社会比较完善的武职官员等级制。

世界完整意义上的军衔制最早见于15—16世纪的西欧。为了区分各级军事组织的职务,在意大利的雇佣军中首先出现今天用作军衔名称的军事术语,如下士、中士、上尉、少校、上校等。15世纪,法国军队也开始使用这些基本的军事术语。随着资本主义生产方式的产生及其"等价交换"原则的兴起,构成雇佣军主体的农民、自由民、市民、要求冲破门第束缚,按劳绩和战功取仕。没有爵位的非贵族军官也要求获得与职务相对应的等级称号,以保障自己的荣誉、地位、待遇。这些要求符合新兴资产阶级反对封建领主的政治需要,为此军衔制在西欧应运而生。上述曾经区分职务的军事术语也逐渐从职务中分离出来,成为与职务相辅相成的军衔等级称谓。新的军衔制打破了出身门第世袭官职的封建传统,兵衔也可以晋升官衔。它标志着封建军队组织的结束和资产阶级军队组织的开始。到17、18世纪军衔制逐步完善并为世界各国所采用,成为一项国际性的军事制度。

中国引进军衔制度约在清朝末年。19世纪下半叶清军洋式编练效果甚微。甲午战争失利后,清廷着手移植西欧式军衔,革新军制,编练新军。1905年清廷批准练兵处上奏的《陆军军官军佐任职等级暨补官体制摘要章程》,标志中国军队正式实行军衔制度的开始。到1911年建立起包括兵衔的完整的军衔体系。清军军衔制度,军官"区为三等,析为九级",即:上等三级(正都统、副都统、协都统),中等三级(正参领、副参领、协参领),次等三级(正军校、副军校、协军校)。军士分为三级(上士、中士、下士);兵亦分为三级(正兵、一等兵、二等兵)。南京临时政府总体上继承了清政府引进的军衔制度,但未袭用清军军衔称号,而是进行了新的命名。1912年北洋政府颁令,重新命名陆海军军官、军佐、准尉官和军士、兵的军衔称号,即:上将、中将、少将,上校、中校、少校,上尉、中尉、少尉,准尉;上士、中士、下士;上等兵、一等兵、二等兵。这与今天的军衔称谓已没有什么差别了。

我军1937年8月由工农红军改编为国民革命军第十八集团军(即八路军),同年10月我华南、华中游击队改编为国民革命军新编第四军。为适应抗日战争的新形势，我军曾一度酝酿实行军衔制度。抗日战争胜利后，1946年2月24日中共中央在《关于军队整编的若干问题的指示》中，再次酝酿实行军衔制度。但均因客观条件限制，未能付诸实施。新中国成立后，作为正规化建设的重要组成部分，实行军衔制度开始提到议事日程。1955年1月23日中央军委发布"关于评定军衔工作的指示"，2月8日第一届全国人民代表大会常务委员会通过《中国人民解放军军官服役条例》，我军正式开始实行军衔制。这次军衔等级共设元帅、将官、校官、尉官、军士、兵共6等20级。1965年5月22日，第三届全国人民代表大会常务委员会根据国务院的提议，通过《关于取消中国人民解放军军衔制度的决定》，我军实行了10年的军衔制废止。1982年中央军委常务会议决定恢复军衔制度。经过6年的筹备，1988年7月1日，第七届全国人民代表大会常务委员会第二次会议通过《中国人民解放军军官军衔条例》，并于当日公布实施。中断了23年的军衔制得以全面恢复。1988年我军实行的军官军衔等级体系中，军官军衔设3等10级，与1955年军衔相比，少设了元帅、大将和大尉三个称号，其中一级上将设置后一直空缺，6年后予以取消。1988年9月23日制定颁发的第一部《中国人民解放军现役士兵服役条例》，及1993年和1999年的两次修订，士兵军衔等级分为高级士官（六级、五级）、中级士官（四级、三级）、初级士官（二级、一级）、兵（上等兵、列兵）等8级。

军衔按其效力可分为正式军衔、临时军衔和荣誉军衔。正式军衔又称个人军衔、永久军衔，按个人所任职务、劳绩贡献、服役经历等综合因素授予，为终身荣誉。世界上绝大多数国家实行的是永久军衔制。临时军衔又称职务军衔，按军人所任职务的编制军衔佩戴军衔符号，如职务变动，军衔也随之变动。而荣誉军衔则纯属一种荣誉头衔，如大元帅最早就是一种荣誉封号。

按兵役状况，有现役军衔、预备役军衔、退役军衔之分。现役军衔中的"现役"两个字可以省略，预备役军衔、退役军衔同现役军衔具有同等地位。但多数国家预备役军衔的晋升期限要长于现役军衔。退役军衔除个别例外，通常不再晋升。

按军队种类，大多数国家将军衔区分为陆军军衔、海军军衔、空军军衔三类。美国在上述三类军衔外，还有海军陆战队军衔。部分国家在军种下面又区分为若干兵种军衔，如原苏联的坦克兵中将、炮兵上将、工程兵元帅等。此外，还可按不同业务设置不同专业技术勤务军衔。如军需、工程、卫生等，各国情况均有所不同。

作为一种等级体系，军衔具有以下多种功能：一是确立军官身份。与军官职务随时可能发生变动而失去法律效力不同，军衔是军官的终身称号，永远具有法律效力，因而具有规范军官身份的属性。二是确定非隶属系统上下级关系。军衔的法律模式是超越隶属系统的，只要符合军衔法律所规范的秩序条件，其上下级关系便可以得到法律的确认。三是调整军人利益关系。军衔是一个人全部劳绩贡献的总和,可以调整包括任职时间长短所形成的利益关系,具有普遍调整各种人员利益关系的属性。四是标志军人社会荣誉。职务不是荣誉称号,不归个人所有,不是终身的,它是一种权力和责任。只有军衔代表一种荣誉,具有永久的法律效力,具有标志社会荣誉的属性。

实行军衔制度,注重以劳绩战功取仕,这是一大社会进步,有利于激励军人积极进取精神;军衔是军人能力、贡献、等级的标记,军衔的每一等级,高低衔接,级级节制,对于严密组织,维护军队纪律,维护军队的高度集中统一,加强军队的正规化和现代化建设,具有重要意义;实行军衔制的国家,大都通过法律形式对军衔数额进行管理控制,这有利于军官队伍结构的合理化和军队人事管理制度的科学化。军衔作为区分军人等级的称号,对于明确军人相互间的关系,促进军队的统一指挥、统一行动,也有着重要的意义。因为军人的职务只对本单位成员构成隶属关系,走出职务隶属范围就不便行使管理指挥的权限。而军衔等级及其权力,不仅在一国军队,而且在盟军之间、联合部队之间、在世界各国都被确认。军阶明确的军官在一定条件下,能够超出职务隶属范围进行指挥。在军队建制被打乱,或者同盟军共同作战的情况下,谁的军衔高,谁就有行使指挥的责权。从而有利于抓住战机,维护部队作战秩序,巩固部队战斗力,确保达成作战目的。

一级八一勋章

相关链接：

勋章、奖章的激励作用

勋章与奖章都是功绩的标志，只是有层次与级别的区分。勋章一般因英勇行为或服兵役时的某一突出表现而授予，多为国家对有特殊功绩者的荣誉奖赏，规格高；奖章则可因各种各样的贡献而授予，例如参加过某次战争、战役，或曾为战斗活动提供过支援等，一般规格低于勋章。自从有了国家之间的交战，就有了对战争中英勇作战行为和突出贡献的奖励。如古希腊人除了用武器和铠甲奖励他们的英雄以外，还奖给他们桂冠,至今某些奖章和勋章上还刻有桂冠的图案。古埃及人和罗马人则用特制的金牌或银牌奖励战场上英勇善战的士兵。

勋章一词源于拉丁语 ordo(等级)。现代意义上的勋章 19 世纪中叶出现于欧洲。1856 年英国维多利亚女王创设"不列颠维多利亚十字勋章"(V. C.)用来奖励军队所有成员的英勇行为。首批 62 枚十字勋章授予了参加克里木战争的老兵。英国仅次于这一十字勋章的还有用于表彰各军种英勇行为的骑士勋章,即"优异服役勋章"(DSO)。19 世纪到 20 世纪德国广为颁发"铁十字勋章"。1915 年法国创设"战争十字勋章",用来授予武装部队的军官和士兵。在两次世界大战中,法国颁发了数千枚"战争十字勋章",使其成为最著名的激励将士的法国勋章;1924 年苏联设立"红旗勋章",曾大量颁发给在"十月革命"、1919—1923 年内战及第二次世界大战期间有贡献的人,对鼓舞士气起到了重要作用。创立于美国内战时期的"荣誉奖章",是美国的最高勋章。第一次世界大战前后,美国相继设立"优异服役十字勋章""海军十字勋章""优异飞行十字勋章",授予战功卓著的官兵。1932 年设立"银星勋章"和"紫星勋章",通常授予在美军中服役的负伤者。

奖章一词源于拉丁语 metallum(金属)。公元 1632 年,瑞典国王古斯塔夫·阿道夫设立金质奖章,奖励参加纽伦堡会战的军官。此后,这种方式为他人和后人所效仿。1650 年英国也设立了金质奖章和银质奖章,奖励在敦巴尔获胜的克伦威尔军队官兵。17世纪末至18世纪初奖章先后出现于俄国、法国、波兰、普鲁士。1852年法国设立"军功奖章"用于表彰作战英勇的士兵以及战时表现出色的高级军官,1914年颁发授予海军士官和水兵的"优异服役奖章",1916年颁发"陆军奖章",1918年设立授予空军士兵的"优异飞行奖章"和"空军奖章"等。

世界上大多数国家都有自己特色的勋章和奖章。从勋章、奖章的原料上分,主要有:金质、银质、铜质和铝质的,也有珐琅质及其他非金属的,以原料质地的不同来显示奖赏的等级。从勋章、奖章的命名分,主要有:以著名人物命名的,如英国有以英王乔治之名命名的乔治十字勋章,原苏联有列宁勋章;以地名命名的,如古巴的吉隆滩勋章;以动物之名命名的,如原捷克斯洛伐克的白狮军功勋章;以植物之名命名的,如芬兰的白玫瑰勋章、日本的菊花勋章;以兵器命名的,如瑞典的宝剑勋章、保加利亚的双剑勋章;以重要节日命名的,如中国的八一勋章;以其他意义的物品命名的,如朝鲜的国旗勋章等。有些国家的勋章名带"十字",这多与那里的宗教、历史、文化的影响有关。

所有国家和所有武装部队都用勋章和奖章来表彰那些有勇敢行为和突出贡献的人员。勋章奖章在一定意义上是功绩和荣誉的象征,它对于鼓舞斗志、激励士气,提高部队的战斗力,都具有不可小视的作用。

八、军队后勤管理：把军事经济力转化为战斗力

军队后勤管理是为实现后勤工作目标对军队后勤工作进行的组织、计划、指挥、协调和控制活动。其目的在于最大限度地发挥后勤系统人力、物力、财力的效能，把军事经济力转化为战斗力，保障军队各项任务的完成。

军队后勤管理是一个纵横交错的大系统，按专业分工，主要包含以下内容：

一是财务管理。主要是进行军事预算、军事采购、军事消费、经费决算，对预算内经费和预算外经费进行管理。

二是物资管理。主要是对军队建设和作战所需各类物资的筹措、储备、供应过程的管理。军队物资包括平时所需物资和战时所需物资，生活物资和武器弹药等作战物资，通用物资和专用物资等。

三是军需管理。主要是为部队成员提供最基本的生存需要，包括给养管理和被装管理两大类。

四是油料管理。主要是对作为部队战略物资的油料全系统、全过程的管理。包括油料储备管理（战略储备、战役储备、战术储备）、油料供应管理、油料质量管理和油料安全管理。

五是卫生管理。主要是部队医疗卫生服务管理，以保障部队成员身体健康，巩固部队战斗力。包括平时卫生管理和战时卫生管

理,部队卫生管理和医院卫生管理,药材供应管理和卫生战备管理等。

军队后勤管理应当遵循的基本原则是:

一、在国家经济建设大局下行动。国家经济实力是军队的物质基础和依托,军队建设是国家建设的重要组成部分。没有国家经济支撑,军队建设将无从开展。如果军费占国家财政支出的比重过大,就会影响国家经济建设的规模和速度,反过来也会影响军队自身建设。20 世纪 60 年代,由于国家安全环境恶化,我军军费开支曾一度占国家财政支出的 40％以上,制约了国家经济建设的可持续发展,军队长期建设也受到影响。因此,后勤管理必须纳入国家经济管理这个大系统,与国家经济建设相适应。合理有效地运用经济资源,调节好军队建设需求,搞好综合平衡,实现国防经济与国民经济的良性循环与协调发展。

二、惜源节流,提高整体效益。要树立一体化后勤观念,全面规划军队后勤管理。精打细算,勤俭办事,科学管理,量入为出,节约开支,最大限度地提高物力财力的使用效益。为此,一要坚持科学决策,减少失误和损耗。决策失误造成的浪费是最大的浪费。二要建立科学的运行机制。明确不同层次的消费效益目标,根据目标建立合理消费效益指标,保证合理消费。

三、把握后勤管理重点,统筹兼顾。要认真把握军队后勤管理中的矛盾运动规律,服从于军队建设的中心工作,抓住军队后勤管理活动中的主要矛盾和矛盾的主要方面,统筹规划,通盘考虑,在突出重点的同时兼顾一般。

四、不断完善和优化后勤管理体制，提高管理水平。随着武器装备的发展，军队现代化程度的提高，新的军兵种的不断出现，后勤保障日益复杂，专用物资日益增多，由总部后勤划区统一供应保障与军兵种后勤按专业系统组织专门供应保障相结合，即统供与专供相结合的体制，已成为现代军队后勤管理体制建设的主要趋势。现代战争消耗日益增多，对后勤保障的依赖越来越大，仅仅依靠军队现有储备和军队后勤本身的保障力量是远远不够的，而必须依靠整个国家的力量和全体人民群众的支援，建立平战结合、军民结合的后勤体制，寓军事后勤保障于国家整体保障之中，寓战时后勤保障于平时保障能力建设之中。

九、武器装备的全系统、全寿命管理

武器装备的全系统全寿命管理是指运用系统理论和系统工程方法，对全军和各军兵种武器装备体系各个层级、各个方面进行全方位、全过程的一体化管理。实行全系统、全寿命管理的目的是科学高效地分配和管理装备建设的资源，实现装备体系结构的完整性和合理性，最大限度地发挥武器装备系统的整体作战效能。

现代武器装备早已发展成为一个复杂的大系统。在个体上，指挥、控制、通信、情报日益不可分割；在总体上，已形成一个科学的相互联系的完整体系,具有明显的整体性和系统性。全系统管理,就是从实现和保持新生力量的整体作战效能出发,把与武器装备管理有关的全部内在和外在因素作为一个系统来考虑,用系统的观点和方法统筹武器装备管理问题。全局性和整体性是武器装备全系统管理的突出特点和基本要求。实现武器装备全系统管理要求统一决策、统一规划计划、统一立项论证、统一审查监督、统一订货、统一维护修理、统一退役报废。其中,集中统一决策是根本,统一规划计划是关键。只有集中统一决策,才能避免政出多门,各司其事。只有统一规划计划,才能使众多系列、各种类型、不同用途的武器装备成为一个有序的整体,形成战略、战役、战术各个层级的武器装备研制、生产、使用、维修、保障各部门、各方面、各条战线的最佳组合与科学匹配。全系统管理是形成和发挥武器装备的整体威力与综合效益,充分利用有限的国防资源满足国家军事需求的客观要求。20世纪50年代,美国三军武器装备发展各自为政,管理秩序混乱。20世纪60年代,美国国防部运用系统分析的方法,确立了国防采办中的"规划、计划、预算一体化体制"(PPBS),加强了全军武器装备发展的宏观调控与整体规划。美国推行的这种武器装备采办管理办法,被认为是当代管理科学的重大贡献之一。经过多年的实践和改进,并随着计算机技术的运用和军事运筹学的发展,于70年代中期基本形成完整的管理体系与制度。

武器装备的全寿命管理,就是武器装备从"生"到"死",也就是武器装备从开始研制到退役的全过程的管理。武器装备的全寿命管理要求将武器装备管理渗透到管理的整个"生命"周期的各个环节和阶段,包括型号论证、方案优选、设计研制、试验鉴定、批量生产、列装使用、维护修理、储存保管、退役报废等,将这些环节和阶段看作是互相联系、互相影响、互相制约完整的有机过程,打破自成天地、互相分割的局面,实行不间断的全寿命期的计划管理。任何环节和阶段的脱节与中断,都将影响整个武器装备系统效能的充分发挥。长期以来,武器装备管理一直局限于各阶段的分别管理,尤其是片面地仅集中于使用阶段的管理。因而常常出现互不协调、互相脱节、首尾分离、前后矛盾、顾此失彼的现象。例如,新型武器装备研制出来后,长期不能定型,定型后长期不能投产,投产后长期不能列装,列装后长期不能形成战斗力,影响了军队现代化的进程,影响了军队战斗力的发挥。随着武器装备大型化、复杂化,装备性能不断提高,打破传统的武器装备管理体制,按照武器装备发展规律,对武器装备论证、研制、生产、采购、使用、保障,直至退役报废的全寿命周期各个环节和过程,实施统一的全寿命管理势在必行。

十、怎样进行战场管理?

战场管理是为维护战场秩序,巩固和提高部队战斗力,保障作战任务的完成,而对参战部队和战场范围内相关要素进行的管理。

战场管理的内容主要包括战场空间管理、战场时间管理、战场人员管理、战场信息管理、战场物资管理、战场交通管理等。

战场空间管理，重点是作战阵地管理，包括阵地伪装管理，战斗工事与掩蔽工事管理，作战阵地警戒管理，机场跑道、停机坪、飞机洞库管理，港口管理，导弹发射阵地管理，雷达阵地管理，卫星地面站管理等等。随着信息化武器装备的大量使用，战场的物理空间日益拓展，传统的陆、海、空"三维"战场，正在向陆、海、空、天、电"五位一体"的方向发展，不仅有陆战场、海战场、空战场，还有外层空间的战场和电磁"频谱"争夺的电磁战场、网络攻防的网络战场等。各战场作战要素结构多样，种类繁杂，空间广阔，战场管理呈现全方位、全时制、全天候、全区域特性。要保护战场安全，隐蔽作战企图。采取各种有效措施，对战场范围内的工程设施、作战平台、各种车辆进行伪装，防敌侦察，以及防止泄密失密。随着各种高技术侦察、监测装备的运用，战场高度透明，高空侦察卫星能够分辨出10厘米大小的目标，雷达可以侦察到远在几千千米之外的敌方战略轰炸机和洲际导弹的飞行情报，电子侦察可以截获、破译敌方的无线电通信密码，远程精确制导与隐形武器能够精确打击数千千米外的目标，这些都给现代战场管理带来相当大的困难。

战场时间管理，主要是战场行动的进程与节奏控制，包括阵地的进入与撤出，作战准备与实施的阶段控制，平时与战时的区分与衔接等。以往作战进程相对缓慢，作战持续时间长，少则几年，多则几十年，甚至上百年，因而战场管理主要集中在作战实施阶段。现代条件下，特别是信息化条件下，作战进程明显加快，作战持续时间大大缩短,而准备战争与结束战争的时间则相对延长。有的战争行动从开始到结束,不过十来分钟,但战前准备,要花好几个月,甚至好几年。因此,现代战场管理的时间越来越向作战准备阶段前移。

战场人员管理,重点是维护战场纪律,包括战场政治纪律、军事纪律、保密纪律、群众纪律、涉外活动纪律等,按战斗(阵地)编成划分管理区域,明确各级管理范围和管理职责,禁止随意进入友邻阵地和超越本区域活动,最大限度减少人员流动,严格控制和审查进入阵地的外来人员,严防敌特渗透混入。加强全体参战人员卫生管理,高度重视饮食卫生和环境卫生,保护水源,防暑、防寒、防潮、防冻、防毒,防止粮秣霉变和污染,加强疫情调查和防病治病,努力减少非战斗减员。信息化条件下,敌对力量之间的对抗越来越重视实施"全维心理战",力图摧毁对方的作战决心和抵抗意志。因此现代战场人员管理特别强调加强战场人员的心理管理,大力揭露敌对势力的心战策反伎俩和欺骗宣传,加强心理引导,树立必胜信念,使参战人员保持良好的心理状态和高昂的士气。

战场信息管理,主要是对战场信息源与信息流的管理。目的在于维护信息安全,确保己方及时、准确、顺畅、不间断地进行信息沟通,防止敌对势力的信息打击、信息破坏、信息干扰和信息窃取。随着军事信息技术的发展,战场电磁环境日趋复杂,海湾战争中,以美军为首的多国部队每天动用电台1.5万余部,管理的频率多达3.5万个,电磁管理已超过传统的平面信息和电报电话信息管理,成为影响现代战争胜负的重要因素。加强现代战场信息管理特别要强调秘密信息载体各个环节的严格管理,严防失泄密;强调信息网络和终端设备、传输设备、和交换中心等设施的防护,严防敌人破坏;强调发展信息加密技术,严防敌人截获与破译;强调战场新闻管制,严防新闻泄密和干扰作战行动。

战场物资管理,重点是武器装备和作战物资的储存、保管与作战保障。战场环境恶劣,武器装备和作战物资损坏率高,消耗量大,管理任务十分繁重。特别是信息化战争中,战场管理所涉及的武器装备和作战物资日趋复杂。在以物理学为理论基础的武器如飞机、坦克、军舰、雷达等装备部队的同时,以信息技术为基础的通信、监测、遥控、干扰等电子武器在战争中的重要性日益上升。信息化战争中运用的武器装备,是各种高技术的结合体,增大了武器装备的战时管理难度。同时,作战物资流量大,流速快,给战场上武器装备和作战物资的运输、储备、补充和供应的管理提出更高要求。战场武器装备和作战物资管理特别要求重视战场防护与严密伪装,严密防范敌人侦察与火力突袭;重视武器装备和作战物资合理配置,科学预测可能的战损率和消耗量,预有准备,留有余地,及时补充调整武器装备和作战物资;坚持擦拭、检查、保养制度,加强战损武器装备的维修,提高战损武器装备的再生能力。

战场交通管理,包括陆战场、海战场、空战场,以至外层空间战场和电磁战场的交通管理。战场交通是战场的生命线,是机动作战的重要保证。战场交通管理强调加强交通运输的集中指挥和统一管理,合理区分使用交通线路,合理分配与使用电磁频谱,严格管理与科学调度电磁辐射系统的频率、功率和占用带宽,周密拟制交通管制计划和交通规则,合理编组交通工具,划分管制区域、航路、航线、禁区、锚地等。

信息化条件下,诸军兵种的联合作战,参战单位众多,战场管理要素既包括人、财、物的管理,也包括时空信息的管理;既包括阵地的有形空间管理,也包括电磁领域的无形空间管理,战场管理内涵扩大,战场管理对象增多,千头万绪,战场协调极端困难。因此首先要求确立系统管理观念,着眼全局,实施全要素、全时空管理,充分发挥作战系统的整体功能。其次要求确立集中管理观念,严格战场纪律,令行禁止,确保部队步调一致。第三要求平战结合、安全隐蔽。对于预设战场,平时要按照战时的要求加强管理,为战时战场管理打下基础。对于预设战场范围内的民用机场、港口、码头、桥梁、水利工程、人防设施等,要军民共管,兼顾平时与战时,军需与民用。第四是注重时效,提高快速反应能力,实时管理。充分利用信息指挥网络和现代机动工具,随时掌握战场情况,快速反应,以"快"制"快",始终保持战场良好的管理秩序。第五是要保持战场管理的连续性、稳定性,任何环节的脱节、离散,都将带来巨大损失。在管理的空间上,要全方位管理,陆、海、空、天、电统筹规划,在管理的时间上,要不分任何天候、白天黑夜,进行不间断管理。

十一、军事训练管理有何特点？

军事训练是军队建设中具有战略地位的中心工作，是生成、积蓄和提高战斗力的基本途径。军事训练管理是为规范训练秩序，确保训练质量，对军事训练进行筹划、组织、指导、监督和检查的实践活动，它贯穿于军事训练的全过程。

军事训练管理主要包括计划、准备、实施、考核、总结等环节的管理：

一是拟制计划。可分综合训练计划和单项训练计划，前者主要包括年度训练计划和阶段性训练计划，后者主要包括军事演习、军事集训等专项训练活动计划。训练计划一经审定批准，就成为组织、实施、协调和控制训练活动的重要依据，没有特殊情况，不得随意变动。

二是训练准备。主要包括思想准备、组织准备、教学准备、器材准备、场地准备等。

三是训练实施。重点是严格执行训练计划，按级施训，有针对性地运用多种方式，包括计划指导、随机指导、分类指导、示范教学等方式进行训练指导。不间断地检查、督促训练人员、训练时间、训练内容、训练质量的落实情况。

四是训练考核。目的是检验训练效果，及时反馈训练信息，引导训练深入发展。训练考核要求按照条令、条例、教学大纲从严施考,真实反映训练水平,及时反馈,及时改进。

五是训练总结。重点在于客观分析训练情况,总结经验教训,揭示训练规律,把训练中的感性认识上升到理论高度,不断提高训练水平。

训练管理是一个多因素构成的整体。训练管理的效益,不仅取决于各要素能量的发挥,而且还取决于各要素与环境条件的有机联系所产生的整体功能。军事训练管理系统的整体性特征,要求管理者必须从系统的整体效益出发,处理好全局与局部的关系,以全局的观念,管理本单位的训练工作,从全局出发,抓好训练中的主要环节和关键步骤,善于协调各个训练局部之间的关系,使各个局部之间相互联系、密切配合,发挥整体效能,实现训练目标。

军事训练管理是按层次进行的。通常高层管理机构和管理者主要是制定训练方针、原则,确定训练任务和目标,做出全面的训练规则;中层管理机构和管理者主要是协调训练内外关系,将训练方针、原则和规划转化为具体计划,掌握训练进度和效果,以及协调各种训练资源的使用等;基层管理者主要是执行训练计划,高效率地实现训练目标。军事训练管理机构的层次性特征,要求各级管理者按照与自身任务相适应的职责权力、领导方法和管理方式,按级管理,按级负责,建立起充满活力的训练管理机制,保证军事训练大系统协调一致的高效运转。

军事训练管理过程具有周期性。一是训练时间的周期性。通常以一个或几个年度为一个训练周期,每个年度又分为若干训练阶段等。二是训练对象的周期性。由于士兵有规定的服役期,军官有任职期限和职务的调整,从而决定了受训者的训练具有周期性。三是训练内容的周期性。即从基础训练,到战术、战役训练,从单兵到整体、分训到合训、简单到复杂、低层次到高层次不断发展的周期性循环过程,这就要求训练管理者必须以各自的周期目标为依据,实施重点协调和控制;从实际出发,既要组织好各年度、各阶段的训练,又要注重各年度、各阶段训练的相互衔接,按照训练规律,有预见性地进行训练管理,以周期训练目标的完成推动总体训练目标的实现。

军事训练活动是一个动态过程,它随着内因和外因的变化而不断发展变化。从其内部因素来看,除训练体制相对稳定外,训练对象、训练内容、训练方法、训练保障等都处在经常性的变化之中,而且其中某一方面的变化,又会引起其他方面相应的变化,不同程度地影响着训练,并不断对其提出新的要求,注入新的活力。坚持军事训练管理的动态性,要求训练管理必须善于根据任务和条件的变化,一方面要注意信息的搜集和处理,随时有效地调控各种关系。另一方面要在"动"中把握训练管理规律,赢得训练管理的主动权,保证训练有序地发展。

十二、军队管理教育的基本原则

各国国情、军情不同，军队管理教育的方式、方法和特点规律也不尽相同。但无论古今中外，一支有战斗力的部队，通常遵循的军队管理教育基本原则至少有以下几种：

一是依法治军原则。依法从严治军是古今中外军队管理教育的通则。所谓"正义之立，在国为法制，在军为纪律。治国而缓法制者亡，理军而废纪律者败"。坚持依法从严治军的原则，就是要坚持纪律是军队的生命，制度决定军队成败的观念，强化军人的法治观念，严格管理，严格要求。为此，首先要完善各项法规制度，使军队建设与管理有法可依，有章可循。其次，有法必依，执法必严，坚决纠正管理中松、宽、软的倾向。坚决防止各项法规制度只不过写在纸上，挂在嘴上，贴在墙上，就是不落实在行动上的怪现象。要做到持之以恒地从日常工作、一点一滴和最难抓的问题上做起。再次，要严之有据、严之有理、严之有度。严之有据，就是必须以条令条例为依据；严之有理，就是要求严格管理必须以科学理论为基础，向被管理者讲清"严"与"理"之间的关系；严之有度，就是要把严格定位在法定的幅度内，不能随意降低法规规定的标准。四是军官和领导机关要发挥表率作用。在法律面前人人平等，作为军队管理教育工作的管理者和上级机关，更应作自觉遵守规章制度的模范与榜样。

二是集中统一原则。军队作为履行作战任务的军事集团,任何情况下都必须保持高度的集中统一,否则一盘散沙,形不成拳头,就不可能有战斗力。《孙子兵法》指出:"齐勇若一,政之道也。"毛泽东强调,"与现代化装备相适应的,就是要求部队建设的正规化,就是要求实行统一的指挥、统一的制度、统一的编制、统一的纪律、统一的训练,就是要求实现诸兵种密切的协同动作"。坚持集中统一,要充分发挥纪律和法规的约束作用,培养军队铁的纪律和优良作风。坚决制止各种形式的自由主义、个人主义、分散主义,坚决制止有令不行、有禁不止,各行其是的行为,确保全体成员在统一意志、统一号令下行动。

三是教养一致原则。教养一致原则,体现了军队管理教育中"教化在先",注重教育人、培养人的特点。教养一致,就是把教育与养成结合起来,把纪律和作风建设贯穿到军人日常工作生活的各个方面,使官兵养成自觉按照规章制度规范一切行动的习惯。教养一致,重在抓好点滴养成。没有量的积累,就没有质的飞跃。"不积跬步,无以至千里;不积小流,无以成江海。"严谨作风的形成,军人素质的培养,不是一朝一夕之功,而要从平时一点一滴、一举一动抓起。教养一致,贵在常抓不懈,持之以恒,长期磨炼,日积月累,持久养成。要注重营造整体养成的良好氛围,创造积极向上的环境,使军人个体的行为在与良好的周围环境的互动中,接受积极的正面的熏陶和影响。"教"和"养"是相互依存、相互促进的,要在"教"的过程中贯彻"养"的要求,又要做好"教"以后巩固和提高的工作。

四是,按级负责原则。按级负责,亦称按级管理或层次管理,是科学管理的基本原则。它是指管理者根据自己所在的位置和担负的职务,依据条令条例和上级赋予的权力,对所属部(分)队的管理教育负完全责任。坚持按级负责的原则,一方面要做到各负其责。各级管理者要认真履行职责,做到层层节制,一级抓一级。无论哪一级,都要做好自己分内的事。上级对下级实施管理和指导时应当到位而不越位,不要轻易越级管理。下级对自己所承担的工作,要尽职而不失职,不推诿,不等待,不回避,不上交矛盾,按本级职责干好自己分内的事。同级之间、正副职之间要互为补充、相互负责。不争功诿过、互相拆台。另一方面,要坚持责、权、利的统一。特别要赋予并尊重下级履行职责所必需的权力。要保护与充分发挥下属单位在管理教育中的主动性和积极性。在目标、任务明确的情况下,赋予下级制定具体实施计划,选择实现目标的具体途径和手段的必要的合理的权限。要把管理者的工作业绩与升降、奖罚等切身利益挂钩,赏罚分明。

相关链接:

中国古代军队管理思想的启示

中华民族在几千年的发展长河中,创造了辉煌灿烂的古代军事思想,其中军队管理思想更是异彩纷呈。这些管理思想今天仍然具有重要的现实意义。其中有代表性的军队管理思想是：

（一）"以治为胜"的思想

"以治为胜"是战国时期著名的军事家吴起提出的著名论断。一次魏国武侯问："兵何以为胜？"起对曰："以治为胜。"武侯又问："不在众寡？"对曰："若法令不明，赏罚不信，金之不止，鼓之不进，虽有百万，何益于用。"①吴起认为要想赢得战争的胜利，不在兵的多寡，而在于有一支治理有方、素质精良的军队。治者，管理、治理之意也。我国古代通常把军队管理称为治军。

吴起强调："所谓治者，居则有礼，动则有威；进不可当，退不可追；前却有节，左右应麾；虽绝成阵，虽散成行；与之安，与之危，其众可合而不可离，可用而不可疲；投之所往，天下莫当。"意即，一支治理得好的军队平时严守纪律，行动时虎虎生威，进击时锐不可当，退却时敌不可追，前进后退均有节度，左右调动听从指挥，即使被分隔但阵势不乱，虽被冲散而仍能保持行列，这种军队，才能团结一致而不会离散，持久作战而不疲惫。这样的军队无往而不胜。吴起把"以治为胜"的思想贯彻到军队建设实践中，取得了显著成效，与诸侯大战 76 次，取得全胜 64 次的赫赫战绩。加强治军，搞好管理，最大限度地组织和调动广大官兵的积极性、主动性和创造性，这是克敌制胜的

---

① 见《吴子·治兵第三》。

关键所在,是古今相通的真理。

(二)"明耻教战"的思想

中国古代军事思想家历来强调"教戒为先",把军人的教育训练放在首要地位。《司马法》指出"士不先教,不可用也"。《荀子·强国篇》指出"然而不教诲,不调一,则入不可以守,出不可以战。教诲之,调一之,则兵劲城固,敌国不敢婴也"。通过教育训练培养良好的军人素质和精湛的作战技能,纪律严明,步调一致,这样才能具有坚强的战斗力,攻必克,守必固。

古代兵家特别强调要军队教育重点树立正确的生死观、荣辱观和价值观。《左传》强调"明耻教战,求杀敌也"。目的在于知礼义,建道德,聚人心。《孙膑兵法》称:"德行者,兵之厚积也。"强调政治是军事的基础。《吴子》称:"凡制国治军,必教之以礼,励之以义,使有耻也。夫人有耻,在大足以战,在小足以守矣。"懂得礼义廉耻,有了共同的政治理念,三军一心,同仇敌忾,就是一支不可战胜的力量。而"练"则重在军事技能教育,目的在于知阵战,懂兵法,精技艺,掌握必要的杀敌本领。

明代杰出的军事家、民族英雄戚继光的"戚家军",坚持以"岳家军"为榜样,对部队进行严格管理、严格训练,要求将士"正心术""立志向""习武艺",以"保国卫民"为职志,因此他的军队军纪严明,军容严整,上下同欲,士气高昂,进退有度,在抗倭作战中屡建奇功。

（三）"明法审令"的思想

《尉缭子》指出："明法审令，不卜筮而获吉"，只要依法从严治军，不用占卜算卦，不用求神拜佛，也一定会旗开得胜，获得好的结果。"令严方可以肃兵威，命重始足以整纲纪。"孙子主张"修道保法"，强调修明政治，确保法制。把依法治军作为决定战争胜败的五个基本因素之一。诸葛亮称："孙武所以能制胜于天下者，用法明也。"严明的军纪军法和严格的管理是治军的重要原则，以此可以转化为强大的战斗力。

明法审令，不仅要求制定严明的法规制度，有法可依；同时要求严格执行法规制度和军纪，执法必严。《尉缭子》强调，"凡兵，制必先定"，《管子》强调"战而必胜者，法度审也"。要以法纪为准绳来治理军队，做到令行禁止。汉代刘向《说苑》指出"令行禁止，王者之师也"。《尉缭子》称，"令者，一众心也"。否则，"令不必行，禁不必止，战不必胜，守不必固，则危亡随其后矣"。

（四）"择人任将"的思想

《孙子兵法》强调"故知兵之将，民之司命，国家安危之主也"；《六韬》强调"故兵者，国之大事，存亡之道，命在于将"，"得贤将者，兵强国昌，不得贤将者，兵弱国亡"；《吴子》强调"夫总文武者，军之将也，得之国强，去之国亡，是谓良将"；唐代张九龄强调"故治兵者,必先选将";宋张预强调"民之死生,国之安危,系乎将之贤否"。将帅选拔得准不准,称职不称职,直接关系国家的安危存亡,不能不慎之又慎。

选将任将最重要的是要看他是否有"将德",是否能够精忠报国,舍身为民。《孙膑兵法》强调:"将者不可以无德,无德则无力,无力则三军之利不得。故德者,兵之手也。"那些心术不正,腹中藏奸,无德无行的人纵然有几分才干,也决不可以委以军国重任。《练兵纪实杂集》指出:"至于多才之徒,或巧为身谋,或明雪祸福,用之自私,虽良平之智,孔明之术,我何所赖?故曰有将材而无将心,具将也。无将心,斯无将德。将德靡而用其材,此世之所以有骄将,有逆臣,有矜怠之行,有盈满之祸,有怏怏之色,不能立功全名,卫国保家,为始终完器矣。"关于将德,孙子提出要"进不求名,退不避罪,唯人是保";《尉缭子》提出"三忘",要求"将受命之日忘其家,张军宿野忘其亲,援枹而鼓忘其身";戚继光提出"功名利欲,与心为敌"。这些都是将德的重要表现。

良将还须德才兼备。《吴子》提出,为将要"总文武""兼刚柔";孙膑要求"上知天之道,下知地之理,内得其民之心,外知敌之情,阵则知八阵之经,见胜而战,弗见而诤";《将苑》指出:"将有五善、四欲。五善者,谓善知敌之形势,善知进退之道,善知国之虚实,善知天时人事,善知山川险阻。四欲者,所谓战欲奇,谋欲密,众欲静,心欲一。"这些都是十分深刻的。

（五）"和军爱兵"的思想

《国语》强调："居同乐，行同和，死同哀，是故守则同固，战则同强。"只有上下同心，团结一致，才能出战斗力。《将苑》也强调"夫用兵之道，在于人和，人和则不劝而自战矣。若将吏相猜，士卒不服，忠谋不用，群下谤议，谗慝互生，虽有汤武之智，而不能取胜于匹夫，况众人乎？"

实现全军团结和谐，特别要求做到领兵者身先士卒，爱兵如子，同甘共苦，肝胆相照。《孙子兵法》强调："视卒如婴儿，故可与之赴深溪，视卒如爱子，故可与之俱死。"《六韬》指出："将与士卒同寒暑、劳苦、饥饱，故三军之众，闻鼓声则喜，闻金声则怒。高城深池，矢石繁下，士争先登，白刃始合，士争先赴。"《练兵纪实》强调："主将常察士卒饥饱劳逸，强弱勇怯，材技动静之情，使之依如父母，则和气生。气和则心齐，兵虽百万，指呼如一人。"

（六）信赏明罚

据《尚书》记载，夏启讨伐有扈氏之战中，就实行"用命，赏于祖；弗用命，戮于社。予则孥戮汝"。《商君书》强调"用兵之道，务在壹赏"，"壹赏则兵无敌"。《荀子·强国篇》指出："夫尚贤使能，赏有功，罚有过，非独一人为之也，彼先王之道也，一人之本也，善善恶恶之应也。治必由之，古今一也。"《三略》指出：

"军以赏为表，以罚为里。赏罚明，则将威行。"《练兵纪实》指出："凡赏罚，军中要柄。"有赏有罚，赏罚分明是治军的一条重要原则，是部队知所进退，步调一致的重要保证。

赏功罚过，贵在公正无私，及时有信，标准一致。《六韬》强调："凡用赏者贵信，用罚者贵必。"《韩非子》称："赏罚不信，则禁令不行。"《荀子》强调"无功不赏，无罪不罚"，罚必当罪，赏必当功。《左传》强调"为政者不赏私劳，不罚私怨"，《战国策》强调"罚不讳强大，赏不私亲近"。《卫公兵法》强调："赏罚不在重，在必行；不在数，在必当。"滥施奖惩，不仅无益，而且有害。正如《阵纪》所指出的"若赏及无功，罚加无罪，行赏于人而心怨恨，加罚于人而心不甘者，下将叛背也"。

奖优罚劣，奖勇罚怯，要求将领率先垂范。"正人先正己""严人先严己""以身先人"。诸葛亮强调将帅要有"责帅"精神。诸葛亮在街亭失守后，挥泪斩马谡，并请求"自贬三等"以督厥咎。曹操割发明纪，表示自罚。无数事实表明，"其身正，不令而行；其身不正，虽令不从"。指挥者、领导者的表率作用好，部队就有凝聚力，讲话就有号召力，管理就有权威性，战斗力就强；领导者自身无德无行，蝇营狗苟，要想让士兵自觉地效命疆场，那无疑是十分困难的。

推荐阅读书目

1. 梁必骎主编:《军事哲学》,军事科学出版社,1995 年。

2. 李际均著:《军事战略思维》,军事科学出版社,1998 年。

3. 彭光谦、姚有志主编:《战略学》,军事科学出版社,2001 年。

4. 薛兴林主编:《战役理论学习指南》,国防大学出版社 2001 年。

5. 沈雪哉主编:《军制学》,军事科学出版社,1992 年。

6. 吴铨叙主编:《军事训练学》,军事科学出版社,2003 年。

7. 王京朝编:《军队管理学教程》,军事科学出版社,2000 年。

8. 郭汝瑰主编:《中国军事史》,解放军出版社,1983 年。

9. 糜振玉主编:《中国军事学术史》,解放军出版社,2008 年。

10. 王兆春著:《世界火器史》,军事科学出版社,2007 年。

"未名·人文社会科学是什么"丛书

《经济学是什么》	梁小民		《文学是什么》	傅道彬　于　茀
《历史学是什么》	葛剑雄　周筱赟		《语言学是什么》	徐通锵
《伦理学是什么》	何怀宏		《新闻学是什么》	俞国明
《哲学是什么》	胡　军		《传播学是什么》	陈力丹
《美学是什么》	周　宪		《管理学是什么》	张　德
《宗教学是什么》	张志刚		《民俗学是什么》	刘铁梁
《逻辑学是什么》	陈　波		《考古学是什么》	王　迅
《人类学是什么》	王铭铭		《民族学是什么》	郝时远
《社会学是什么》	邱泽奇		《艺术学是什么》	朱青生
《法学是什么》	贺卫方		《文艺学是什么》	童庆炳
《教育学是什么》	励雪琴		《军事学是什么》	彭光谦
《政治学是什么》	李　强		《图书馆学是什么》	王子舟
《心理学是什么》	崔丽娟　等			

作 者 简 介

彭光谦　彭光谦,湖北黄陂人,20世纪60年代毕业于北京大学。中国军事战略问题专家,少将,战略学博士生导师。先后主编出版《中国国防》《军事战略基本理论问题》《军事战略简论》《邓小平战略思想论》《战略学》等著作。

任向群　原军事科学院战略研究部研究员,战略学博士。

萧大维　原军事科学院战略研究部研究员,战略学博士。

王汉水　军事科学院军队建设研究部研究员,军事学博士。

罗　勇　国防大学军事学硕士。